까다로운 사람과 함께 일하는 법

까다로운 사람과 함께 일하는 법

: (거의) 모든 사람과 효과적으로 협력하기 위한 전략

1판 1쇄 인쇄 2026. 2. 13.
1판 1쇄 발행 2026. 2. 23.

지은이 라이언 리크
옮긴이 김태훈

발행인 박강휘
편집 심성미 | 디자인 유상현 | 마케팅 이서연 | 홍보 이한솔
발행처 김영사
등록 1979년 5월 17일(제406-2003-036호)
주소 경기도 파주시 문발로 197(문발동) 우편번호 10881
전화 마케팅부 031)955-3100, 편집부 031)955-3200 | 팩스 031)955-3111

값은 뒤표지에 있습니다.
ISBN 979-11-7332-489-5 03320

홈페이지 www.gimmyoung.com   블로그 blog.naver.com/gybook
인스타그램 instagram.com/gimmyoung 이메일 bestbook@gimmyoung.com

좋은 독자가 좋은 책을 만듭니다.
김영사는 독자 여러분의 의견에 항상 귀 기울이고 있습니다.

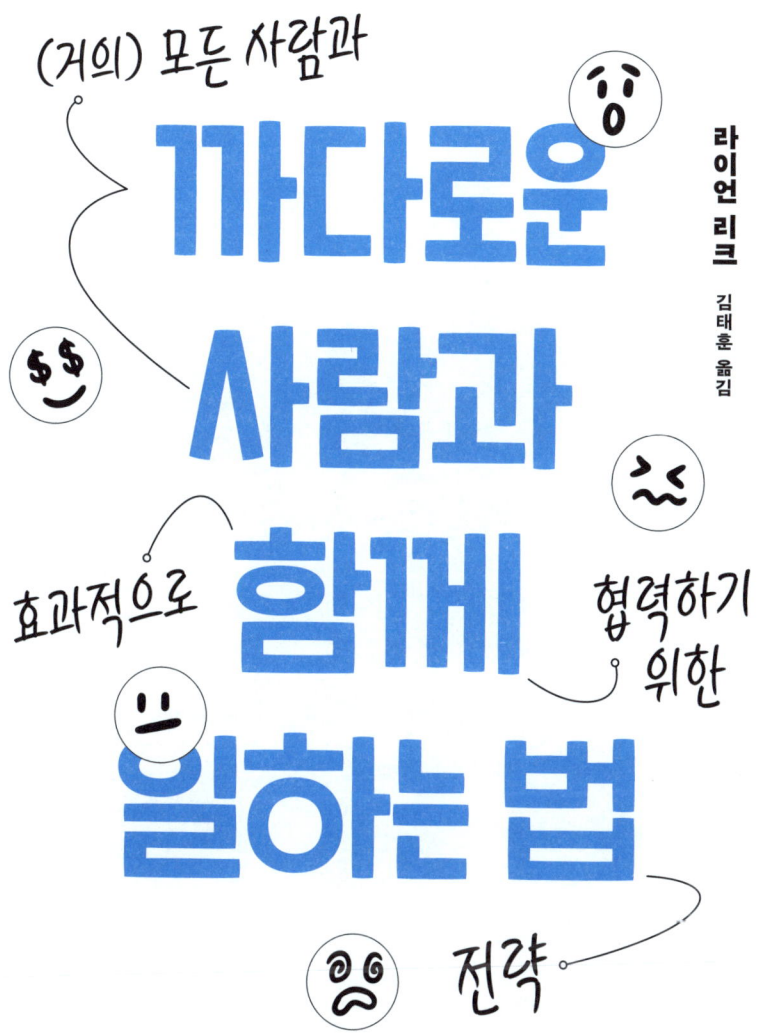

(거의) 모든 사람과

까다로운
사람과
함께
일하는 법

라이언 리크

김태훈 옮김

효과적으로

협력하기
위한

전략

김영사

존 맥스웰에게

당신의 관대함, 통찰, 리더십이 없었다면 이 책을 쓰지 못했을 겁니다.
당신의 목적 있는 삶과 유산은 저를 둘러싼 세상에 가치를 더할 방법
을 꾸준히 찾도록 북돋았습니다.
고귀한 길을 걸어가는 방법과 사람들의 현재 모습 너머 가능성을 보는
방법을 가르쳐주셔서 감사합니다.
당신의 일과 당신이 물려줄 유산에 몰두하신 덕분에 저와 같은 사람이
조금 더 꼿꼿하게 살아가고 조금 더 크게 꿈꿀 수 있었습니다.

진심으로 경의를 표하며
라이언 리크

CONTENTS

CHAPTER 1

도대체 누가 이 책을 읽게 만드는가

이 책의 제목을 본 순간, 당신은 아마 특정 동료나 상사나 직원의 이름을 머릿속에 떠올렸을 것이다.

왜일까? 직장에서 변화에 적응하고 대담한 목표를 추구하며 일과 삶의 균형을 맞추려고 애쓸 때 당신이 맞닥뜨릴 더 벅찬 과제가 도사리고 있기 때문이다. 바로 까다로운 사람들을 상대하는 일이다.

그들이 어떤 유형인지 알 것이다. 참견할지 방임할지 결정하지 못하는 고압적인 상사. 주식시장은 저리 가라 할 만큼 기분이 오락가락하는 동료. 월드투어 중인 스타 수준으로 온갖 요구를 하는 고객.

까다로운 사람들과 함께 일해야 하는 거칠고도 거친 세계에 오신 것을 환영한다. 그 여정은 피할 수 없을뿐더러 예측할 수도 없다.

까다로운 사람들이 당신을 일하기 힘들게 만든다는 것은 굳이 책을 읽지 않아도 알 수 있다. 당신에게 필요한 것, 내가 당신에게 전하고자 하는 것은 생존 지침이다. 까다로운 사람들을 견디기 위한 지침이자 그들 속에서 성공하기 위한 지침이다.

그들을 바꾸는 방법은 다루지 않는다. 그건 불가능하기 때문이다. 그보다는 그들을 상대하는 방법을 바꾸는 것이 핵심이다. 나의 목표는 당신이 거의 모든 사람과 함께 잘 일하는 데 도움이 될 전략을 제공하는 것이다('거의'라는 단서가 붙은 이유는 나

중에 설명할 것이다). 또한 이 전략은 직장에서 까다롭고 성가신 사람들로 가득한 지뢰밭을 무사히 지나도록 도울 것이다.

나는 경영 코치이자 강연가로서 전 세계를 돌며 강연과 자문을 해왔다. 그뿐만 아니라 포춘 선정 100대 기업과 프로스포츠팀, 화려한 스포츠·오락 산업부터 숫자를 다루는 금융 산업, 꼼꼼한 보험·제약·제조 산업까지 상상할 수 있는 거의 모든 업계의 리더들을 도왔다. 심지어 얼마 전에는 속눈썹 전문가 콘퍼런스에서 강연하기도 했다. (맞다. 미용업계엔 눈썹과 관련된 소규모 부문이 따로 있으며, 지금 대박을 터뜨리는 중이다.)

나는 어디를 가든 기록한다. 한 가지 분명한 점은 모든 직장에는 까다로운 사람들이 있다는 것이다. 산업, 지역, 회사 규모와 무관하게 나의 고객과 청중은 상대하기 힘든 소수에 대해 꾸준히 불평한다. 그 사람들은 당신의 기운을 빼고, 인내심을 시험하며, 당신이 커리어를 잘못 선택한 건 아닌지 갸우뚱하게 만든다.

내가 내린 결론은 이것이다. 당신의 일을 사랑하기 어렵게 만드는 큰 장애물은 직무가 아니라 함께 일하는 사람들 속에 있다. 평생 현 직장에 다니고 싶은 마음과 몰래 구직 사이트에 이력서를 올리는 마음의 차이는, 함께 일하거나 상사로 모시는 사람 또는 집단에게서 비롯된다. 그 사람들이 당신의 일을 평생의 소명으로 만들기도 하고 감옥살이처럼 만들기도 한다.

어쨌든 당신은 직장에서 많은 시간을 보낸다. 여덟 시간 자고 여덟 시간 일한다고 가정하면, 평일에는 깨어 있는 시간의 약 절반을 직장에 매여 있다. 평생 당신은 8만 5천 시간에서 9만 시간을 직장에서 보내는 셈이다.[1] 수면을 제외하면 이처럼 긴 시간을 들이는 활동은 없다. 그 시간을 즐겁고 생산적이며 보람차게 만들 수 있다면 당연히 더 좋지 않겠는가.

이 문제에서 큰 변수 중 하나는 교류의 질이다. 까다로운 사람은 당신의 직장 생활을 행복하게 만들 수도, 불행하게 만들 수도 있다.

까다로움의 심층 분석

그렇다면 까다로운 사람이란 어떤 사람일까? '까다로움'에 엄밀한 척도가 있지는 않다.

나의 현실적인 정의는 이것이다. 당신이 이 책의 제목을 읽었을 때 머릿속에 떠오른 사람, 또는 '까다롭다'라는 단어를 듣는 순간 바로 생각나는 이름 또는 얼굴을 말한다.

그 특정한 사람은 '당신에게' 까다로운 사람이다. 그 점이 가장 중요하다. 그러니 잠깐 생각해보라. 당신이 함께 일하는 사람 중에 가장 까다로운 사람은 누구인가? 이 질문에 답하는 데 그리 많은 시간이 걸리지는 않을 것이다. 특정인이 즉시 머릿속에 떠오를 것이다. 당신은 그 사람의 이름, 성별, 대강의 나이, 눈동자 색, 어쩌면 체취까지 알 것이다.

살면서 누구나 까다로운 사람을 만난다. 어려운 점은 그들을 묘사하는 것이 아니라 상대하는 데 있다. 이 문제가 우리의 머릿속을 가득 채우고 혈압을 끌어올린다. 지금부터 이 문제를 해결하기 위한 여정을 함께 떠날 것이다.

나와 우리 팀은 일터에 까다로운 사람들이 얼마나 있고, 어느 정도나 영향을 미치는지 파악하고자 미국인 1천 명을 대상으로 포괄적인 조사에 나섰다. 그중에는 18세에서 65세 사이의 정규직, 임시직, 자영업자가 포함되었다.[2] 까다로운 사람과 직접 대면하는 사람도 있고, 온라인으로 함께 일하는 사람도 있으며, 두 가지 형태에 모두 해당하는 사람도 있었다. 또 2020년 인구 총조사 결과를 기준으로 연령, 종교, 성별, 인종에 따라 가중치를 부여했으며, 오차 범위는 ±3.1퍼센트포인트였다. 즉 우리의 조사는 미국의 노동인구에 대해 정확한 스냅숏을 제공했다.

나와 우리 팀은 당신이 거의 모든 사람과 함께 일할 수 있도록 돕는 효과적이고 근거 있는 전략을 개발하고 싶었다. 얼마나 많은 까다로운 사람들과 함께 일하는지부터 그들을 상대하는 것이 성과, 정신 건강, 직업 만족도에 어떤 영향을 미치는지까지 모든 주제에 대해 상세한 질문을 던졌다.

조사 데이터는 너무나 놀라웠다. 내가 일상적으로 경험하고 듣는 것들이 확증되었다. 까다로운 사람들은 당신의 발목을 잡는다. 그들은 우리의 발목을 잡는다. 우리가 조사를 통해 확인한 사실들을 더 많이 알려주겠다. 그 전에 몇 가지 주요 내용을 꼽자면 다음과 같다.

😨 까다로운 사람들은 폭넓게 존재한다

미국인 두 명 중 한 명(46퍼센트)은 직장에서 매일 또는 하루에도 몇 번씩 까다로운 사람들을 상대한다. 무려 78퍼센트는 적어도 매주 상대한다고 말한다. 그리고 네 명 중

세 명 이상(77퍼센트)은 까다로운 사람이 노동 문화에서 심각한 문제라는 데 동의하며, 85퍼센트는 그런 사람과 잘 일하는 능력이 성공하는 데 중요하다고 말한다.

까다로운 사람들은 온갖 방식으로 우리의 일에 영향을 미친다

우리 조사는 그들이 업무 효율성 및 업무 경험에 엄청난 영향을 미친다는 것을 보여주었다. 그들 때문에 의사소통이 저해되고, 사기가 떨어지고, 단결심과 신뢰가 약화되고, 직업 만족도가 떨어지는 등 수많은 문제가 생긴다. 두 명 중 한 명은 까다로운 사람을 자주 상대하면 일하기 싫어질 것이라고 말한다. 노동자들은 까다로운 사람이나 상황을 피하려고 며칠 결근하는 등 일정을 바꾼다. 심지어 까다로운 상사 때문에 일을 그만두는 사람도 많다(44퍼센트).

까다로운 사람은 우리의 정신적·정서적 건강을 해친다

작년에 미국 노동자 중 3분의 2(67퍼센트)가 까다로운 사람과 함께 일하는 데 따른 직접적 결과로 심한 스트레스를 받았다고 밝혔다. 다른 부정적 영향으로는 분노, 원망, 좌절, 절망감, 수면 부족, 우울, 두려움, 불안, 성격 변화 등이 있다. 끔찍할 정도로 많은 사람이 까다로운 사람과 함께 일하다가 정신 질환을 진단받거나(18퍼센트) 자살 충동을 느꼈다고(11퍼센트) 밝혔다.

통계만 보지 마라. 그 안에는 사람이 있다. 당신과 나 같은 사람, 매일 출근하고 복잡한 대인관계를 헤쳐나가느라 고생하는 사람 말이다.

가장 크게 걱정되는 점은 따로 있다. 우리는 까다로운 사람들과 함께 일하는 데 따른 문제를 긍정적으로 해결한 경우가 얼마나 되는지 물었다. 이 질문에 30퍼센트는 거의 또는 한 번도 없었다고 말했으며, 또 다른 38퍼센트는 '가끔' 있었다고 말했다. 까다로운 사람과의 문제를 '자주' 또는 '줄곧' 긍정적으로 해결했다고 답변한 비율은 31퍼센트에 불과했다.

세상에 까다로운 사람들이 얼마나 많은지 그리고 우리가 그들을 얼마나 자주 상대하는지 고려하면 이는 바람직한 현실이 아니다. 아니, 사실은 암울한 현실이다. 대다수가 매일 수많은 까다로운 사람을 상대하는 데 크게 성공하지 못한다는 뜻이기 때문이다.

나는 이 조사와 더불어 여러 고객과 지인을 대상으로 전화 및 온라인 인터뷰를 진행했다. 그들은 대여섯 개의 포춘 100대 기업과 두어 개의 프로스포츠팀에서 일하는 최고위직 임원 및 주요 이해관계자였다. 나는 우리가 피하고 싶은 사람들에게 '다가가는' 최선의 전략에 대해 조언을 구했다. (누구인지 알 수 없게 이름과 직책을 바꾸었지만, 누구인지 짐작해볼 수 있을 것이다.) 또한 나는 다양한 분야의 전문가들이 쓴 책과 논문, 기타 자료를 읽는 데 많은 시간을 들였다. 그 내용은 앞으로 하나씩 소개할 것이다.

요컨대 이 책은 이론만을 다루지 않는다. 이 책에는 증거와 경험에 기반한 결과가 담겨 있다. 그 토대는 여러 산업 부문에 걸친 관찰과 대화에서 나온 정량·정성 데이터다. 그래서 당신에게 축복이나 저주 또는 파멸을 안길 수 있는 사람들을 더 잘 상대하는 데 도움이 될 것이라 확신한다.

이제 위에서 던진 질문으로 돌아갈 때다. 당신과 함께 일하는 그 사람들을 까다롭게 만드는 요인은 무엇일까? 왜 특정인이 바로 머릿속에 떠오르는 걸까?

우리 조사의 핵심 질문 중 하나는 "까다로운 사람이나 동료 또는 상사를 어떻게 정의하거나 묘사하시겠습니까?"였다. 이 질문에 대한 답변은 우스운 것부터 가슴 아픈 것까지 각양각색이었다. 몇 가지 정의를 살펴보자.

- 완고하고 자기 잘못을 인정할 줄 모르는 사람
- 짜증 나게 하는 사람
- 아랫사람의 입장을 잊었거나 모르는 사람

- 남의 것을 수없이 훔치고도 항의받으면 화내는 사람. "그만 좀 훔쳐!"(분명 무슨 사연이 있는 듯)

많은 응답자가 까다롭게 느껴지는 사람의 특징을 아래와 같이 묘사했다. 대체로 구체적이고 현실적이며 쉽게 연상되었다. 읽는 동안 나도 모르게 고개를 끄덕였다.

- 일하러 나오지 않거나 농땡이 부림
- 본인 판단이 틀렸는데도 다른 사람 말을 들으려 하지 않음
- 생각이 막혀 있고 경청할 줄 모름
- 게으름. 내내 휴대폰을 보고 있음
- "항상 어둡고 부정적임"(실제 답변도 강조되어 있음)

우리 조사에서 몇 가지 공통 요소들이 나왔다. 특히 '고집스럽다' '힘들다' '어렵다' '짜증스럽다' '태도' '의사소통' '위압적' 같은 단어들이 자주 등장했다.

우리는 까다로운 사람이라고 하면 연상되는 핵심 특징을 선택해달라고 요청했다. 응답자들이 많이 꼽은 특징은 순서대로 '변화나 학습 또는 성장에 대한 의지 결여' '심하게 부정적이고 비판적인 행동' '게으르고 직업 윤리 부실' '형편없는 의사소통 능력' '사람을 조종하려는 행동'이었다. 응답자 중 최소 3분의 1이

이러한 다섯 가지 특징을 꼽았다.

이처럼 까다로운 사람들은 공통점이 많다. 하지만 동시에 그들은 상당히 특이하기도 하다. 사실, 문제를 어렵게 만드는 부분적 요인은 세상에 존재하는 무한하고 지긋지긋한 '까다로움'의 조합이다.

그럼에도 불구하고 우리는 그들과 함께 일할 방법을 찾아내야 한다.

그래서 목표가 뭐냐고?

우리가 추구할 목표를 제시하기 전에 이 책과 무관한 것부터 짚고 넘어가자.

첫째, 이 책은 당신이 해로운 환경에 계속 머물도록 가스라이팅하지 않고, 다른 모든 사람의 문제가 당신 책임이라고 말하지 않는다.

당신에게는 특정한 동료에게 '까다롭다'는 딱지를 붙일 만한 확고한 이유들이 있을 것이다. 당신에게 해를 입혔거나 당신의 아이디어를 훔쳤거나 당신의 프로젝트를 망쳤거나 상사에게 당신에 대해 거짓말을 했을 것이다. 누가 안전하고 안전하지 않은지는 오직 당신만 알고 있다. 그래서 당신의 등에 칼을 꽂는 나쁜 습성을 가진 사람에 대해, 그 사람이 지닌 최선의 측면을 맹목적으로 믿으라는 말은 하지 않을 것이다.

둘째, 이 책에는 그 사람을 바로잡거나 통제하거나 상대하기 편한 사람으로 마술처럼 바꾸는 방법이 나오지 않는다.

당신이 바꿀 수 있는 유일한 사람은 당신 자신이다. 책 한 권 읽고서 다른 누군가를 바꿀 수 있을 것이라 기대하지 마라. 그것은 당신이 약을 먹으면 다른 사람의 병이 나을 것이라 기대하는 것과 같다.

그보다 우리는 당신이 직장에서 최대한 효과적으로 협력할 수 있도록 만드는 데 집중할 것이다. 나는 당신이 덜 힘들게 더 나은 결과를 얻도록 도와주는 전략과 마음가짐을 제시하고 싶다. 당신은 (거의) 모든 사람과 같이 일할 수 있어야 한다. 또한 그 과정에서 이성이나 인간성을 잃지 않아야 한다.

당신에게 알려주고 싶은 사실이 있다. 누군가가 함께 일하기 까다롭다고 해서 그 사람이 나쁘거나 틀렸거나 가망이 없는 것은 아니다. 부정적이고 멸시적인 의미에서 '함께 일하기 어려운' 사람이 되는 것은 아니다. 까다로운 사람은 함께 일하기 어려운 사람일 수도 있지만 항상 그런 것은 아니다.

그들은 그냥 까다로울 뿐이다. 그건 괜찮다. 까다로움은 극복할 수 없는 장애물이 아니다.

오히려 선물이 될 수 있다. 까다로운 사람과 협력하는 법을 배우는 과정에는 변화를 일으키는 장점이 있다. 당신 자신을 더 잘 알게 되고 당신을 둘러싼 엄청나게 다양한 세상을 더 잘 이해하게 될 것이다. 그러면 더 나은 방향으로 바뀔 수밖에 없다. 앞으로 알게 되겠지만 이는 더 나은 창의성, 더 강한 팀, 더 높은 생산성으로 이어지는 필수적 관문이다.

까다로움의 반대편에는 효과적인 협력과 당신이 사랑하는 일터라는 멋지고 드넓은 세상이 있다.

이것이 우리가 추구하는 목표다. 성공적이고 생산적인 팀워크와 협력 말이다. 이 목표는 우리가 앞으로 탐구할 모든 것의 핵심에 있다.

이 목표를 달성하려면 지금까지 했던 일과는 다른 일을 해야 할지도 모른다. 무엇보다 당신이 이 문제에서 크게 성공을 거두지 못한 3분의 2에 속한다면 말이다.

다양한 유형의 사람들, 특히 까다롭고 둔하며 까칠한 사람들과 효과적으로 협력하려면 확실한 전략이 필요하다. 또 사납고 교활한 사람들, 불쾌한 사람들, 거슬리고 속을 긁는 사람들, 이메일 발신자 이름만 봐도 한숨이 나오고 눈동자를 굴리게 만드는 사람들, 연락처 목록에 '특별한' 별명으로 저장된 사람들도 있다.

앞으로 이런 사람들을 상대하는 전략을 제시할 것이다. 그전에 알아두어야 할 중요한 점이 있다. 당신을 둘러싼 사람들의 수수께끼를 풀기 위한 숨은 열쇠를 이해하지 못하면 어떤 팁, 기법, 수단도 도움이 되지 않을 것이다. '그 사람들'만 어렵고 특이하고 복잡하고 혼란스러운 것이 아니다. 그 상사, 그 고객, 그 동료만 까다로운 것이 아니다.

당신도 까다롭다.

당신도
까다롭다

누군가의 눈엔 당신도 바보일 뿐

재미있는 사실 하나. 나는 근래에 평생 처음으로 개를 쓰다듬었다. 과장이 아니다. 내가 자발적으로 개에게 애정을 드러낸 것은 정말로 처음이었다. 나도 어쩔 수 없다. 개들이 무서우니까. 당신이 개를 키운다면 나는 당신 집에 가지 않을 것이다, 절대로.

하지만 이 경우는 예외였다. 내가 만나야 하는 사람이 불치병에 걸렸기 때문이다. 그래서 개 공포증 같은 피상적인 문제 때문에 그 사람 집을 방문하지 않는 건 옹졸해 보였다.

나는 그 사람이 개를 그냥 '키우는' 게 아니라 '사랑한다'는 사실을 금세 알게 되었다. 개에 대한 이야기를 멈추지 않았다. 그래서 그 털복숭이 짐승이 내게로 걸어와 관심을 끌려 했을 때, 양심상, 혐오감에 움찔하면서 발로 개를 밀어낼 수 없었다. 나는 애정과 엄청난 희생의 행위로서 그 개를 쓰다듬었다.

나는 그냥 개가 싫다. 불쾌하다면 미안하다. 내가 원래 좀 이상하다.

또 다른 뜬금없는 사실 하나. 나는 차와 집을 청소하는 걸 즐긴다. '즐긴다'는 건 '집착한다'는 뜻이다. 나는 매일 세차한다. 막 진공청소기를 돌린 마루를 보노라면 내면에 평화가 깃든다.

나는 손님 앞에서도 거리낌없이 집을 청소한다. 친구 스무 명이 집에 놀러와도 8시 30분만 되면 나에게 위안을 주는 진공청소기를 꺼내 대화 도중에 켠다. 이제 그만 가라고 신호를 주는 게 아니다. 집을 더럽히지 말라고 신호를 주는 것이다.

나는 깔끔쟁이다. 불쾌하다면 미안하다. 내가 원래 그렇다.

유난하고 별스럽고 짜증스러운 나의 기벽들을 더 늘어놓을 수 있다. 당신이라고 다를 바 없다. 나의 기벽 말고 당신의 기벽 말이다. 우리 모두 기벽을 갖고 있다. 우리 모두는 그것을 웃어 넘기거나 싫어한다. 그러나 좋든 싫든 그것은 현재 우리가 지닌 정신적·감정적·사회적 성향의 일부다.

직장에서 상대하기 힘든 사람을 다루는 일에 있어서는 먼저 우리 자신부터 살펴야 한다. 까다로운 부류에 합류한 것을 환영한다. 당신도 문제의 일부다.

사람들은 이런 생각을 좀처럼 하지 않는다. 내가 누군가에게 이 책의 제목을 들려주면 항상 이런 식의 반응이 나온다. "나한테 필요한 책이네요. 함께 일하는 사람 중에 몇몇은 정말 바보 같아요."

나를 웃게 만든 조사 결과 중 하나가 있다. 응답자 중 74퍼센트는 자신이 평균보다 덜 까다로운 사람이라고 여겼다. 하지만 평균은 그런 식으로 형성되지 않는다. 우리는 '다른 사람이' 얼마나 까다로운지 아주 잘 인식한다. 하지만 '자신이' 얼마나 까다로운지 인식하는 정도는 확연히 덜하다.

내게 씁쓸한 웃음을 안긴 또 다른 조사 결과도 있다. 노동자 두 명 중 한 명(57퍼센트)에게는 "그들이 일으킨 분란과 문제로부터 계속 구해줘야 하는" 동료나 상사 또는 고객이 있다. 이는 당신도 그런 사람과 함께 일할 확률이 높다는 뜻이다.

그렇지 않다면, 통계적으로 볼 때 '당신'이 그 사람이다.

농담이다. 아닐 수도 있지만.

까다로운 사람과 일할 때는 그 사람의 유별나고 까다로운 측면에 과도하게 집착하기 쉽다. 나를 제외한 다른 모두가 바뀌면 일하기 수월해질 거라 믿기 쉽다. 자신을 둘러싼 모두가 행동을 똑바로 해야 할 까다로운 바보라고 생각하기 쉽다.

그러나 그들과 잘 일하는 유일한 방법은 냉엄한 진실을 받아들이는 것이다.

우리는 모두 누군가에겐 바보로 보일 수 있다.

우리는 모두 다른 누군가에게는 이상하거나 특이하거나 짜증스럽거나 당황스러운 사람이다.

잠시 이 사실을 곱씹어보자. 당신은 다른 사람이 까다롭다는 걸 안다. 하지만 당신 자신도 그런 사람 중 하나라는 걸 먼저 깨닫기 전에는 그들을 이해할 수 없다. 당신이 커피를 마시며 동료에게 들려주고 싶은 '덜 까다롭게 구는 법'을 생각하는 동안, 다른 누군가는 당신을 대상으로 똑같은 생각을 하고 있다.

일전에 저술가이자 강연가인 멜 로빈스가 소셜미디어에 올린 글을 본 적이 있다. "사실, 같이 지내기 쉬운 사람은 없다."[3] 이 말은 단순하고 가차 없으며 옳다. 우리는 누군가를 혼란스럽게 만들고, 화나게 만들고, 짜증 나게 만든다.

그렇다고 해서 우리의 무지와 잘못된 행동을 합리화할 수는 없다. 그래도 상황을 객관적으로 보는 데는 도움이 된다. 그렇지 않은가?

당신은 까다롭다.

나는 까다롭다.

우리 모두는 까다롭다.

이 사실을 인정하면 겸손해질 뿐 아니라 자유로워진다. 우리 자신을 개선하려 노력하고, 다른 사람도 그렇게 하도록 여지를 제공할 수 있는 자유를 얻는다. 충돌이 발생했을 때 절충하거나 제3의 대안을 찾을 수 있는 자유를 얻는다. 그래서 우리의 삶이 수월해지도록 다른 사람을 억지로 바꾸려 들지 않게 된다.

실로 이 문제의 핵심은 겸손, 정직, 자기 인식에 있다. 다른 사람이 얼마나 까다로운지 말하기 전에 우리가 얼마나 까다로운지 먼저 알아야 한다.

작가 알랭 드 보통은 이렇게 썼다. "우리는 종잡을 수 없을 만큼 많은 문제를 갖고 있다. 우리가 다른 사람들과 가까워지려 할 때 이 문제들이 드러난다. 우리는 우리를 잘 알지 못하는 사

당신은

↓

까다롭다

나는   우리 모두는

람들에게만 정상적으로 보인다. 우리 사회보다 더 현명하고 자기 인식을 잘하는 사회에서는 데이트 초기에 흔히 이런 질문을 할 것이다. '당신은 어디가 이상한가요?'"[4]

참고로 이 글은 데이트와 결혼에 관한 것이다. 하지만 인맥을 쌓기 위한 자리에도 똑같이 적용된다. "저의 이상한 점은 이렇습니다. 당신의 이상한 점은 무엇인가요?" 누군가와 밀접하게 일할수록 서로의 기벽을 잘 알게 된다. 어쩌면 입사 지원서에는 "당신은 어떻게 까다로운가요?"라는 항목이 들어가야 할지도 모른다.

정직하게 나 자신을 사람들에게 소개한다면, 아마 이런 내용일 것이다(오른쪽 페이지 참조).

이는 나의 한 단면일 뿐이다. 여러 문단 계속 이어서 쓸 수도 있다. 나는 여전히 내가 얼마나 까다로운지 알아가고 있다. 또한 그 사실을 받아들이고 나 자신에 대해 너그러워지는 법을 배워가는 중이다. 다만 내가 오래전에 깨달은 사실이 있다. 먼저 나 자신의 별스러운 점을 인식하지 않으면 다른 사람들과 함께 일을 잘하기가 엄청나게 어렵다는 것이다.

우리는 내면의 목소리를 잠재워야 한다. 그들이 문제이고, 그들이 변해야 한다는 목소리, 그들은 함께 일하기 힘든 사람들이며, 그들이 불합리하다는 목소리 말이다.

어쩌면 내가 문제일지도 모르고, 내가 바뀌어야 할지도 모

안녕하세요, 저는 _라이언_ 이라고 합니다.
저는 까다로운 사람입니다.

저는 항상 여러 가지 일을 동시에 하기 때문에 함께 일하기
까다롭습니다.

사람들은 저의 속내를 읽기 어렵습니다.

저는 팀원에게 무엇을 바라는지 분명하게 밝히는 때도 있지만 직접
보기 전에는 무엇을 바라거나 무엇이 필요한지 모를 때도 있습니다.

저는 어떤 자리에서 대단히 집중할 때도 있지만 시급한 다른 문제를
생각할 때도 있습니다.

저는 외향적인 직업을 가진 내향적인 사람입니다.

저는 스스로 인정하는 정도보다 감정 기복이 더 심합니다.

저는 사람을 좋아하시만 술사리와 삽남에 실색합니다.

한마디로 저는 까다롭습니다.

른다. 내가 함께 일하기 힘든 사람이며, 내가 불합리할지도 모른다.

이런 생각들이 틀렸을 수 있다. 하지만 적어도 부분적으로는 옳을 수도 있다. 정말 그런지 자신에게 물어보기 전에는 알수 없다. 그리고 당신도 까다롭다는 사실을 떠올리기 전에는 어디가 이상한지 스스로에게 질문할 수 없다.

질문하는 것은 두렵고 주눅 드는 일이지만 유익한 일이기도 하다.

까다로운 사람들과 함께 일하기 위한 가장 중요한 핵심 중하나는 우리의 까다로움을 분명하게 인식하는 '동시에' 다른 사람들의 까다로움을 받아들일 여지를 만드는 것이다. 둘 중 하나만으로는 안 된다. 둘 다 필요하다.

이 사실을 끊임없이 우리 자신에게 상기시켜야 한다. 다른 사람의 까다로움이 문제이고 우리의 '단순함'이 해결책이라고 생각하기 쉽기 때문이다. 우리는 그들을 이해해야 할 인간이 아니라 해결해야 할 문제로 대한다. 하지만 그러면 우리는 그들의 혼란과 우리의 혼란에 깃든 마법을 놓치게 된다. 그리고 우리가 함께 혼란스러워지는 과정에서 창조할 수 있는 아름다움에 깃든 마법을 놓치게 된다.

쉽지 않은 일이다. 스스로에게 질문하고 혼란 속에서 마법을 발견하는 사람이 아주 드문 이유가 거기에 있다. 당신과 상대방 둘 다 까다로운 사람이라면 함께 일하기 어렵기 마련이다. 스스로를 완벽하다고 믿고 상대방에게 문제를 돌리는 건 해결책이 아니다. 그들의 성격을 억지로 바꾸려 들거나, 그들의 이상한 습관을 조롱하거나, 그들의 결점을 재단하거나, 당신의 하루가 더 순탄해지도록 그들이 변하기를 바라는 것은 해결책이 아니다.

까다로운 사람을 상대하기 위한 전략을 배우는 것이 해결책이다. 해결책은 우리 모두가 누군가에겐 바보로 보일 수 있다는 사실을 (유머, 겸손, 자기 자비self-compassion와 더불어) 명심하는 데서 시작된다.

당신에게는 선택지가 있다

당신 자신도 까다롭다는 사실을 받아들이면 까다로운 다른 사람을 상대할 준비를 훨씬 잘할 수 있다.

대부분의 사람은 매일(또는 매시간) 까다로운 사람을 상대해야 한다.

하루 동안 당신과 접촉하는 사람들을 생각해보라. 의뢰인, 고객, 동료, 상사, 직원, 임원, 하청업자, 동업자, 주주, 언론인, 컨설턴트, 감사, 이사, 기증자, 감독관 등 그 목록은 거의 무한하다.

어떤 형태로든 다른 사람들과 함께 일한다면(직업이 있는 거의 모든 사람이 여기에 해당하겠지만), 일부 사람들을 상대하는 방법을 파악하기 쉽지 않을 것이다. 그들에겐 문제와 기벽, 어두운 면과 나쁜 면이 있다.

이 사실을 바꿀 수는 없다.

그렇다면 어떻게 해야 할까?

까다로운 사람을 상대하기 위해 활용할 수 있는 전략은 수없이 많지만, 크게 네 가지 범주로 나눌 수 있다.

선택지 1: 피한다

어려운 상황에 대처하는 가장 쉬운 방법은 무엇일까? 그런 상황이 존재하지 않는 척하면서 끝나기를 바라는 것이다. 당신을 당황하게 만드는 사람을 대면하면 이런 생각이 든다. '피해버리면 날 내버려둘 거야. 무시해버리면 상대하지 않아도 돼. 그걸로 해결돼.'

많은 사람이 이 방법을 택한다. 우리 조사에서 61퍼센트의 미국 노동자는 직장에서 까다로운 사람을 계속 또는 자주 피한다. 스포츠와 엔터테인먼트 분야의 경우, 그 수치가 84퍼센트까지 올라간다.

이는 우리가 조사한 모든 산업 중에 가장 높은 수치다. 커뮤니케이션과 미디어 분야는 78퍼센트다. 이처럼 까다로운 사람을 피하는 데 엄청난 시간, 기운, 감정이 소모된다.

나는 이해한다. 누군가를 무시하거나 회피하면 단기적으로는 편안해진다. 또한 그 사람을 아예 상대하지 않아야만 평정심을 유지하거나 기운을 아낄 수 있다고 여긴다.

삶은 그런 식으로 흘러가지 않는다. 회피하거나 무시한다고 해서 문제가 해결되지는 않는다. 어차피 대다수 사람들은 까다로운 동료나 상사 또는 직원과 함께 지내야 한다. 그래서 설령 그러고 싶어도 무시할 수 없다. 그들은 옆 사무실에 있거나 직속 상사이거나 얼마 전에 과장으로 승진했다.

문제 있는 사람을 회피하는 것은 임시방편이 될 수는 있지만 타당한 장기 해결책은 될 수 없다.

선택지 2: 변화시킨다

이것이 우리가 자주 따르는 전략이다. 우리는 까다로운 사람을 상대하는 방법을 고민할 때, 대개 그들을 바꾸고 우리처럼 생각하게 만들 아이디어를 떠올린다. 그다음 그들을 우리가 원하는 방향으로 은근하게 당기고, 밀고, 몰아간다. 이를 묘사하는 단어가 있다. 자기 방식을 묘사할 때 그 누구도 쓰지 않으려 하는 그 단어, 바로 '조종'이다.

누군가를 바꾸려 애쓰는 것도 하나의 선택지다. 하지만 나는 그것이 반드시 현명한 선택지라고 생각하지 않는다.

당신도 아마 원치 않는 방향으로 당겨지고, 밀리고, 몰린 경험이 있을 것이다. 그때 분명 기분이 좋지 않았을 것이다. 팔을 비트는 전략은 거의 통하지 않는다. 팔이 비틀리는 걸 좋아할 사람은 없다. 게다가 누군가를 억지로 바꿔놓는다 해도 실제로 혜택을 얻는 사람은 없다. 그들은 강압적인 수단을 쓴 당신을 미워할 것이다. 또한 당신은 그들이 오로지 당신과의 충돌을 피하려고 행동을 바꿨다는 것을 안다.

사실 사람을 바꾸는 건 불가능하다. 당신 자신을 바꾸는 것도 상당히 어렵다. 스스로의 생각에 동의하는데도 그렇다. 하물며 다른 사람들이 원하지도 않는데 당신이 그들을 바꾸는 건 거의 불가능하다.

당신은 결코 그들의 성격, 가치관, 세계관, 공포증, 의사소통 방식, 입 냄새, 나쁜 습관에 대한 그들의 의견을 통제할 수 없다. 이런 것들 그리고 다른 많은 것들은 당신의 소관과 권한을 벗어나 있다.

진정한 변화는 개인적 여정이다. 누구도 강제당하거나 조종당하거나 가스라이팅당하는 것을 좋아하지 않는다. 다른 사람을 바꾸는 것도 엄밀히 말해 하나의 선택지이기는 하다. 그러나 내 생각에, 그들이 당신과 함께 일하고 싶어 하는 결말로 끝나지는 않을 것이다.

선택지 3: 배척한다

나는 한 리더와 상담하면서 그 리더와 가까운 사이라고 짐작되는 전 직원에 대해 물은 적이 있다. 그는 "그 사람요? 그 사람은 제게 죽은 사람이나 마찬가지예요"라고 답했다.

나는 놀랐다. '죽은' 사람이나 마찬가지라고? 정말로? 도대체 무슨 짓을 했길래 속으로 장례식까지 치른 걸까?

지금은 디지털 소통과 일시적 관계가 일반적인 시대다. 이런 시대에 누군가를 '배척canceling'하는 일은 페이스북 이벤트 초대를 거절하는 것만큼 가볍고 흔한 일이 되었다.

배척이란 당신과 생각이 다르거나 당신의 세계관과 맞지 않는 의견을 가진 사람을 잘라내는 것이다. 이는 절교하거나, 더는 말을 섞지 않거나, 아예 관계를 끝내거나, 더 심하게는 어떤 단체나 회사에서 몰아내려 하는 것을 뜻한다.

당신이 누군가를 배척하다 보면 다른 모두가 당신에게 동조해야 한다고 믿는 단계로 넘어가기 쉽다. "나는 당신이 싫어"라는 생각은 "누구도 당신을 좋아하지 말아야 해"라는 생각으로 곧잘 이어진다.

대다수 사람들은, 팔이 비틀리는 것을 좋아하지 않는 것처럼 배척당하는 것도 좋아하지 않는다. 또한 내가 확인한 바로는 대개 다른 사람을 배척하는 우리의 기준과 우리가 다른 사람을 대하는 방식 및 그들에게 바라는 대우 사이에는 약간의 이중잣대가 있다. 저술가인 스티븐 코비가 쓴 때로 "우리는 의도를 기준으로 우리 자신을 판단하고, 행동을 기준으로 다른 사람을 판단한다."[5] 우리 자신에게는 관대하지만 다른 모든 사람에게는 더 높은 기준을 들이대는 것은 인간의 본성일지도 모른다. 그렇다고 해서 그것이 바람직한 것은 아니다.

까다로운 사람을 배척하는 흥미로운 공식이 있다.

그들이 내게 상처를 준다 = 배척당해야 마땅하다.

반면 우리가 다른 누군가에게 상처를 주고 분노를 초래할 때는 다른 공식을 적용하고 싶어 한다.

내가 그들에게 상처를 준다 = 나는 양해받아야 한다. 왜냐하면…

아팠으니까   스트레스를 받았으니까   일진이 나빴으니까

회사가 구조조정 중이니까   가족을 잃었으니까

이혼 중이었으니까   심한 압박을 받았으니까

우리는 무의식중에 우리에게는 유효하고 타당한 이유가 있지만, 다른 사람들이 사무실에서 '까다롭게' 구는 것은 변명의 여지가 없다고 가정한다. 우리는 다른 사람들이 모르는 아주 미묘하고 타당한 문제에 대해 관대한 양해를 바란다. 반면 그들도 우리에게 관대한 양해를 바랄 거라고는 생각지 않고, 그들의 이해하기 어려운 행동을 철저히 배격한다.

당신의 행복을 위해 선을 긋거나 절교해야만 하는 특정한 상황이 있다(8장 참고). 하지만 배척을 주된 전략으로 삼는다면, 그 영향을 최소화해 말한다고 해도, 인간관계 폭이 좁아진다. 단절을 기본적인 대응 수단으로 삼으면 회사를 더 다니기 좋은 곳으로 만들기 위해 협력할 수 있는 업무 공동체로부터 고립된다. 생각과 신념이 다른 사람을 차단하면 발전이 정체되고 건강한 대화가 끊기고 분열이 지속된다.

다시 말하지만, 배척도 하나의 선택지다. 하지만 바람직한 선택지는 아니다.

선택지 4: 이해한다

이는 쉬운 선택지가 아니다. 그래도 당신을 성장시키는 선택지로서 이 책의 핵심이라 할 만하다. 분란을 받아들여라. 함께 일하는 가장 까다로운 사람을 떠올려보라. 그 사람에게 다가가고 이해하고 소통할 방법을 찾아라.

그게 어려운 일이라는 걸 안다. 하지만 당신은 쉬운 일을 하는 법을 찾으려고 책을 사지는 않는다. 어려운 일을 하는 법을 배우는 능력이 특출난 사람과 평범한 사람, 뛰어난 리더와 일반적인 리더를 가른다.

당신은 너무나 헷갈리거나 짜증스럽거나 거슬리거나 함께

일하기 어려운 사람과 함께 일하는 법을 배우고 싶어 한다.
이런 것들을 배우려는 게 아니다.

→ 그들에 맞서서 일하는 법

→ 그들을 피해서 일하는 법

→ 그들이 잘리게 만드는 법

→ 그들이 틀렸음을 증명하는 법

→ 그들이 없는 사람인 척하는 법

일반적인 사람들이라면 이렇게 해도 된다. 하지만 성장하려는 사람은 그래서는 안 된다. 짜증과 분노에 따른 즉각적인 반응을 극복해서 진정한 팀워크라는 보상을 얻고자 하는 사람은 그래서는 안 된다.

사람을 더 잘 이해하려면 학습이 필요하다. 이는 좋은 일이다. 왜냐고? 당신도 더 잘할 수 있다는 뜻이니까. 그 과정에서 당신은 성장할 수 있다. 피하고 싶은 사람에게 다가가는 일은 어렵다. 하지만 삶과 일에서 성과를 내고 싶다면 다양한 사람과 잘 소통하는 능력이 반드시 필요하다.

까다로운 사람을 이해해보기로 결정하면 열린 대화를 시작하고 선입견 없이 질문하고 적극적으로 들을 수 있다. 또한 그들의 눈으로 세상을 보게 된다. 이런 일들은 당신의 세상을 넓혀준다. 모든 점에서 그들의 생각에 동의하게 된다는 건 아니다. 그래도 인간적 측면과 자신만의 관점을 가질 그들의 권리를 인정하게 될 것이다. 동시에 그들(그리고 세상)에 대한 당신의 지식이 기껏해야 부분적인 수준임을 인식하게 될 것이다. 다시 말하지만, 그것이 겸손이다.

모두 이해를 바란다. 그렇지 않은가? 우리는 다른 사람들이 우리를 무시하거나 바꾸려 들거나 아예 배척하기 전에 이해해주기를 바란다. 이는 대단히 중요한 사실이다. 분명 당신과 같이 일하는 사람들 중 적어도 한 명은 자신이 오해받는다고 느낄 것이다. 당신도 그런 적이 있을 것이다. 모두가 다 그렇다.

나는 이 책을 쓰는 동안 일부 조사 결과를 우리 회사의 고객인 한 팀에 소개했다. 줌으로 함께 논의한 후 질의응답 시간을 가졌다. 그때 루시라는 여성이 사무실에서 자신이 '까다로운' 사람이 된 것 같은 느낌을 자주 받는다고 털어놓았다. 흥미를 느낀 나는 더 깊이 파고들었다. 루시는 자신의 한쪽 귀가 들리지 않는다고 했다. 그래서 회사 사람들이 지나가면서 인사를 해도 좀처럼 대꾸하지 않았다. 인사하는 소리를 듣지 못했기 때문이다. 당연히 회사 사람들은 그녀가 무례하다고 여겼다.

이후 나는 팀의 리더 중 한 명과 루시에 대해 이야기했다. 그는 내 이야기를 듣고 깜짝 놀랐다. "루시를 8년이나 알고 지냈는데 소리를 잘 못 듣는다는 걸 전혀 몰랐어요"라면서. 생각해보라. 8년 동안 얼마나 많은 오해와 어색한 순간, 수많은 뒷담화가 있었을까? 이 모든 게 루시가 자신의 사정을 말할 수 없다고 생각했기 때문이다.

나는 루시의 입장을 이해한다. 약점을 알리기 쉽지 않다. 하지만 루시가 속사정을 드러냈을 때 그녀의 팀은 그녀를 제대로 이해할 기회를 얻었다. 그렇게 해서 '까다롭다'는 딱지가 떨어지기 시작했다. 루시는 까다롭지 않았다. 오해받았을 뿐이었다. 그녀가 조금만 용기를 냈다면 상황이 달라졌을 것이다.

이 일은 모든 사람에게 사연이 있다는 사실을 내게 상기시켰다. 우리가 까다롭다는 딱지를 붙인 사람들도 자신들의 사연을 들려줄 적절한 때를 기다리고 있을 뿐이다. 사람들이 안심하고 약점과 진심을 말할 수 있는 환경을 조성해야 한다. 그러면 완전히 새로운 수준의 유대와 이해가 가능하다.

당신이 오해받았던 때를 생각해보라. 기분이 어땠는가? 어쩌면 상사가 어떤 프로젝트에 대한 당신의 아이디어를 인정하지 않거나, 동료가 당신이 일하는 방식을 좋아하지 않거나, 직원이 당신의 결정에 분노했을지 모른다. 그런 때에 그들에게 바랐던 것은 무엇이었나? 당신의 말을 들어주고 당신을 이해해주기를 바랐을 것이다. 당신을 관대하게 양해하고 당신의 '까다로움'을 헤아리며 당신의 눈으로 세상을 봐주기를 바랐을 것이다.

그들이 당신의 생각에 전적으로 동의해주기를 기대하지는 않았을 것이다(그랬다면 좋겠지만). 그래도 최소한 딱지를 붙이거나 웃어넘기지 않고 진실되게 당신과 소통하기를 바랐을 것이다. 그런 품위를 다른 사람들에게 보여주자. 복잡한 세상에서 우리가 할 수 있는 최선은 서로를 이해하려 노력하는 것이다.

우리 조사에서는 고무적인 사실도 확인되었다. 네 가지 전략(무시한다, 변화시킨다, 배척한다, 이해한다) 중 어떤 전략을 가장 자주 활용하는지 물었을 때, '이해한다'가 꾸준히 1위에 올랐다. 물론 앞서 언급한 대로 까다로운 사람이 일으키는 문제를 해결하는 비율은 전반적으로 상당히 낮았다.

이 사실이 의미하는 바는 무엇일까? 내 생각에, 우리는 까다로운 사람을 이해해야 한다는 것을 알지만, 반드시 성공하는 것은 아님을 말해준다.

이것이 이 책의 요점이다. 우리는 이해의 다리를 놓는 개별적인 전략, 도구, 마음가짐, 행위를 더 잘 활용하고 싶어 한다.

이 책의 제목에서 '함께'라는 단어는 실로 이 모든 것의 중심축이다. 그런데도 그냥 지나치기 쉽다. 하찮은 부사에 불과하지만 '함께'는 강력한 힘을 지닌다. '함께'는 서로를 이어주는 단어, 팀워크의 단어, 관계의 단어다. '함께'는 서로가 같은 편에 서 있으며 공통의 목표가 있다는 것을 말해준다. 까다로운 동료가 당신의 마음과 계획을 어지럽힐 때는 이를 믿기 어렵다. 하지만 여기서 내가 제안하는 바는 그저 '함께' 일을 더 잘하자는 것, 더 나아지자는 것, 더 현명해지자는 것, 더 가까워지자는 것이다.

해로운 근무 환경이 당신을 망가뜨리거나 무너뜨리거나 쓰러뜨릴 때까지 그냥 견디고만 있지 마라. 함께 일하는 사람이 어떤 사람인지, 어떤 입장인지, 무엇을 이루고자 하는지, 무엇에 자극받는지, 그들의 세상으로 연결되는 다리를 어떻게 놓을지 이해하기 위해 할 수 있는 일을 하라. 설령 그 사람이 절대 바뀌지 않는다 해도 당신은 바뀔 수 있으며, 이는 큰 차이를 만든다.

눈치챘을지 모르지만 1장의 제목은 함정이다. '도대체 누가 이 책을 읽게 만드는가.' 바로 당신이다. 당신이 누군가에겐 바보로 보일 수도 있고(불쾌해하지 마시길), 당신은 어느 누구도 바꿀 수 없을 뿐 아니라 어느 누구도 당신을 바꿀 수 없기 때문이다.

힘은 당신 손 안에 있다. 선택은 당신 몫이다. 누구도 당신이 까다로운 사람과 함께 진실되게, 진심으로, 효과적으로 일하도록 강제할 수 없다. 당신은 그들을 무시하거나 배척하거나 바꾸려 드는 '쉬운' 길을 버리고 그들을 이해하는 법을 배우겠다고 결심해야 한다.

그때 당신은 협력에 한 걸음 더 다가설 수 있다. 물론 당신을 힘들게 만드는 것을 인생의 사명인 양 하는 사람들도 있다. 그들을 상대하다 보면 '왜 굳이 이런 사람과 함께 일하려고 애써야 하지? 이런 사람과는 협력하고 싶지 않아. 발로 차서 멀리 날

려버렸으면 좋겠다' 싶다.

이는 생각해볼 만한 문제다. 까다로운 사람과 효과적으로 협력하기 위해 굳이 감정을 소모하면서 힘들게 노력할 가치가 있을까? 그런 사람을 다루거나 상대하는 법을 익힐 때마다 보너스를 받는 것도 아니지 않은가?(그러면 좋겠지만)

간단하게 답하자면, 그럴 만한 가치가 있다. 당신은 사실 당신이 생각하는 것보다 영향력이 훨씬 크다. 또한 약간의 노력과 이해로 수많은 혜택을 누릴 수 있다. 지금부터 그 내용을 살펴보도록 하자.

누군가 이 책이 필요하다면

당신 때문일 수도 있다

CHAPTER 2

좋은 점, 더 좋은 점, 그다지 나쁘지 않은 점

나의 첫 직장은 일리노이주 록포드 쇼핑몰에 있는 피니시라인이라는 신발 매장이었다. 내 나이는 열여덟 살이었다. 스니커즈 중독도 그때부터 시작되었다. 내가 받은 월급은 곧장 회사로 다시 들어갔다. 신발을 사는 데 다 썼기 때문이다.

어느 날, 한 여성이 매장에 들어왔다. 나는 그녀에게 운동화를 팔았다. 뜻밖에 그녀는 내게 같은 쇼핑몰에 있는 의류 매장에서 일해보지 않겠냐고 제안했다. 나는 매장 두 곳에서 파트타임으로 일하게 되었다. 혼란스럽고도 웃기는 상황이었다. 신발을 팔았던 손님에게 한 시간 후 옷을 팔기도 했으니까. 어리둥절해하는 손님에게 내가 가장 즐겨 쓴 대처법은 쌍둥이인 척하는 것이었다.

몇 달 후, 피니시라인의 매니저 중 한 명이 인근의 베스트바이에서 새 일자리를 얻었다. 그는 내게 연휴 때 추가 인력이 필요하니 와서 일하지 않겠냐고 물었다. 갑자기 나는 1마일 반경 안에서 세 가지 일을 하게 되었다. 하루에 조던 농구화, 청바지, 착즙기를 순차적으로 파는 날이 3개월간 이어졌다.

그 시절, 나는 처음으로 일을 시작했을 뿐 아니라 직장 생활, 특히 인간관계가 얼마나 복잡한지 알게 되었다. 세 회사의 제품, 문화, 가치관, 채용 절차, 리더십 스타일은 완전히 달랐다. 하지만 가장 큰 난관은 매일 계속 바뀌는 손님들을 상대하는 법을 익히는 것이었다.

나는 파트타임을 그만두고 헤드헌팅 회사의 정직원이 되었다. 내가 하는 일은 여러 조직이 경영자 자리를 채우도록 돕는 것이었다. 그 일의 복잡함은 완전히 새로운 수준이었다. 인사과 일은 외줄에서 외바퀴 자전거를 탄 채로 불 붙은 칼들로 저글링을 하는 것 같았다. 나의 역할은, 직원과 경영자 사이 중간자로서, 채용과 해고부터 복지와 갈등까지 모든 것을 처리하는 것이었다. 그래서 상담사, 탐정, 외교관 역할을 동시에 해야 했다.

이후로 나는 두어 곳의 다른 회사에서 일했으며 사업을 시작하기도 했다.

지난 몇 년 동안은 포춘 100대 기업의 경영 코치 및 강연가로 활동했다. 덕분에 폭넓은 산업에 걸쳐 리더들이 어떤 어려움을 겪는지 지근거리에서 보았다. 세 곳의 파트타임 업무를 바쁘게 해치우던 때로부터 20년이 지났다. 그동안에도 변하지 않은 것이 두 가지 있다. 첫째는 스니커즈에 대한 애정이고, 둘째는 다른 사람들과 함께 일하는 직장 생활의 현실과 복잡성이다.

로봇은 아직 세상을 점령하지 않았다. 어떤 회사에서 일하든 어떤 사업을 운영하든 간에 우리는 다른 사람들과 함께 일해야 한다. 그중 일부는 까다로울 것이다. 아니, 사실은 그들 '모두'가 이런저런 방식으로 까다로울 것이다.

당신은 까다로운 사람들과 함께 일하는 것을 피할 수 없다. 인간은 본질적으로 까다롭기 때문이다. 당신은 완벽한 세상에서 일하고 싶을 것이다. 완벽한 사람만 채용하고, 완벽한 사람에게만 판매하며, 완벽한 사람 밑에서만 일하고 싶을 것이다. 하지만 그건 불가능하다. 첫째, 당신은 그런 완벽한 세상에 속하지 않을 것이다. 둘째, 아무도 거기에 없을 것이다.

우리는 세세한 배경이 있으며, 이따금 일진이 나쁘고, 끈질기게 고대하는 큰 꿈을 지닌 복잡하고 미묘한 존재들이다. 우리는 매일 복잡한 우리 자신을 직장에 데려온다. 아침 8시에 출근해서 오후 5시까지 일하다가 갑자기 다음 날 아침까지 사라지는 사람은 없다. 모두에게 가정·직장·여가·애정 생활이 있다. 또는 적어도 그런 생활을 하고 싶어 한다.

그래서 회의실에 앉아 있어도 저녁 약속이나 주말을 위해 기운을 아껴둔다. 어젯밤에 일어난 배우자와의 싸움이나 장차 집에 새로 얹어야 하는 지붕에 약간의 정신적 자원을 할애한다. 당신과 내가 이러하다면, 회의실이나 휴게실 또는 대기실에 앉아 있는 다른 사람들도 똑같다고 보는 것이 타당하지 않을까?

결국 당신이 일반적인 날에 맞닥뜨려야 하는 어려운 일은 대부분 사람과 관련됐을 것이다. 물론 조직두와 스프레드시트, 예산 회의, 제품 출시, 대차대조표도 난해하고 복잡하다. 하지만 이 모든 것의 뒤에는 사람이 있다.

일과 관련된 거의 모든 문제는 적어도 어느 정도는 사람 문제다. 즉 사람이 연관되어 있거나, 사람에 좌우되거나, 사람에게 영향을 미친다. 따라서 상대하기 어려운 사람들과 일을 더 잘하려면 전반적으로 사람 다루는 일을 더 잘해야 한다.

평생 내향인으로 살아온 사람에게 갑자기 사교적인 사람이 되라고 하는 건 아니다. 그러나 성격과 무관하게 다른 사람들과 더 잘 일하는 것은 당신과 그들의 성공에서 매우 중요하다. 인간에 관한 한 박사가 되어라. 읽고, 공부하고, 배우고, 공감하고, 성장하고, 소통하라. 그래야 까다로움을 넘어서 진정 살아 있는 인간을 보게 된다. 결혼 생활을 이어가고, 자신이 10대라고 생각하는 아기(또는 자신이 아기라고 생각하는 10대)를 키우고, 엄습하는 존재론적 공포에 대처하면서 그저 삶을 꾸려가려 애쓰는 인간 말이다.

요점은 이것이다. 인간은 해결해야 할 문제가 아니다. 물론 그들은 문제를 가졌고 문제를 일으키기도 한다. 하지만 그들은 사람이다. 결국 사람이 가장 중요하다.

상대하기 어려운 것이 사람이라는 사실을 기억하라.

그들은 문제도 사안도 골칫거리도 아니다.

이 사실을 인식한다면 그들과 함께 일하기 한결 쉬워질 것이다.

왜 굳이 노력해야 할까?

우리 모두는 대단히 까다롭다. 그러면 더 나은 팀워크와 협력을 위해 굳이 힘들게 노력할 가치가 있을까? 물론 까다로운 사람도 존중하고 이해해야 한다. 다만 거리를 두고 그렇게 해도 되지 않을까? 회사를 떠나는 그들에게 손을 흔드는 걸 상상하면서?

그럴 수 없다.

앞서 확인한 대로 까다로운 사람은 어디에나 있다. 자동차 문에 찍힌 자국이나 늦은 출근길의 빨간불처럼 피할 수 없는 것이다. 다만 어떤 사람을 피할 수 없다고 해서 마지못해 함께 일하지는 마라. 무엇보다 그런 관점은 우울하다. 게다가 더 중요하게는, 그들과 함께 잘 일하는 법을 배우는 데 따른 혜택을 무시하는 처사다.

혜택이라고? 다리를 놓는다고 해서 무슨 혜택을 얻을 수 있을까? 다리를 불태우지 않고 힘들게 버티면서? 고맙다는 말도 못 들으면서?

우리 조사 중 상당 부분은 이 질문에 답하는 데 초점을 맞추었다. 우리는 까다로운 사람이 어디에나 있고, 그들이 우리를 미치게 만든다는 사실만을 증명하려고 전국 단위 조사를 실시한

게 아니다. 그게 맞을 수도 있지만 그다지 고무적인 사실은 아니다.

그 대신 우리는 까다로운 사람을 더 잘 이해하고 그들과 더 잘 교류하면 업무 경험이 어떻게 바뀔지 알고 싶었다. 그 결과는 명확했다. 사람들은 직업 만족도부터 생산성, 혁신까지 우리가 조사한, 일의 모든 측면이 개선될 것이라 믿었다.

솔직히 말하자면 우리는 그런 결과가 나올 것이라 예상했다. 상식뿐 아니라 우리 모두의 현실 세계 경험과 일치하는 결과이기 때문이다.

하지만 우리가 예상치 못한 결과도 있었다. 그 결과는 우리가 더 나아질 수 있으며 그 혜택을 누릴 수 있다는 희망과 자신감을 주었다. 당신의 직장 생활을 망치는 사람의 수는 당신이 생각하는 것보다 적다. 단지 그들의 영향력이 과도할 뿐이다.

> 대다수 사람들(84퍼센트)은 주로 1~5명의 까다로운 사람들과 같이 일한다. 비교적 적은 수다.

그들은 아주 요란하다.

그들은 아주 유난스럽다.

그들은 당신의 근심에서 큰 부분을 차지한다.

하지만 그들은 소수에 불과하다.

이 사실이 얼마나 많은 희망을 안기는지 생각해보라. 소수의 특정한 집단만 더 잘 상대할 줄 알면 당신의 직장 생활이 크게 개선될 것이다.

그건 실행 가능한 일이다. 노력과 성장이 필요하지만 실질적인 혜택이 있다.

그러면 어떤 혜택이 있을까? 왜 까다로운 사람들과 더 잘 협력해야 할까? 그들과 협력하면 좋은 점, 더 좋은 점, 그다지 나쁘지 않은 점이 있다.

먼저 좋은 점부터 살펴보자.

좋은 점: 일을 더 사랑하게 된다

> 우리 조사에 따르면 미국 노동자의 거의 절반(47퍼센트)은 까다로운 사람이 직업 만족도에 '매우 부정적인' 또는 '부정적인' 영향을 미친다고 밝혔다. 또한 다른 41퍼센트는 '약간 부정적인' 또는 '다소 부정적인' 영향을 미친다고 밝혔다. 이는 상대하기 어려운 사람과 더 잘 협력하면 열 명 중 거의 아홉 명의 직업 만족도가 높아질 것임을 뜻한다. 다른 모든 것이 변하지 않는다고 해도 말이다.

이 사실은 우리에게 다시 힘을 부여한다.

앞서 당신이 평생 8만 5,000시간에서 9만 시간을 일하는 데 쓴다고 언급했다. 이토록 긴 시간을 견딘다는 건 끔찍하다. 그렇지 않은가? 하지만 많은 사람들이 그렇게 살아간다. 일을 생활비를 벌기 위한 필요악으로 본다. 살기 위해 일하고, 일하기 위해 살아간다.

하지만 이게 당신이 정말로 원하는 것일까? 어차피 일해야 한다면 그 경험을 개선하기 위해 뭐든 하는 편이 낫다. 거기에는 당신의 시간, 기쁨, 기운을 앗아가는 까다로운 사람과 함께 일하는 법을 파악하는 것도 포함된다. 당신의 일을 좋아하지만 함께 일하는 사람이 싫다면 그들과 협력하는 법을 배움으로써 직업 만족도가 크게 높아질 것이다.

물론 이 사실은 조사 결과가 없어도 알 수 있다. 당신은 아마 동료나 배우자, 친구에게 이렇게 말했을 것이다. "미구엘만 다른 부서로 가면 소란은 절반으로 줄고 성과는 두 배 늘어날 거야" "사라만 회사에서 잘리면 내 인생이 훨씬 편해질 거야."

> 우리 조사에서 75퍼센트의 응답자는 까다로운 사람들이 "직장에서 극심한 스트레스와 짜증을 초래한다"고 밝혔다.

까다로운 사람들이 초래하는 구체적인 통점pain point에 대한 질문에 다양한 답변이 쏟아졌다. 그 목록의 상단에는 의사소통 장애, 사기 저하, 단결 저해, 신뢰 상실, 직업 만족도 하락이 있었다. 정신 건강, 생산성, 참여도, 집중력, 직원 유지, 혁신에 미치는 부정적 영향이 바로 그 뒤를 이었다.

까다로운 사람들을 상대할 때 흔히 하는 행동에 대한 질문에는 회피한다는 답변이 가장 많이 나왔다. 경영진에 대한 신뢰 상실, 일에 대한 애정 상실, 회사에 대한 신뢰 상실이 그 뒤를 이었다. 특정 회의를 피하거나 퇴사 또는 퇴사 고려, 근무시간 조정, 부서 이동 요청, 태업을 한다는 사람도 상당했다.

앞서 언급한 대로 까다로운 사람들이 미치는 정서적·정신적 영향은 가장 우려스러운 결과 중 하나였다. 응답자 중 절반

이상은 지난해에 까다로운 사람 때문에 극심한 스트레스, 분노나 괴로움, 짜증이나 절망에 시달렸다. 3분의 1 이상은 불면증, 우울증, 두려움이나 불안, 심지어 성격 변화로 고생했다. 그보다 많은 응답자는 괴롭힘이나 정서적 학대를 겪었고 치료나 상담을 받았다. 또한 건강 문제로 진단받거나 자살 충동을 느끼기도 했다.

직장에서 겪는 개인 간 갈등에 대한 다른 조사에서도 같은 사실이 확인되었다. 직장 내 갈등이 심할수록 일을 즐기는 정도가 줄었다. 이런 상호작용은 일을 그만두고 싶어 하는 주된 요인 중 하나였다.[6] 이처럼 까다로운 사람들은 명백히 모두에게 실질적인 문제를 초래한다.

요점은 이것이다. 미구엘과 사라는 금방 다른 곳으로 가지 않을 것이다. 그래도 그들(또는 당신의 머릿속을 어지럽히거나 사무실 분위기를 망치는 사람)과의 관계를 개선하면 당신의 직업 만족도는 거의 확실하게 높아질 것이다. 그들이 애초에 직업 만족도를 떨어뜨렸기 때문이다. 당신이 힘을 되찾는다고 말한 의미가 바로 이것이다.

더 좋은 점: 일터를 개선할 수 있다

당신이 일터를 개선할 수만 있다면 회사는 당신과 주위 사람들에게 더 좋은 곳이 될 것이다. 즉, 당신만 일을 즐기는 것이 아니라 다른 사람들도 일을 즐길 수 있다.

사람들은 흔히 복지 혜택이 늘어나면, 스톡옵션이나 보너스를 더 많이 받으면, 커리어 개발 기회가 늘어나면, 회사가 더 좋은 곳이 될 거라고 여긴다. 그렇게만 된다면야 좋고, 그게 당신의 권한에 속할 수도 있고 아닐 수도 있다. 하지만 우리 조사에 따르면 까다로운 사람과 관련된 문제를 줄이면 모든 것이 개선된다. 거기에는 의사소통, 사기, 단결 및 신뢰, 정신 건강, 생산성, 참여도 등 우리가 조사한 모든 측면이 포함된다.

이는 다시 당신에게 힘을 부여한다. 어떻게? 긍정적 상호작용을 통해 일터를 조금씩 개선하도록 해줌으로써. 이런 상호작용이 주위 사람들을 바꾸는 힘을 과소평가하지 마라. 당신이 리더 지위에 있는지 아닌지는 상관없다.

나는 강연 자리에서 회사의 사기는 일상적인 상호작용으로 결정된다고 자주 말한다. 신입 사원이 처음 받는 이메일은 회사에 대한 인상을 좌우한다. 첫 이메일이 무례하면 '여기 사람들'이 무례하게 보인다. 첫 회의에서 목소리 작고 조용한 사람들에게도 발언 기회가 주어지면 '여기 사람들'은 포용적이라고 생각하게 된다.

당신이 알든 모르든, 어딘가에서 사람들은 당신의 행동을 토대로 당신의 직장에 대한 인식을 형성한다. 좋은 인식일까, 나쁜 인식일까? 건강하다는 인식일까, 해롭다는 인식일까? 협력적이라는 인식일까, 까다롭다는 인식일까?

당신과 나는 일터에 대한 사람들의 인식을 바꿀 힘이 있다. 그 과정은 점진적이다. 회사 전체를 하룻밤 사이에 바꿀 수는 없다. 그래도 우리는 우리가 통제할 수 있는 상호작용, 특히 까다로운 사람들과의 상호작용을 개선할 수 있다.

우리는 조사에서 무엇이 사람을 까다롭게 만드는지 물었다. 그 결과 '태도'가 큰 차이로 1위에 올랐다. 68퍼센트의 응답자는 태도를 까다로운 사람과 관련된 세 가지 주요 특성 중 하나로 꼽았다. 문제는 이것이다. 태도는 전염된다. 누군가로부터 나쁜 태도나 좋은 태도가 옮았을지도 모른다.

'3단계 영향 이론'이라는 사회 연결망 이론이 있다. 이 이론에 따르면 우리가 다른 사람에게 미치는 영향은 인맥의 3단계까지 확장된다. 이 이론을 제시한 사회학자인 니컬러스 크리스타키스와 제임스 파울러는 이렇게 말한다.

우리의 모든 말과 행동은

연결망을 통해 퍼져나가면서 다음 대상에게 영향을 미친다.

1단계	**친구들**
2단계	**친구들의 친구들**
3단계	**친구들의 친구들의 친구들**

우리가 미치는 영향은 점차 약해지다가 사회적 경계인 3단계 너머에 있는 사람들에게는 뚜렷한 작용을 하지 못한다. 마찬가지로 우리는 3단계 내에 있는 친구들에게 영향받지만, 그 너머에 있는 친구들에게는 대개 영향받지 않는다.[7]

이는 당신이 활달한 사람이든 내향적 사람이든 간에 영향력이 엄청나다는 뜻이다. 당신이 매일 20회 상호작용을 한다고 가정하자. 당신이 상대하는 모든 사람은 다른 사람과 20회 상호작용을 한다. 또한 그 다른 사람들 역시 20회 상호작용을 한다. 이 이론에 따르면 24시간 안에 당신은 8,000회 상호작용을 통해 일정한 영향을 미친다.

우리 조사에서 거의 모든 사람이 직장에서 다섯 명 이하의 까다로운 사람을 자주 상대한다고 밝혔다. 그들이 얼마나 많은 사람을 대표하는지 생각해보라. 그들을 상대하는 방법을 익혀서 더 나은 방향으로 유도할 수 있다면 어떨까? 그들뿐 아니라 그들의 지인들 그리고 그 지인들의 지인들에게도 혜택을 안길 수 있다. 그래서 궁극적으로는 수십 회 부정적 상호작용을 완화할 수 있다. 당신은 소수의 까칠한 사람을 건강하고 긍정적이며 바람직한 방식으로 상대하는 법을 알기 때문이다.

미국약사협회 후원 행사에서 2,500명의 약사를 대상으로 강연한 적이 있다. 당신이 약국에서 어떤 경험을 주로 하는지는 모른다. 아마 차량관리국 또는 우체국에서 겪는 경험과 비슷할 것이다. 아무도 그곳에 가고 싶어 하지 않으며, 모두 기분 나쁜 상태다. 사람들은 그저 누군가가 아파서 약국에 간다. 그들은 의사가 처방전을 정확하게 입력하고, 보험 처리가 되기를 바랄 뿐이다.

나는 약사들에게 리더십에 대해, 약국의 분위기와 직원들의 사기에 대해 이야기했다. 약사들의 속마음을 알 것 같았다. 아마 '그래서 우리더러 어쩌라는 거야? 사람들은 아파서 약국에 와. 우울한 일이지. 당연히 다들 기분이 나쁠 수밖에 없어'라고 생각할 것이다.

나는 약국 손님이 가장 먼저 받는 질문이 무엇인지 말해주었다. "생년월일이 언제죠?" 인사도 없고, 웃지도 않고, 그냥 컴퓨터 스크린을 보면서 생년월일만 묻는다. 두 번째 질문은 대개 "보험 가입되어 있나요?"다. 이런 식으로 질문이 이어지다가 약이 나오고, 손님은 약국을 나선다.

나는 "그러지 말고 고객의 눈을 보며 마음을 담아 '좀 어떠세요?'라고 물어보면 어떨까요?"라고 말했다.

약사들은 화성으로 가는 우주선을 발사할 거라는 말이라도 들은 듯한 표정을 지었다. 나는 사람들이 예민하고 다른 약사들이 스트레스를 받았다고 해서 분위기를 바꾸지 못하는 것은 아니라고 말했다. 사람들과 소통하기 위한 간단한 단계만 밟으면 분위기를 바꿀 수 있다.

강연할 때 일터의 분위기를 바꾸는 일이 얼마나 쉬운지 알려주기 위해 자주 하는 질문이 있다. 바로 반생일half-birthday(생일로부터 6개월이 지난 날) 축하를 받은 적이 있는지 묻는 것이다. 청중이 1,000명이면 30명 정도가 손을 든다. 그러면 나는 이렇게 말한다. "3퍼센트네요. 앞으로 누가 생일을 맞이하면 달력에 6개월 뒤 날짜를 표시해두세요. 그날 문자메시지를 보내거나 컵케이크를 건네보세요. 그러면 97퍼센트의 확률로 '회사에서 반생일 축하를 받아본 적은 처음이에요'라는 말을 들을 겁니다. 분위기를 바꾸는 일은 그만큼 쉽습니다. 당신의 영향력을 좋은 방향으로 활용하겠다고 마음먹기만 하면 됩니다."

그다지 나쁘지 않은 점: 그들이 필요하다

이것은 언뜻 나쁜 점처럼 보인다. 하지만 사실은 그렇지 않다. 까다로운 사람들도 당신에게 필요한 사람들이다. 전부는 아니겠지만 그중 다수는 필요하다. 당신은 그들에게 의존하고, 그들에게서 배우며, 그들 덕분에 더 잘 일한다.

까다로운 사람들이 내게 필요하다니, 나쁜 점처럼 보일지도 모른다. 당신은 그들이 은퇴하거나 퇴사하기를 바랄 것이기 때문이다. 하지만 장기적으로 보면 까다로운 사람들과 맺은 관계 중 다수는 당신에게 도움이 될 것이다. 그들과 좀 더 효과적으로 협력하는 법을 배우기만 한다면 말이다.

그들이 맡은 일을 해줘야 당신이 그들의 일을 대신 해줄 필요가 없다는 것에 그치지 않는다. 그들은 실제로 당신의 일과 당신의 세계에 가치를 더할 수 있다. 당신의 삶에는 그들이 필요하다. 그들은 몇 가지 나쁜 습성을 지녔을지도 모른다. 하지만 그들도 당신의 삶에 기여할 수 있는 것들을 갖고 있다.

대개 까다로운 사람들에게 배우거나 얻을 게 있다고 인정하기는 어렵다. '나쁜' 점이라고 말하는 이유가 거기에 있다. 그들을 악당으로 만들려는 내면의 욕구에 반하기 때문이다. 우리는 그들을 잘라내고 잊어버리는 쪽을 선호한다. 그들도 당신에게 필요한 사람이라고 인정하는 것은 모순되고, 혼란스러우며, 심지어 창피하게 느껴진다.

당신이 겪는 고통을 무시하는 게 아니다. 그들이 당신의 하루를 망치고 생각과 기분을 엉망으로 만든다는 인식이 정확할 수도 있다. 내 말은 그들이 그렇게 나쁜 사람은 아닐지도 모른다는 것이다. 아주 드물게 정말로 나쁜 사람도 있다. 그리고 아주 드물게 정말로 좋은 사람도 있다. 우리는 각자 양면을 조금씩 갖고 있다.

당신이 어떤 사람을 까다롭게 보는 이유는 일부 측면에서 당신과 다르기 때문이다. 이는 당신이 갖지 못한 것을 그들이 제공할 수 있다는 뜻이다. 그들에게 맞서지 말고 '함께' 일하는 법을 파악하라. 그러면 대개 서로의 고유한 강점과 관점이 보완 작용을 하여 따로 일할 때보다 더 나은 결과를 만든다.

성향이 다른 사람을 상대하는 일이 쉽지는 않다. 많은 사람들이 자신과 너무 다른 사람을 본능적으로 멀리하거나 억누르려고 하는 이유가 거기에 있다. 그러면 당장은 걸리적거리지 않는다.

하지만 그게 우리가 정말로 원하는 것일까?

사람들을 그냥 멀리하는 게?

물론 그게 좋을 것처럼 보인다. 적어도 처음에는 그렇다. 하지만 그러면 세상이 얼마나 좁아지는지 알아야 한다.

우리는 모두 너무나 다르다. 그건 본질적으로 좋은 일이다. 모두가 나름의 감정, 배경, 개인적 이야기를 지닌 채 월요일 회의에 참석한다. 당신은 당신과 너무나 다른 유년기를 보냈거나, 단순한 고갯짓을 완전히 예상치 못한 방식으로 해석하는 사람들과 협력하게 된다.

이처럼 다양한 경험과 관점의 조합은 우리 모두를 고유하게 만든다. 하지만 다른 한편으로는 회계팀 퀸이 자신의 스테이플러를 빌리는 누군가에게 발끈하거나, 인사팀 라일리가 고무 오리 인형을 수집하는 독특한 취향이 있거나, 물류팀 하퍼가 코믹 산스 서체로만 쓴 이메일을 고집하는 이유이기도 하다.

인간 행동의 핵심에는 보이지 않는 여러 가지 동인이 있다. 야심과 자존심 그리고 변화에 대한 지속적인 저항 같은 것이 그것이다. 그래서 당신이 상대하는 사람 중에는 꿈에 이끌리는 사람도 있고, 강한 자존감에 이끌리는 사람도 있으며, 익숙한 환경이 주는 편안함에 이끌리는 사람도 있다. 변화를 좋아하는 사람도 있고, 루틴을 조금만 바꾸려 해도 회의적으로 바라보는 사람도 있다. 어떤 난관이 있든 당신과 같이 꿈을 좇는 사람도 있고, 당신이 너무나 기대하는 신제품에 대해 사전에 세세한 비용 분석과 단계별 계획을 요구하는 사람도 있다.

여기에 외부의 스트레스 유발 인자를 고려해야 한다. 예기치 못한 건강 문제나 밤마다 울어대는 이웃집 고양이 따위 말이다. 이처럼 복잡다단한 경험을 한 사람들이 회의실에 모인다.

그리고 그런 자리에서 마법이 펼쳐진다.

온갖 성향의 사람들이 모인 자리, 모두가 복잡하고 수수께 끼 같은 자아를 가진 자리에 최고의 창의력을 발휘하는 비법이 있다. 혁신은 우리의 다양한 이야기와 유별난 개성들이 엇갈리는 교차로에서 태어난다. 물론 그 길에는 장애물도 있을 것이다. 하지만 서로의 고유한 차이를 받아들일 때 집단적 노력에 활력과 기운을 불어넣을 수 있다.

인간성은 풍부한 다양성과 아름다운 예측 불가능성을 지닌다. 이는 까다로운 사람과 함께 일해야 하는 난관을 용기 있는 발견의 여정으로 바꿔준다.

다시 말해서, 서로 다른 사람들이 함께 일하는 것은 바람직하다. 그 과정이 항상 수월하지는 않을 것이다. 그래도 올바른 방법을 찾으면 그들의 까다로움을 포용하고 이해하는 법을 배울 수 있다. 또한 그들의 가치를 인식하고, 그들에게서 배우며, 그들과 협력하는 법도 배울 수 있다.

까다로운 사람이 지닌 가치를 인식하면, 당신이 이해할 수 없는 사람을 찾아 나서게 될 것이다. 당신은 보지 못하지만 그들은 보는 것이 무엇인지 호기심이 생길 것이기 때문이다. 그래서 까다로운 사람을 경쟁자로 보고 거리를 두려 하기보다, 방어적 태도를 거두고 협력자로 대하게 될 것이다. 또한 직장에서 접하

다양한 사람들이 모인
자리에서

마법이 펼쳐진다

는 평범한 문제를 넘어서는 질문을 하게 될 것이다. 그들을 움직이게 만드는 것이 무엇인지 알고 싶어질 것이기 때문이다. 그리고 약간의 불편함과 어색한 순간은 무시하게 될 것이다. 그들의 관점과 독특한 사고방식을 가치 있게 여기기 때문이다.

지금부터 차이와 다양성 그리고 의견 차이의 혜택을 탐구할 것이다. 우선은 이 점을 기억하자. 까다로운 사람은 정말로 당신에게 도움이 될 수 있다. 그들은 당신이 혼자 해결하지 못하는 문제, 넘지 못하는 난관에 대한 답이 될 수 있다.

누군가의 이상한 태도나 행동을 접하면 머리를 흔들며 '나는 왜 항상 괴짜들하고 얽히지?'라고 생각하는가? 그러면 그 이상함 속에 숨어 있는 선물을 놓치게 된다. 그들이 제공하는 혜택을 누리려면 그들의 까다로움을 받아들여야 한다.

이것이 선인장을 껴안으라는 말처럼 들릴 것임을 안다. 그래도 현명하고 탁월하며 성장하는 사람은 가시 속에 숨은 가치를 볼 줄 안다.

다시 말하지만, 까다로운 사람과 함께 더 잘 일해야 하는 이유는 무엇일까? 왜 그들을 무시하거나 배척하거나 강제로 바꾸려 들면 안 될까? 그들과 협력할 때 혜택이 있기 때문이다.

- 첫째, 당신의 일을 더 사랑할 수 있기 때문이다.
- 둘째, 당신의 일터를 더 좋은 곳으로 만들 것이기 때문이다.

- 셋째, 당신이 그들을 필요로 하기 때문이다.

사람은 복잡한 존재다. 하지만 그들을 이해할 가치가 있다. 이는 기억할 가치가 있는 교훈이자 추구할 가치가 있는 목표다.

CHAPTER 3

까다로운
사람 때문에
놀라지
않으려면

낮춤 　　　　　 높임

시카고에 사는 제약회사 임원인 배런의 이야기를 해보자. 바쁘게 살고 활력이 넘치는 그가 보기에 대부분의 사람은 게으르다. 실제로 그들이 게으르다기보다는 자기와 비교해서 그렇다는 것이다. 그는 자신의 기대치가 높다는 걸 안다. 하지만 아침부터 불가능한 일을 요구하고, 모두가 커피를 마저 마시고 싶어 하면 당황하는 것이 그의 리더십 스타일이다.

당신은 이런 유형의 사람을 본 적이 있을 것이다. 모든 직무에서 영웅적인 성과를 내야 한다고 생각하는 사람 말이다. 배런은 자신에게 많은 압박을 가하며, 그래서 팀원에게도 많은 압박을 가한다. 가끔 에스프레소 머신도 잘 다루지 못하는 사람에게 기적을 기대하는 때도 있다. 그는 월요일까지 획기적인 신약을 개발하고, 화요일까지 식약청 승인을 받고, 금요일까지 바이럴 마케팅 캠페인을 끝내기를 원한다.

하지만 직원들은 그런 영웅적인 성과를 내지 못했다. 그들은 결함과 감정을 지녔으며 감히 잠도 충분히 자야 하는 사람들이었다. 배런의 기대와 현실 사이에는 그랜드 캐니언만큼 넓은 간극이 있었다.

어느 날, 나는 배런이 나중에 '운명의 팀빌딩 워크숍'이라 부를 워크숍에서 강연을 하게 되었다. 워크숍의 목적은 인맥 공유와 집단 활동을 통해 동료애를 창출하는 것이었다. 참가자들은 트러스트 폴trust fall 훈련을 했다. 배런은 팀원들을 믿고 뒤로 쓰러져야 했다. 그는 팀원들이 자신을 잡아줄 것이라 믿었다. 뒤로 넘어지는 순간부터 팀원들의 손이 등을 받칠 것이라 예상했다. 하지만 그런 일은 일어나지 않았다. 팀원들은 마지막 순간까지 기다렸다가 그를 붙잡아 땅에 내려놓았다. 충격과 두려움에 휩싸인 그의 얼굴은 가관이었다. 팀원들은 모두 웃음을 터뜨렸다.

다른 사람에게는 그저 '평범하게' 보였을 그 가벼운 순간이 배런에게는 심대한 영향을 미쳤다. 팀원들은 그를 항상 엄격하고 진지하고 일밖에 모르는 사람으로 보았다. 그때까지 그들은 그가 당황하는, 심지어 조금이라도 흐트러진 모습을 본 적이 없었다. 그러니까 그의 '인간적인' 모습을 한 번도 본 적이 없었다.

그들은 팀으로서 많은 것을 창출하고 구축하고 판매했다. 하지만 많이 웃었던 적은 한 번도 없었다.

배런은 자신이 조금 덜 완벽하고 약간 더 인간적인 모습을 보이기만 해도 전체 팀 역학을 바꿀 수 있다는 사실을 깨달았다.

사무실로 돌아온 뒤, 배런은 다른 접근법을 실험하기 시작했다. 가령 인간의 불완전성이 수반하는 의외성과 난잡함 그리고 아름다운 혼란을 당연하게 받아들였다. 프로젝트 회의가 시장 혁신을 외계인 침공에 빗댄 브레인스토밍 회의로 바뀌어도 한숨을 쉬거나 눈동자를 굴리지 않았다. 그도 거기에 동참하여 은하 간 규제 준수에 대한 아이디어를 제시했다.

배런의 태도는 유연해졌다. 팀원들의 업무 속도가 자신의 업무 속도와 달라서 갈피를 못 잡는 일은 사라졌다. 기한은 좀 더 현실적으로 조정되었다. 회의는 속내를 파악하려 애쓰는 자리가 아니라 신선한 아이디어를 선보이는 자리가 되었다. 프레젠테이션에서 밈을 활용하는 것이 그런 예였다. 변화는 은근하면서도 심대했다. 회사 사람들은 배런과의 소통을 기대했으며, 이전에는 불가능한 기준에 미달할까 봐 두려워서 감추던 아이디어를 공유하기 시작했다. 이전에는 없었던 웃음과 동료애에 더하여 창의성이 꽃을 피웠다.

나는 배런의 경영 코치로서 그의 변화를 지켜보았다. 그것은 마치 자신이 의외로 노래를 꽤 잘 부른다는 사실을 깨닫는 악당을 지켜보는 것 같았다. 이전에 그는 완벽을 기대했다. 하지만 이제는 불완전함에서 즐거움을, 실수에서 웃음을, 그리고 놀랍게도 혼란에서 유효성을 찾는 법을 배웠다.

그는 기대치를 바꾸었고, 이는 모든 것을 바꾸었다.

우리가 어떤 사람을 '까다롭다'고 인식하는 이유는 그들이 우리의 기대를 충족하지 못했기 때문이다. 성격, 의사소통 방식, 예절, 리더십, 사교술, 행동 등 뭔가가 '옳은 것'이나 '정상인 것' 또는 '좋은 것'에 대한 우리 내면의 정의와 어긋나기 때문이다.

우리는 세상이 우리를 중심으로 돌아간다고 생각하는 자기중심적인 폭군이 아니다. 하지만 우리에게는 해야 할 일, 지켜야 할 기한, 설계해야 할 제품, 받아야 할 월급, 개발해야 할 경력,

그들은

우리의 리듬이나
목표 또는 선호를
망가뜨린다

우리의 감정을
상하게 만든다

다른 방식으로
일한다

우리를
짜증나게 한다

우리의 발목을
잡는다

우리의 일을
망친다

우리의 계획에
지장을 초래한다

우리를
방해한다

그래서 우리는 그들을
까다롭다고 말한다

세워야 할 기업, 이루어야 할 꿈이 있다. 상대하기 힘든 사람이 우리의 정신이나 계획을 어지럽히는 일은 없어야 한다. 나의 조언은 이것이다.

그들이 당신을 놀라게 만들지 마라.

이는 당신에게 달린 일이다.

이 일은 당신의 통제권 안에 있다.

당신은 까다로운 사람들을 상대할 때 왜 계속 놀라는가?

그들의 실수와 인간성 때문에 충격받는 일을 줄이려면 어떻게 해야 할까? 어떻게 하면 배런처럼 불완전함을 받아들이고 혼란에서 유효성을 끌어낼 수 있을까? 두 가지 해법을 제안한다.

첫째, 미리 유익한 기대치를 설정하라. 기대는 모든 것을 경험하는 양상을 좌우한다. 둘째, 위협받는다고 느낄 때 뇌가 어떻게 작동하는지 파악하라. 생존 본능을 다스려서 벽이 아닌 다리를 만들 수 있다.

생존 본능 부분은 나중에 살피고 기대 설정 부분부터 이야기해보자. 사람들 때문에 놀라지 않으려면 그들에게서 불가능한 것을 기대하지 마라. 그들을 실패하게 만들고 당신을 좌절하게 만드는, 그 기대를 접어라. 다시 말해서 기대 디톡스를 하라.

제발 기대하지 마라

'디톡스'는 몸에서 뭔가를 빼낸다는 뜻이다. 당신은 단것을 줄여서 설탕 디톡스를 하거나 휴대폰에서 X를 지워서 소셜미디어 디톡스를 해봤을지도 모른다. 디톡스는 재설정이다. 당신의 몸과 마음이 좀 더 건강하게 안정되도록 만드는 기회다.

당신의 삶에서 가장 까다로운 사람을 대할 때 '기대 디톡스'를 해볼 것을 권한다. 그들이 무엇을 해야 한다고 생각하는지 그리고 당신의 기대가 왜 그들이 보여주는 현실과 너무나 동떨어지는지 의식적으로, 솔직하게 평가하라. 핵심은 그들이 당신을 계속 실망시키는 이유와 관련하여 당신의 가치관, 습관, 욕구가 어떤 역할을 하는지 살피는 것이다. 어쩌면 당신이 기대하는 바는 전적으로 타당하고 옳을지도 모른다. 하지만 그렇지 않을 수도 있다. 또는 당신과 그들이 생각하는 '옳음'의 정의가 다를 수도 있다. 이 경우 그들의 관점을 이해하기 전까지는 계속 놀라고 충격받게 된다.

한 고객은 계속 "상사의 태도가 바뀌었으면 좋겠어요"라고 말했다. 나는 약간 믿을 수 없다는 말투로 이렇게 대답했다. "그런 일이 어떻게 일어나겠어요? 그들 스스로 바뀔 필요를 느끼지 못하는데도 바뀔 거라고 믿을 만한 근거가 있나요?"

고객은 처음에 나를 빤히 쳐다보다가 이내 웃었다. 슬픈 웃음이었다. 그와 나는 문제의 상사가 바뀌려는 노력조차 하지 않을 것임을 알았다. 좋지 않은 상황에서 헛된 희망에 시간과 기운을 낭비하기보다는 자신에게 초점을 맞추는 것이 옳았다.

바뀔 생각조차 없는 사람들이 바뀌기를 기대하지 말아야 한다. 누군가가 더 나아지는 방향으로 나아가고 있다면 표가 나기 마련이다. 그들은 신호를 보낼 것이다. 코칭이나 헬스장 회원권, 콘퍼런스, 상담, 또는 커리어 개발에 돈을 들일 것이다. 책을 읽거나 팟캐스트를 들을 것이다. 질문을 할 것이다. 성장에 필요한 자원을 적극적으로 활용할 것이다.

하지만 그러는 사람은 많지 않다. '난 괜찮아. 다른 사람들이 문제야'라고 생각하기 때문이다. 그들이 바뀌거나 당신의 기준을 충족하기를 기다리느라 애태우지 마라. 당신이 그들에게 적용하는 기준은 그들이 자신에게 적용하는 기준보다 높다.

바뀔 수 있는 것이 무엇인지 아는가? 당신의 기대다.

현실적인 기대는 모든 경험을 개선하는 열쇠다. 불가능한 것을 기대하다가 그대로 되지 않는다고 충격받은 척하지 마라.

사람(모든 사람, 특히 특정 부류)을 상대할 때는 올바른 기대치를 설정하는 일이 너무나 중요하다. 즉 어떤 사람은 그 나름의 이유가 있어서 또는 말도 되지 않는 이유로 까다로울 것이라 가정해야 한다.

나는 전화 통화나 회의를 할 때 자주 그렇게 한다. 가령 '수월하고 원활하게 진행되지 않을지도 몰라. 모든 문제에 대해 나의 생각에 동의하지는 않을 거야. 함께 풀어가야 하는 오해가 있을 수도 있어. 까다로워도 괜찮아. 우리는 해결책을 찾을 거야'라는 식으로 생각한다.

이는 유익한 습관이다. '성공적인' 통화나 회의의 정의를 행복한 기분이나 좋은 분위기와 연결 짓지 않도록 해주기 때문이다. 때로는 분위기가 어색해도 좋은 성과가 나올 수 있다. 분위기가 어수선해도 생산적인 대화가 오갈 수 있다. 사실 대개는 이모든 양상이 뒤섞이는 경우가 많다.

대화, 회의, 이메일, 영상 통화를 통해 다른 사람을 상대할 때 쉽게 흘러갈 거라고, 그들의 시각이 당신의 시각과 같을 거라고, 또는 그들이 좋은 말과 행복한 이모지만 쓸 거라고 기대하지 마라. 상대하기 쉬울 거라 기대한 사람이 그렇지 않다고 해서, 빠른 해결을 바랐는데 그들이 당신의 생각에 반대한다고 해서, 또는 그들이 당신만큼 신속하게 답변할 줄 알았는데 다른 급한 일이 있다고 해서 '까다롭'고 인식하지 마라.

무엇보다 당신이 알리지 않은 기대를 충족하지 못했다고 해서 감정적으로 흔들리지 마라. 동료에게 말하지 않은 기대를 거는 것은 그들이 절대 서명하지 않을 비밀 계약을 요구하는 것과 같다. 기대를 최종 판관으로 삼아 좋은 것과 나쁜 것을, 상대하기 좋은 사람과 까다로운 사람을 판별하는 것은 당신의 상상력에 너무 큰 권력을 부여하는 것이다. 당신이 모호하고 주관적인 내적 기준을 말로 표현하는 데 시간을 들인 적이 없다면 더욱 그렇다.

저술가인 도널드 밀러는 "사람들이 완벽하기를 기대하지 않으면 있는 그대로의 그들을 좋아할 수 있다"고 썼다.[8] 우리 중 일부는 압력을 좀 줄이고 주위 사람들을 있는 그대로 받아들여야 한다. (그리고 주위 사람들 중 일부도 우리에게 그렇게 해줘야 한다. 하지만 그건 그들에게 달린 문제다.)

까다로운 사람을 대할 때마다 재빨리 기대 디톡스, 재설정을 거쳐라. 올바른 수준으로 기대를 조정하라.

 당신보다 30세 많은 사람이 당신만큼 빠르게 최신 기술을 이해할 거라고 가정하는 게 타당할까?

 고등학교를 졸업하고 처음 취직했으며 직장 생활을 해본 적 없는 사람에게 첫날부터 당신과 같은 수준의 직업 윤리와 지식 수준을 요구하는 게 합당할까?

 이혼 절차를 밟고 있는 사람이 매일, 매순간 정서적 안정을 유지하는 게 인간적으로 가능할까?

합리적인 기대를 갖는 것은 당신을 위한 보호 수단이다. 현실이 당신의 기대에 어긋나면 짜증이 나거나 심지어 상처받기 쉽다. 이는 당신이나 그들에게 공정한 처사가 아니다. 게다가 다른 사람들이 당신의 삶을 어렵게 만드는지 아닌지에 직업 만족도가 좌우되면, 당신은 매우 불행해질 것이다. 베이비붐 세대인 밥 또는 밀레니얼 세대인 매디슨이 오늘 당신을 몇 번이나 짜증 나고 거슬리게 했는지 따지느라 너무 많은 시간과 신경을 쓰게 될 것이다.

그러니 (좋은 의미에서) 더 둔감해져라. 덜 예민해져라. 그들 중 다수도 그저 생존하려 애쓰고 있을 뿐이다. 그들은 아마 당신의 짜증이나 심적 고통을 크게 신경 쓰지 않을 것이다. 그렇다고 해서 그들이 나쁜 것은 아니다. 그들 역시 당신과 같은 인간일 뿐이다.

나의 경험에 따르면, 가능할 때마다 미리 기대치를 설정하는 것이 바람직하다. 가령 차를 운전하는 경우를 보자. 나는 길이 막히는 것을 그냥 싫어하는 정도가 아니라 질색한다. 사실은 어떤 식이든 줄서는 걸 좋아하지 않는다. 나는 인내심이라는 미덕을 갖지 못했다. 나는 어떤 사람들이 다인승 전용 차선으로 가려고 조수석에 마네킹을 태우는 이유를 이해한다. 그게 옳다는 게 아니라 그냥 이해한다는 말이다. 그래서 나는 길이 막힐 것 같으면 기대치를 낮춰서 앞으로 펼쳐질 드라마에 정서적·정신적으로 대비한다. 가령 나 자신에게 이렇게 말한다. '시간이 많이 걸릴 거야. 스트레스 받지 마. 다른 차들이 끼어들 거야. 방향등이 뭔지 까먹는 사람들도 있을 거야. 그래도 괜찮아. 곧 끝날 거야.'

이 방법은 어느 정도 효과가 있다. 또한 운전하는 것보다 맨발로 레고 위를 걸어가는 게 더 빠르다는 사실을 잊기 위해 팟캐스트를 틀거나 친구와 통화하는 것도 좋다.

약간 까다로워 보이는 사람과 함께 일할 때도 이 방법을 써라. 그들의 지체와 실수를 받아들일 여지를 계획에 포함시켜라. 아예 아무런 기대치도 설정하지 말라는 말은 아니다. 다만 기대치를 너무 높여서 당신과 다른 모두가 실망하게 만들지 마라.

아이디어를 발표하거나 제품을 제안할 때 모두가 박수 치거나 동의해줄 것이라 기대하지 마라. 그러면 반갑지 않은 쪽으로 놀라게 될 것이다. 공격당하거나, 오해받거나, 지원받지 못하거나, 무시당했다는 느낌을 받을 것이다. 그 자리에 모인 까다로운 사람들에 대해 투덜거리며 걸어나갈 것이다.

회의 전에 기대치를 조정하라. 실수도 하고, 감정도 있고, 바쁘고, 반쯤 정신이 팔려 있고, 스트레스를 받았을지도 모르는 사람들에게 말하는 것임을 상기하라. 어떤 일이 일어날지 모른다. 그러니 마음의 준비를 하라.

이 방법이 어떻게 통하는지 알겠는가? 사람들이 까다로울 것이라 기대하면, 거기에 대비할 여지가 생긴다. 또한 그런 상황에서 어떤 모습을 보이고 싶은지 미리 생각하게 된다. 아무 대비 없이 감정적으로 흔들릴 일이 없다. 프레젠테이션이든, 이사회 회의든, 이메일이든, 실적 평가든, 사무실의 불평꾼을 상대하는 일상적인 일이든 간에 기대치를 조금 낮춰라. 현실에 맞게 조정하라.

단순하리라는 기대	→	모호한 상황에 익숙해져라
모두가 알맞게 행동할 것이라는 바람	→	기대치를 조절하라
기분 상함	→	호기심을 가져라
성가신 일과 그것을 초래한 '멍청이'에 대한 분노	→	팀 작업과 창의성에 내재된 복잡성을 받아들여라
방심하다가 놀람	→	사람들의 행동·말·생각을 예상하려 하지 마라

기대치를 낮추라고 해서 선을 넘는 행동까지 그냥 참으라는 말은 아니다. 오히려 그 반대다. 적절한 기대치 설정에 따른 혜택 중 하나는, 당신이 실제로 부당한 대우의 피해자여서 강력한 대응이 필요한 때를 파악할 수 있다는 것이다. 괴롭힘이나 학대 같은 일을 당하고 있다면 반드시 도움을 구해야 한다. 인사과나

상사 또는 사법 체계가 존재하는 데는 이유가 있다. 유연성이나 관대함, 팀워크, 단합 또는 다른 '미덕'을 위한다는 명목으로 학대를 견디지 마라.

기대치가 충족되지 않는 경우를 배움의 기회로 삼아라. 당신을 실망시킨 사람들에게 화내지 마라. 그보다 앞으로 더 나은 결과를 얻기 위해 무엇을 바꾸어야 할지 생각하라.

단순함에 이르는 지름길은 없고 복잡성을 해소하는 비법은 없다. 그런 것을 바라며 시간을 허비하지 마라. 인간이라는 존재가 수반하는 광기와 복잡성을 적극적으로 받아들여라. 기대 디톡스를 통해 복잡성에 익숙해져라.

너무 호들갑 떨지 말 것

까다로운 사람들에게 예기치 못한 상처를 받지 않기 위한 첫 번째 열쇠는 앞서 말한 대로 미리 현실적인 기대치를 설정하는 것이다. 두 번째 열쇠는 내면의 경종을 울리는 촉발 요인을 알아내는 것이다.

다시 말해 당신의 뇌가 때로 어떤 사람을 어렵거나 힘들거나 이상하거나 위협적이거나 까다롭다고 분류하는 경우와 이유를 파악하라. 왜 그래야 할까? 사람을 평가할 때 적어도 부분적으로 틀리기가 쉽기 때문이다. 따라서 위험에 대한 뇌의 기본적 반응을 조정해야 할 경우와 그 방법을 알아야 한다.

뇌의 최우선 과제는 당신을 안전하게 지키는 것이다. 그러나 뇌는 자식을 과잉보호하는 부모처럼 때로 잘못된 방식을 따르기도 한다. 가령 위험 요소가 없는데도 위험을 감지하거나, 고작 도토리가 머리에 떨어졌다고 해서 하늘이 무너진다고 말한다. 이처럼 뇌는 당신을 위험으로부터 보호하려는 의지가 지나치게 강하다. 그래서 위험하지 않다는 것이 밝혀지기 전까지는 다르거나 낯선 모든 것을 위험하다고 가정하는 경향이 있다.

이는 당신의 반응을 재고할 필요성이 있음을 뜻한다. 까다로운 사람의 행동이 성가시거나 무섭거나 짜증스러울 때 처음으로 나타나는 감정에 휩쓸리지 마라. 당신의 뇌가 과잉반응하고 호들갑을 떨고 최악의 시나리오를 예상하는 것일지도 모른다.

우리의 뇌는 우리를 영웅으로 만드는 이야기를 잘 들려준다. 하지만 그러려면 말 그대로 이야기를 꾸며내야 한다. 우리는 다른 사람의 생각이나 감정을 제대로 읽을 수 없다. 그래서 우리는 공백을 임의로 채워버린다.

샨텔 프랫 박사는 《나의 뇌를 찾아서The Neuroscience of You》라는 흥미로운 책에서 이렇게 설명한다. "뇌는 세상을 이해하기 위해 다양한 메커니즘을 활용한다. 그래서 실제로 확보한 데이터보다 더 확고하고 완전한 '이야기'를 만든다. 이는 뇌가 읽어들이는 이야기를 해석하는 양상에만 해당되는 것이 아니다. 뇌가 현실에 대한 경험을 토대로 지어내는 이야기에도 해당된다."[9]

다시 말해서, 당신이 까다로운 사람을 상대할 때마다 당신의 뇌는 뒤에서 바쁘게 돌아간다. 그 사람의 행동을 예측하고 안전을 도모하기 위해 데이터 포인트를 한데 조합한다(그리고 모르는 사실에 대해 어중간하게 추측한다). 가령 다음과 같은 문제를 끊임없이 검토한다.

이 동료는 위협적인 사람인가?

이 간부는 신뢰할 수 있는 사람인가?

오늘 상사의 기분이 나쁜가?

어떻게 해야 이 고객이 나의 서비스나 제품을 구매할까?

연봉을 인상하려면 어떻게 간부와 소통해야 할까?

어떻게 해야 저 가증스러운 인간이 날 가만히 내버려둘까?

나를 괴롭히는 사람에게 맞서는 위험 대비 보상은 무엇일까?

이런 것들은 어려운 문제다. 당신의 뇌는 이런 문제들과 끊임없이 씨름한다. 당신을 돕기 위해서, 당신을 안전하고 행복하고 편안하게 해주기 위해서다. 그래서 뇌가 존재하는 것이다. 이는 종일 매달려야 하는 일이며, 뇌의 무게가 체중의 2퍼센트밖에 되지 않는데도 최소한 자원의 20퍼센트를 쓰는 부분적인 이유다.[10]

문제는 '자기 중심적'인 활동이 반드시 '자기 인식적'인 활동은 아니라는 것이다. 그래서 뇌가 위협적 존재로 인식하는 까다로운 사람을 상대할 때 문제가 생길 수 있다. 가령 사무실 건너편에서 일하는 사람의 이상한 이메일이나 위협적 발언 또는 날카로운 눈길이 그 유명한 투쟁-도피-마비 반응을 촉발한다. 그러면 당신의 의식이 아니라 습관, 호르몬, 트라우마, 드라마가 주도권을 잡기 쉽다.

성숙하고 성장하는 사람은 뇌에서 자기 보호 모드를 촉발하는 요인들을 인식하며, 어떻게 대응해야 하는지 안다. 다음은 주의해야 할 세 가지 촉발 요인이다.

1. 불편할 수도 있다 😖

어떤 사람은 함께 일하기 어렵다. '어렵다'는 말은 '글렀다'는 말로 해석될 수 있다. 당신의 뇌는 당신을 행복하고 우쭐하게 만드는 이야기를 잘 들려준다. 하지만 이는 잘못된 생존 메커니즘인 경우가 많다는 사실을 기억하라. 가령 뇌는 취약하고 어색한 상황에 대응할 때 '네 잘못이 아냐. 계속 이런 일을 겪을 필요는 없어. 너와 더 잘 맞는 사람을 찾아. 이 사람은 함께 일하기 너무 어려워'라고 말할 수 있다.

하지만 정말로 그럴까? 그들이 당신의 전제에 반박하고 맹점을 드러내서 그저 함께 일하기 '더' 어려운 것 아닐까? 어쩌면 그들의 다른 점이 당신의 뇌를 생각하고 성장하고 고민하게 만들지도 모른다. 그래서 당신의 뇌가 거기에 대해 약간 짜증을 내는 것일지도 모른다.

불편함을 적극적으로 받아들여라. 어색함을 포용하라. 너무 성급하게 재단하거나 싫어하지 말고 취약성과 긴장을 허용하라.

물론 이는 피곤한 일이다. 누군가를 이해할 수 없거나 그들의 관점 내지 접근법에 동의할 수 없을 때, 성과를 내려면 더 열심히 노력해야 한다. 모든 것이 고생처럼 보일 수 있다. 또한 민망하게 느껴질 수도 있다. 차이를 조율하는 일은 손발이 오그라들게 만들고 감정적 위험을 수반한다. 항상 당신이 그들의 발을 밟거나 그들이 당신의 발을 밟고 있는 듯한 느낌이 든다. 그래서 불편하고 취약해진다.

하지만 이 모든 것이 본질적으로 잘못된 것은 아니다.

생각해보라. 좋은 것을 포함하여 대다수 새로운 것은 처음에는 약간 불편하다. 취업 면접, 친구 만들기, 첫 데이트, 새로운 취미, 새로운 반려동물 등이 그렇다. 하지만 이런 것들은 가치가 있다. 그러니 계속 그렇지는 않을 것임을 알고 불편함을 이겨내라. 시간이 지나면 더 나아진다.

2. 불확실할 수도 있다 😕

인간 심리는 새로운 것을 의심하도록 되어 있다. 미지의 대상은 위협이 될 수 있다. 그러니 후회하기보다 안전한 것이 낫다. 이는 무의식과 본능에 따른 반응이다. 한 연구자는 미지의 대상에 대해 인간이 갖는 공포를 '근원적 공포'라 일컬었다.[11]

이 본능은 당신을 보호하는 데 도움이 되는 좋은 것이다.

가령 나는 모르는 음식을 조심한다. 그래서 그게 무엇인지, 어디서 왔는지 알기 전에는 먹지 않는다. 특히 우리 아이들이 내미는 음식은 더욱 그렇다. 나는 "눈 감고 입 벌려봐"라는 말을 그대로 따랐다가는 좋게 끝나는 일이 드물다는 교훈을 힘겹게 배웠다.

문제는 당신의 무의식이 당신과 많이, 크게 다른 사람을 위협적으로 느낄 수 있다는 것이다. 단지 미지의 대상이라는 이유만으로 말이다. 하지만 그들은 당신과 함께 일한 사람들 중에 가장 다정하고 똑똑한 사람이 될 수도 있다. 그런데도 처음 함께 일할 때 당신의 뇌는 그들의 헤어스타일이나 의사소통 방식 또는 성격을 잠깐 살피고는 "위험해!"라고 외치며 경찰을 부르려 든다.

당신의 무의식에게 진정하라고 말하라. 그들은 위험하지 않다. 그저 조금 다를 뿐이다. 차이에 숨어 있는 선물을 받고 싶다면 뇌의 이성적·인지적 부위를 작동시켜야 한다. 그래서 무의식적 반응을 억눌러야 한다.

오늘 당신을 불안하게 만든 사람이 연말에는 당신이 가장 좋아하는 동료가 될지도 모른다. 그들은 당신이 정말로 바보 같은 실수를 저지르지 않도록 막아줄지도 모른다. 당신은 그들과 함께 일함으로써 새로운 것을 배울지도 모른다. 당신의 세계가 넓어질지도 모른다. 그들은 정말로 웃기는 농담을 들려줄지도 모른다. 압박이 심한 상황에서도 일을 잘하는 재능을 가졌을지도 모른다. 테일러 스위프트의 매니저의 친구의 반려동물의 의사의 회계사와 친해져서 매진된 콘서트의 표를 구할 수 있을지도 모른다.

당신이 경계를 낮춰서 적어도 조금은 그들을 받아들이기 전에는 그들의 다른 점이 얼마나 좋은지 또는 나쁜지 알 수 없다. 그래야만 불확실성이 실질적인 지식으로 대체된다.

급하게 서두를 것은 없다. 신중하면서도 '동시에' 호기심을 가질 수 있다. 현명하면서도 '동시에' 개방적일 수 있다. 이런 것들은 양립 불가능하지 않다. 아직은 그들에게 당신의 보조 집열쇠를 어디에 두는지 보여주지 마라. 세상이나 프로젝트를 다르게 본다는 이유로 그들이 위협적인 존재라고 가정하지 마라.

낯선 것이 반드시 의심스러운 것은 아니다. 당신의 뇌가 당신을 두려움 쪽으로 유도하면 호기심으로 맞서라.

3. 통제력을 상실할 수도 있다 🌀

당신의 뇌는 당신을 안전하게 지키기 위해 끊임없이 싸우며 그 일환으로 통제력을 갖고 싶어 한다. 당신이 공인된 통제광이 아니더라도 환경을 통제하여 위험을 줄이려는 것이 인간의 본능이다.

하지만 까다로운 사람은 통제하기 어렵다. 당신은 그들을 이해할 수 없기에 예측할 수도 없다. 그리고 예측할 수 없으면 그들에게 대비하거나 그들로부터 당신 자신을 보호할 수 없다. 그들은 배 위를 굴러다니는 위험한 대포와 같다. 그래서 모두를 사지가 날아갈 위험에 빠뜨린다.

그들은 진정한 문제다. 당신의 뇌는 타당한 주장을 하고 있다. 하지만 이번에도 역시 약간은 위험을 과장하고 있을지도 모른다.

통제에 집착하는 당신의 무의식이 주장하는 대로 그들이 정말로 위험할까? 어쩌면 그들은 위험한 대포가 아닐지도 모른다. 단지 당신과 다른 방향을 겨냥하고 있을지도 모른다. 당장은 위험하게 보여서 그들이 무서울 수도 있다. 하지만 노력하면 그들을 이해할 수 있을지도 모른다.

게다가 통제가 답일까? 같은 맥락에서, 통제가 가능하기는 할까? 이 두 질문에 대한 답은 같다. 둘 다 그렇지 않을 수도 있다.

의심하려 드는 본능처럼 통제하려 드는 본능도 때로는 억누를 필요가 있다. 약간 긴장을 풀어라. 그들을 있는 그대로 받아들여라. 이런저런 딱지를 붙이고 재단할 필요가 없다. 그들이 너무 시끄러운지, 조용한지, 참견하는지, 방어적인지 판단할 필요가 없다. 그래야 할 것 같은 압박감에서 벗어나라.

이 문제에서는 호기심이 큰 도움을 준다. 누군가에 대해 호기심을 품으면 더 이상 그들을 통제해야 한다는 필요를 느끼지 못한다. 그들의 대포가 무엇을 겨냥하는지 확인하고, 당신이 보지 못한 것을 본 것에 대해 감사하게 된다.

똑같은 사람은 없다. 누군가를 완전히 이해하거나 통제하는 것은 불가능하다. 긴장을 풀고 팀의 일원이 된 것을 즐기기 전에 그런 일이 일어나기를 기다린다면, 아주 오래 기다려야 할 것이다. 인간이 지닌 장점 중 하나는 결국 고유성이다. 함께 일하는 사람을 예측하거나 통제할 수 없다고 불안해하지 마라. 그들의 복잡한 인간성을 인정하는 법을 배워라. 재단하기보다 경이로워하면서 그들이 자신의 성향대로 살아가고, 그것을 표현하도록 해주어라.

불편함, 불확실성, 통제력 상실, 이 세 가지 요소는 대다수 사람들이 꾸준히 대응하는 투쟁-도피 반응을 촉발한다. 그런 반응이 나올 때 거기에 주의를 기울여라. 그것을 싫어하지 마라. 그것이 당신을 안전하게 지켜준다. 다만 때로는 그런 반응을 타일러야 한다는 사실을 명심하라.

까다로운 사람들 때문에 놀라지 마라. 현실에 맞춰서 기대치를 재고하고 재설정하라. 호기심을 살려서 투쟁-도피 반응을 억눌러라. 그러면 일을 더 즐기면서 드라마와 트라우마를 줄일 수 있다. 또한 사람들 간 차이에 숨어 있는 선물을 열린 자세로 받을 수 있다.

누구나 까다로울 수 있다고 예상하라. 이는 신경을 너무 많이 쓰게 만드는 사람들을 상대하는 훌륭한 첫걸음이다. 또한 그들과의 상호작용에서 더 나은 마음가짐을 갖게 해준다. 하지만 그걸로 끝일까? 당신을 미치게 만드는 사람들과 일해야 하는 현실을 그냥 받아들여야 할까?

간단히 답하자면 그렇지 않다.

까다로움을 '예상'한 다음에는 까다로움을 '재정의'해야 한다. 이는 앞서 말한 이야기, 즉 그들 그리고 그들과 당신의 까다로운 관계에 대해 당신 자신에게 들려주는 이야기를 재고하는 것이다. 지금부터 그 내용을 살펴보자.

CHAPTER 4

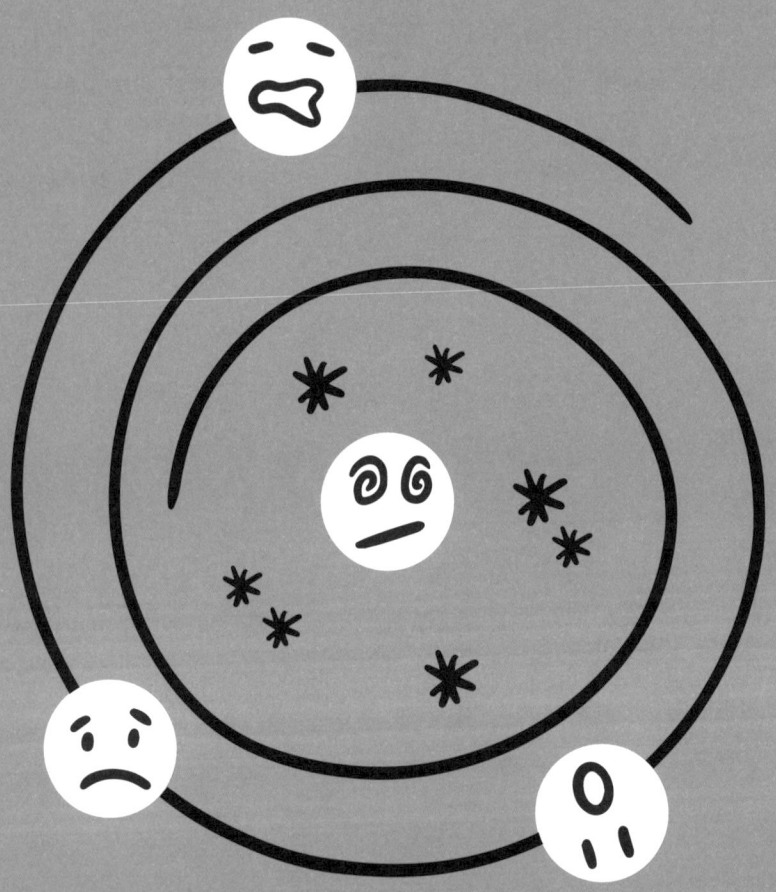

같은 세상,
다른 세계

나는 프로스포츠팀을 도울 때마다 선수진에 대해 단장 및 감독과 이야기를 나눈다. 그들은 내게 누가 뛰어난 잠재력을 지녔는지, 누가 라커룸에서 리더 역할을 하는지, 그리고 때로는 누가 그들을 미치게 만드는지 말해준다.

한 번은 프로농구팀 코치 중 한 명이 특정 선수에 대해 언급했다. 그 선수의 이름을 마이클이라고 하자. 그는 특히 까다로웠다. 나는 코치가 말하는 선수가 누구인지 알았다. 마이클은 스포츠계와 언론계에 까다롭기로 평판이 자자했기 때문이다.

1년 후 이 책을 쓰는 데 필요한 자료를 조사하면서 같은 코치를 인터뷰했다. 내가 까다로운 선수가 있는지 물었을 때 그의 머릿속에 가장 먼저 떠오른 사람은 마이클이었다. 새삼스럽지 않은 일이었다. 하지만 그가 다음에 한 말에 놀라고 말았다.

"지금은 그를 너무나 좋아해요." "정말요?"

"네. 처음에 품었던 반감은 사라졌어요. 그는 까다로워요. 하지만 지금은 그를 이해할 수 있을 것 같아요."

놀랍고도 흥미로운 말이었다. "뭐가 바뀌었는데요?"

"겸손한 자세로 우리의 관계에 접근하면서 그가 어떤 사람인지 파악해야 했어요. '무슨 생각을 하는 걸까?' '무엇이 그를 움직이게 만들까?' '왜 이렇게 행동하는 걸까?' 따위를 고민했죠. 그의 동기는 더없이 순수했어요. 그는 기본적으로 항상 일을 더 많이 하고, 더 열심히 뛰고, 더 빨리 뛰려고 애썼어요."

코치는 어떻게 자신의 관점을 재고했는지 5분이나 더 이야기했다. 다음은 그중 일부 내용이다.

다른 사람들한테 마이클에 대해 듣고 선입견을 가졌던 것 같아요. 잘못된 일이죠. 어떤 여자와 데이트를 할 때 전 남자 친구한테 먼저 전화할 건가요? 그는 그녀가 당신을 미치게 만들 거라고 말할 겁니다. 그러면 아주 나쁜 선입견을 갖고 첫 데이트를 하게 돼요. 선수들을 트레이드할 때도 그렇습니다. 여러 곳에서 온갖 말들이 나오죠. 하지만 마이클은 열아홉 살이 아닙니다. 누구도 열아홉 살로 저를 재단하지 않습니다. 그것도 제 정체성의 일부이기는 하죠. 하지만 지금은 그때와 달라요. 우리는 성장하고 진화합니다. 마이클에 대해 선입견을 품었던 게 문제라는 걸 확실히 알게 됐어요. 그의 잠재력을 최대한 살리기 위해 그를 이해하려고 진정으로 노력하지 않았던 거죠. 마이클이 완벽하다는 건 아닙니다. 다만 그는 우리 팀원이고, 저는 경기에서 이기고 싶습니다. 저는 그가 경기에서 이기기를 원합니다.

그는 과거에는 마이클이 까다롭다고 말했다. 하지만 이후 대화에서는 내가 결코 잊을 수 없는 말을 했다. "마이클이 점차 좋아졌다"고 말이다. 그 말을 들으니 나도 까다로운 사람들에게 점차 나아질 기회를 주었는지 궁금해졌다. 분명 당신에게도 함께 일하는 게 즐겁지 않은 동료들이 있을 것이다. 그래도 그들에게 점차 좋아질 기회를 주면 강력한 변화가 일어날 수 있다.

흥미로운 점은 그 코치를 이전보다 더 존중하게 되었다는 것이다. 마이클에 대한 관점이 완전히 달라진 것은 말할 것도 없다. 그 코치는 마이클을 둘러싼 인상, 이야기, 평판에 가려진 것들을 파악하려 애썼다. 그는 마이클의 이야기에 더 많은 것이 있음을 알았다. 그래서 기꺼이 계속 보고, 읽고, 믿었다.

우리는 모든 이야기에 양면이 있음을 안다. 하지만 두 번째 측면을 살필 여지를 두지 않는 경우가 많다. 우리는 선입견의 렌즈, 평판의 렌즈, 분노의 렌즈로 사람들을 바라본다. 그래서 다른 사람의 세계와 교류하는 데서 얻는 장점을 인식하지 못한다. 그 대신 그들이 다른 세상에서 온 것처럼 대한다. 우리의 차이는 서로를 대립시키고 소외시키고 비인간화하는 도구가 된다.

우리는 다른 세계에 속할지 모르지만 같은 세상을 살아간다. 우리는 인류라는 같은 종에 속한다. 그러니 차이 때문에 갈라지기보다는 우리 머릿속에 들어 있는 이야기를 바꾸어야 한다. 스스로에게 더 낫고 관대하고 정확한 이야기를 들려주어야 한다.

그저 당신과 다를 뿐

누군가의 이야기가 지닌 다른 측면을 보는 일은 어렵다. 우리는 자신에게 무계획적·무의식적으로 이야기를 들려주기 때문이다. 그래서 어딘가 깊은 곳에서 사람들에 대한 특정한 편견을 형성한다. 이 편견을 해체하고 폐기하려면 의도적인 노력이 필요하다.

앞서 말한 대로 우리는 까다로운 사람과 관련된 전국 조사를 실시했다. 그 결과에 따르면 사람들은 까다로운 사람에게 감정적·본능적으로 대응하는 경우가 많다. 이는 내가 좋아하는 질문 중 하나인 "일터에서 까다로운 사람을 어떻게 정의하시겠습니까?"에 대한 답변에서 특히 분명하게 드러난다.

이 질문은 단순한 주관식 질문이었다. 우리는 비교적 중립적인 정의가 나올 것이라 예상했다. 하지만 많은 답변은 전혀 중립적이지 않았다. 대단히 감정적이고 구체적이었다. 그 내용을 보면 응답자가 얼마나 짜증과 분노에 휩싸였는지 알 수 있었다.

가령 한 응답자는 "자신이 신인 줄 아는 여자 상사"라고 적었다. 나는 그 응답자를 거의 머릿속으로 그릴 수 있다. 다른 응답자는 이렇게 썼다. "우리 팀의 리더는 네이트라는 사람입니다. 그는 웃기고 다정하지만 직업 윤리가 없습니다." 그 밖에 "저는 레슬리라는 여성과 같이 일합니다. 그녀는 완고하고 구태의연합니다" "저는 타깃에서 일합니다. 여기는 까다로운 사람들로 가득합니다" "저는 매일 국세청 직원들을 상대하는데 모두 까다롭습니다"라는 응답도 있었다. 또한 '심술궂다' '교활하다' '멍청하다' '정말 바보다' 같은 묘사들도 있었다.

이런 응답은 우리가 까다롭다고 말하는 사람들에 대해 감정이 결부되는 경우가 얼마나 많은지 보여준다. 그 감정이 정당한지 아닌지는 요점이 아니다. 요점은 선입견과 뿌리 깊은 감정이 판단력을 흐릴 수 있다는 것이다. 그러면 객관적인 관점을 갖기가 불가능해진다. 우리는 감정과 편견을 인식할 줄 아는 성숙함과 "이 이야기에 다른 측면이 있을까?"라고 계속 살펴보는 겸손함을 지녀야 한다.

우리의 질문은 구체적인 정의를 요구하는 것이었지만, 답변에서 인상적인 자기 인식 및 공감 능력을 보여준 사람들이 많았다. 몇 가지 예를 들면 다음과 같다.

- "내가 모르는 문제를 안고 있는 사람"
- "나의 상사는 회사에서는 무례하지만 회사 밖에서는 다정합니다. 그녀는 세 아이의 엄마입니다"
- "아마도 어린 시절의 트라우마에 시달리는 사람"
- "모두가 보이지 않는 짐을 지고 있습니다. 우리는 그들이 매일 어떤

무게를 감당하고 있는지 모릅니다. 그러니 이해해주어야 합니다"

- "그들은 익숙해지는 과정이 필요한 맛 또는 삼키기 힘든 약 같은 사람들이라고 생각합니다"

나는 이런 말들이 좋다. 까다로운 인간관계에 시달리면서도 감정과 불편을 이겨내고 상대를 더 잘 이해하려 애쓰는 마음이 드러나기 때문이다. 이런 마음을 지닌 사람들은 누군가에게 딱지를 붙여서 내버리기 전에, 공감을 통해 상대를 조금 더 잘 이해하려 노력한다.

나는 《수준 향상Leveling Up》에서 '자전 신화biomythography'라는 개념을 논의했다. 이는 우리가 자신에 대해, 자신에게 들려주는 이야기를 말한다. 우리는 대개 우리 자신의 이야기에서 스스로를 주인공으로 그린다. 반면 다른 사람들은 조연 내지 악당으로 그린다. 우리 주위의 다른 사람들도 같은 일을 한다. 그들은 자신의 이야기에서 주인공을 맡으며 우리는 조연 내지 악당이 된다.

왜 그럴까? 우리 모두는 자신을 주인공으로 보기 때문이다. 우리의 상황이나 행동이 그런 자기 인식과 어긋날 때, 우리는 압박감을 덜어낼 방법을 찾는다. 그래야 인지 부조화에 대처할 수 있기 때문이다. 흔히 그 방법은 우리가 주인공 지위를 유지하는 방향으로 다른 사람의 이야기를 고치는 것이다. 또는 우리 자신의 가정으로 공백을 채우기도 한다.

책과 영화에서는 '신뢰할 수 없는 내레이터'라는 기법이 있다. 진실을 말할 수도 있고 아닐 수도 있는 누군가의 눈으로 이야기를 들려주는 것을 말한다. 그 사람은 알코올 의존증 환자일수도 있고, 정신질환자일 수도 있으며, 실제로 악당일 수도 있다. 그러나 그들이 이야기를 들려주기 때문에 독자들은 무엇이 진실이고 허위인지 추측할 수밖에 없다.

우리는 까다로운 동료에 대해 우리 자신에게 이야기를 들려줄 때, 신뢰할 수 없는 내레이터가 되기도 한다. 결국 우리는 시나리오 작가이자 내레이터이자 주인공이다. 따라서 자기 중심적인 필터로 세상을 보는 것이 당연하다. 다만 그 이야기는 전체 그림을 제시할 수 없다. 우리 자신의 관점에서 말해지고 보여지기 때문이다.

내가 가장 좋아하는 책 중 하나는 가정상담사인 스콧 곤토 박사가 쓴《우리가 자신에게 들려주는 이야기The Stories We Tell Ourselves》다. 그는 우리 삶과 인간관계의 질이 자신과의 대화에 직접적이고도 깊은 영향을 받는다고 주장한다. 그 대화에는 진실이 있지만 대개는 우리에게 유리하게 왜곡되어 있다. 곤토 박사는 책에서 이렇게 썼다.

인간관계의 고통은 많은 부분이 우리가 자신에게 들려주는 이야

기에서 기인한다. 우리의 내면적 독백에 귀를 기울이고 우리가 만드는 이야기의 비합리성을 파악해야 한다. 그래야만 그 이야기들이 우리의 인간관계에 미치는 영향 또는 악영향에 훨씬 적극적으로 대처할 수 있다. 우리의 마음이 들려주는 이야기와 우리가 맺은 인간관계의 진실을 구분할 줄 알아야 한다. 그러면 시간이 지남에 따라 불안, 걱정, 잘못된 인간관계는 줄어들고 평화, 신뢰, 건강한 인간관계는 늘어날 것이다.[12]

좋은 소식은 대단히 까다로운 사람과의 관계도 대개는 개선할 수 있다는 것이다. 그러려면 우리 머릿속에서 들리는 이야기를 바꾸기만 하면 된다. 이는 정신을 조작하는 것이 아니라 관점을 구축하는 것이다. 우리가 어떤 것을 바라보는 방식은 그 대상과의 관계에 심대한 영향을 끼친다. 까다로운 동료도 예외는 아니다. 이 방법이 지니는 큰 장점은 전적으로 당신이 통제할 수 있다는 것이다. 즉 그들이 전혀 바뀌지 않아도 당신의 경험이 개선될 수 있다.

베스트셀러 저자이자 연구자인 브레네 브라운 박사는 《라이징 스트롱Rising Strong》에서 '관대함의 가설'을 언급한다. 그녀의 설명에 따르면 이는 "이 사람의 의도나 말에 대해 적용할 수 있는 가장 관대한 가설은 무엇일까?"라고 묻는 것이다.[13] 이처럼 사람들에게 관대한 양해를 베풀어라. 가장 나쁜 쪽이 아니라 가장 좋은 쪽으로 판단하라. 브라운 박사는 사람들에게 무작정 관대함을 베푸는 건 안 되지만, 그것이 진실성 및 경계에 대한 건강한 이해와 연결되면 효과적이면서도 해방감을 안겨준다고 덧붙인다.

까다로운 사람과 협력할 때 관대함의 가설로부터 시작하라. 어쩌면 그들의 짜증 섞인 대꾸가 당신과는 아무 관계가 없고 단지 그들이 지쳤기 때문인지도 모른다. 어쩌면 그들의 형편없는 태도가 그들을 짓누르는 개인적 문제 때문인지도 모른다. 어쩌면 그들의 무책임한 태도가 인성 부족이 아니라 적어도 부분적으로는 무지나 경험 부족 때문인지도 모른다. 그들의 행동이 까다로운 이유를 고려하라. 그리고 그들이 최악의 악당으로 나오지 않는 이야기를 상상하라.

하지만 우리의 기본적인 반응은 대개 이와 정반대다. 특히 어떤 방식으로 위협을 느낄 때 더욱 그렇다. 우리는 악의의 가설로 직행한다. "저 사람 때문에 지장이 생겼어"에서 "저 사람은 진짜 형편없는 인간이야"로 바뀌는 과정은 무서울 정도로 빠르고 은근히다.

첫 번째 생각은 당신의 경험에 대한 것으로서 타당하고 가치 있다. 반면 두 번째 생각은 인성에 대한 판단이다. 이는 당신이 확정할 수 있는 영역을 넘어서는 문제다. 그들은 형편없는 인간일 수도 있고, 아닐 수도 있다. 당신의 인식이 문제의 일부일지 모른다는 사실을 무시해서는 안 된다. 당신의 내적 이야기가 외적 관계를 어그러뜨렸을지도 모른다. 정직하고 성숙한 관계를 위해서는 이 점을 염두에 두어야 한다.

그들은 '당신'이 보기에 상대하기 어렵다. 그들은 '당신'이 보기에 까다롭다. 그들에 대한 당신의 의견은 주관적이다. 까다로운 사람을 나타내는 국제 표준, 영웅과 악당을 가르는 객관적인 기준은 없기 때문이다. 결국 우리는 양쪽 모두에 조금씩 해당할지도 모른다.

내게 가장 까다롭게 느껴지는 사람이 나와 가장 다른 경우가 많다. 우리는 우선순위나 선호, 성격 또는 관점을 두고 서로 충돌한다. 둘 중 하나가 형편없는 인간이라서 그런 게 아니다. 다만 우리는 아주 다르게 세상을 볼 뿐이다. 그 차이는 실제보다 우리가 더 멀리 떨어진 것처럼 느끼게 만든다. 하지만 다양한 사람들과 소통하고 협력할 수 있도록 포용력을 약간 더 키워보면 어떨까? 우리와 함께 일하는 '조연들'에 대해 더 좋고 관대한 이야기를 만들면 어떨까? 그들의 내면 이야기에서 그들이 주인공이고 우리가 조연이라는 사실을 감안하는 게 좋지 않을까?

누군가가 당신에게 까다롭다면 '너무 까다로움'이라는 딱지를 붙이고 돌아서지 마라. 당신이 그렇게 인식했지만 그것이 적어도 조금은 주관적이며, (감히 말하자면) 신뢰할 수 없을 수도 있음을 명심하라. 개방적인 태도로 그들에 대한 의견을 유지하고,

그들을 더 잘 알게 됨에 따라 기꺼이 바꿔나가라. 이는 당신이 다른 사람에게 바라는 것이며, 그들이 당신에게 바라는 것이기도 하다.

요컨대 누군가에게 어렵거나 짜증스럽거나 문제 있다는 딱지를 붙이는 것은 선택의 문제다. 사람은 보기 나름이라는 말이 있다. 까다로운 사람도 마찬가지다.

당신의 이야기와 인식이 가진 장점은 그것을 바꿀 수 있다는 것이다. 누군가를 까다로운 사람이라고 정의할 수 있다면 그러지 '않는' 것도 가능하다. 악의의 가설이 아니라 관대함의 가설을 토대로 삼을 수 있다.

그들의 유별난 점에 부정적 딱지가 아니라 긍정적 딱지를 붙여보면 어떨까? 결국 그들도 거울을 볼 때 자신의 유별난 점에 대해 그렇게 할 것이다. 당신 역시 당신의 까다로움이 그들에게 거슬릴 때 그들이 그렇게 해주기를 바랄 것이다. 그런 부분을 영웅적 행동으로 재설정해보라. 그리고 당신의 관점이 어떻게 바뀌는지 보라.

또한 두 가지 성격이 동시에 모두 맞을 수도 있다는 점을 명심하라. 그들은 이런 표현들의 양면에 모두 조금씩 해당될 수 있다. 그들이 당신에게 점차 좋아질 여지, 그냥 '까다로워'라고 넘겨버릴 대상 이상의 존재가 될 여지를 남겨두어라.

우리 모두가 그렇지 않은가? 우리의 강점은 때로 약점이 될

부정적 딱지 vs. 긍정적 딱지

부정적 딱지	긍정적 딱지
전투적이다	솔직하다
우유부단하다	분석적이다
시끄럽다	열정적이다
체계적이지 않다	창의적이다
나약하다	인정이 많다
자만심이 강하다	자신감이 넘친다
무례하다	단도직입적이다
외톨이다	외롭다
구태의연하다	경험이 많다
이상하다	똑똑하다

수 있지만 그래도 여전히 강점이다.

어떤 강점도 부정적 측면이 없지 않으며, 어떤 약점도 긍정적 측면이 없지 않다. 다양성을 갖춘 팀이 필요한 이유가 거기에 있다. 그래야 서로의 뒤를 봐주고, 서로의 짐을 덜어주며, 서로가 안기는 선물을 받을 수 있다.

팀으로부터 가져가는 것이 아니라 팀에 보태주는 것을 기준으로 사람들의 차이를 바라보는 법을 배워라. 시끄럽거나, 생각이 깊거나, 강하게 밀어붙이거나, 고집 세거나, 겁이 많은 사람이 팀 역학에 보탬이 되는 측면을 인식하라.

그들이 성장할 수 있는 여지를 남겨두어라. 앞서 언급한 농구 선수처럼 사람은 바뀔 수 있다. 과거의 모습에 서로를 가둬두지 말아야 한다.

마야 엔젤루는 "누군가가 본모습을 드러내면 처음부터 그걸 믿어라"라는 유명한 말을 했다. 이 말은 학대당하거나 이용당하는 일을 피한다는 측면에서 옳고 현명하다고 생각한다. 하지만 이 말의 초점은 그들이 '지금' 어떤 사람인가에 있다. 과거의 모습을 빌미 삼아 사람들을 배척하는 무기로 활용하지 마라.

결국 당신도 지난 5년 동안 변하지 않았는가? 누군가가 당신이 학교를 졸업했을 때나 회사 생활을 시작했을 때 또는 새로운 기술을 익히려 애쓰던 때의 모습에 당신을 가둬두려 하면 어떻겠는가? 당신 주위에도 5년 전에는 까다로웠지만 그 이후로 더 나은 사람이 되려고 노력한 사람이 있을지 모른다. 그 사람에 대한 내면의 위키피디아 페이지를 업데이트해야 한다. 그들이 당신의 페이지를 업데이트해주기를 바라듯이 말이다.

까다로운 동료와 더 잘 협력하고 싶다면 이야기의 힘을 활용하라. 그들을 좀 더 관대한 관점으로 바라보라. 그래도 그들의 결함이 고쳐지지는 않겠지만 그들의 장점을 파악하는 데는 도움이 될 것이다. 이것이 당신 자신에게 더 나은 이야기를 들려주는 것의 힘이다. 즉 모두가 지닌 최선의 측면을 보고 (거의) 누구와도 효과적으로 협력하도록 해준다.

까다로운 사람을 찾아라

당신 자신에게 주위 사람들에 대해 좀 더 관대하고 긍정적인 이야기를 들려주기 시작하면, 이상한 일이 일어난다. 그들이 당신의 삶과 팀에 포함되기를 '바라게' 된다. 앞서 까다로운 사람과 함께 더 잘 일해야 하는 이유 하나를 제시했다. 그들도 당신의 삶에 보태주는 것이 있다. 그것이 내가 여기서 말하고자 하는 바다.

당신의 이야기를 바로잡으면 억지로 동료애가 생기는 게 아니다. 어쩔 수 없이 해야 하는 일이라서 당신의 세계를 다양하게 만드는 게 아니다. 당신은 아주 다른 성격, 세계관, 경험을 가진 사람을 당신의 세계로 받아들임으로써 얼마나 많은 것을 얻을 수 있는지 깨닫게 된다. 그래서 까다로운 사람을 찾게 된다.

1891년에 윌리엄 리글리 주니어라는 청년이 시카고로 왔다. 그가 가진 것이라고는 32달러와 사업으로 큰돈을 벌겠다는 꿈뿐이었다. 처음 시작한 일은 비누를 판매하는 것이었다. 그는 비누를 구입하는 사람들에게 판촉품으로 공짜 베이킹 소다를 나눠주었다. 그런데 비누보다 베이킹 소다가 손님들에게 더 큰 인기를 끌었다. 그래서 그는 방향을 틀어서 베이킹 소다를 팔기 시작했다. 이번에는 판촉품으로 공짜 껌을 나눠주었다. 곧 그는 베이킹 소다보다 껌이 더 인기 있다는 사실을 깨달았다. 그래서 그는 다시 종목을 교체하여 껌을 팔기 시작했다. 특히 민트 주스를 섞은 껌이 주력 상품이었다.

그렇게 해서 리글리 껌이 탄생했다. 현재 리글리컴퍼니는 전통의 더블민트를 포함하여 10여 개 브랜드를 보유하고 140여 개국에서 영업하는 세계적인 기업이다.[14, 15]

윌리엄 리글리 주니어는 분명 고객들에게 귀 기울이는 법을 알았다. 하지만 그는 또한 직원들에게 귀 기울이고 배우는 법도 알았다.

그는 한 인터뷰에서 어떤 직원을 좋아하는지 밝혔다. "용기 때문에 가치 있는 일자리를 잃는 일은 결코 없다"(마음에 드는 제목이다)라는 제목의 기사를 보면, 그는 자신의 아이디어에 도전하고 그가 틀렸다고 말할 줄 아는 '기백 있는' 직원을 좋아했다. 구체적으로는 이렇게 말했다.

사업에서 가장 해로운 존재 중 하나는 앵무새 같은 직원입니다. 항상 "네. 사장님 말씀이 무조건 옳습니다"라고 말하는 직원 말입니다. 아마 그 속뜻은 '당신 마음대로 해, 늙은 양반. 난 신경 안 써!'일 겁니다. 회사를 키우는 건 이견을 갖고 끝까지 싸우고 사실을 확인할 만큼 애정이 있는 사람들입니다. 두 사람의 생각이 항상 같다면 둘 중 한 명은 필요없습니다.[16]

마지막 구절은 특히 중요한 의미를 지닌다. 두 사람이 항상 생각이 같고, 반응이 같고, 꿈이 같고, 기획이 같고, 일하는 방식이 같다면 잉여 인력이 생긴다. 여분의 일손 말고는 서로에게 보탬이 될 것이 없다.

여분의 일손은 좋다.

하지만 여분의 두뇌는 더 좋다.

다만 두뇌의 경우, 자기만의 생각이 있다는 게 문제다. 말 그대로다. 그들은 자기만의 의견이 있고, 자기만의 일하는 방식이 있다. 자기만의 목표, 두려움, 감정, 논리가 있다.

당신도 나와 같다면, 때로는 자신을 복제하고 싶을 것이다. 분란 없이 더 많은 일을 하기 위해서 말이다. 어쨌든 복제 인간은 흐름을 끊지 않을 테니까. 복제 인간과는 싸울 일이 없고, 이견을 가질 일도 없으며, 같은 걸 세 번씩 가르칠 일도 없다. 둘 다 일하면서 휘파람을 불거나, 소리 내서 음식을 씹거나, 지각하거나, 다른 사람의 신경을 건드리는 어떤 일도 하지 않을 것이다. 그래서 완벽하고, 행복하고, 다툼 없는 조화 속에 일할 것이다. 너무나 좋을 것 같지 않은가?

그렇지 않다.

복제 인간과 함께 일하는 것은 효율적이고 분란이 없지만 평범함이라는 절벽으로 곧장 돌진하는 길이 될 것이다. 같이 흐름을 타고 같이 실패할 것이다. 당신과 당신의 까다롭지 않은 복

우리에게
필요한 사람은

우리가 배운 적이
없는 것을 안다.

우리가 시도한 적이
없는 일에서
실패한 적이 있다.

우리가 당연시하는 것에
의문을 제기한다.

우리가
직면한 적이 없는
난관을 극복한다.

우리가 간과하는 것을
중시한다.

우리가 잊어버린 것을
기억한다.

우리가 장애물이라고
보는 것에서
기회를 본다.

그리고 그들 역시 같은 이유로 우리를 필요로 한다.

제 인간은 같은 실수를 저지를 것이다. 같은 속임수에 당할 것이다. 같은 오판을 저지를 것이다. 같은 능력, 지식, 경험 부족에 시달릴 것이다.

물론 복제 인간은 함께 일하기 더 수월할 것이다. 하지만 더 수월한 것이 더 나은 것일까?

이는 수사적 질문이지만 그래도 대답하겠다. 아니다. 그렇지 않다.

당신과 나는 언제나 우리와 다른 사람을 필요로 할 것이다. 어떤 인간도 우주의 모든 지식, 경험, 재능을 갖지는 못하기 때문이다.

물론 이는 말처럼 쉬운 일이 아니다. "당신과 다른 사람은 선물과도 같습니다. 당신은 그들을, 그들은 당신을 필요로 합니다. 까다로운 사람을 포용하세요"라는 말은 매우 고귀하고 성숙하게 들린다. 하지만 막상 현실에서 부딪혀보고 고약한 문제가 생기면 다름을 긍정적으로 보기가 정말로 어렵다. 상황을 단순화하고 불편함을 피하고 통제권을 가지려는 내면의 욕구에 저항해야 한다.

우리가 특정한 사람들과 잘 지내는 이유를 분석한 연구 결과를 보면 "우리는 우리와 뇌의 작동 방식이 비슷한 사람들과 잘 지내는 경향이 있다."[17] 우리는 우리와 비슷한 방식으로 정보와 사건을 처리하는 사람과 죽이 맞는다. 우리는 그들과 비슷한 렌즈로 세상을 본다. 우리처럼 보고 생각하고 말하고 행동하는 사람에게 끌리는 것은 '자연스럽게' 느껴진다.

결국 우리는 비슷한 사람과 죽이 맞는다. 그들과 통하고 장단을 맞추고 서로를 이해한다. 유머 감각도 비슷하다. 결이 같은 사람끼리 모이듯 뇌가 같은 사람끼리 모이는 법이다.

친구를 사귀고 싶다면 이는 긍정적인 일이다. 하지만 사업을 키우고 싶다면, 리글리가 이해한 대로, 이는 부정적인 일이 될 수 있다. 폭넓은 사람에게 어필하는 제품이나 서비스를 만들고 싶다면 폭넓은 생각을 반영해야 한다. 다양성은 뒤늦게 확보할 수 없다. 발명과 혁신에는 다양성이 필수적이다.

까다로운 사람은 차이에도 불구하고 가치 있는 것이 아니라 차이 때문에 가치 있다. 그들 성격의 까칠하고 모난 측면을 양해하라. 그들이 기여하는 부분의 가치를 진정으로 인정하라. 그들에게 영향받지 않고 침착함을 유지하는 것만으로는 충분치 않다. 이는 회피에 불과하다. 그들을 적극적으로 찾아 나서야 한다. 그리고 당신의 팀에 그들을 포함시켜야 한다.

차이, 다양성, 이견은 당신을 보호한다. 당신의 세상을 더 크게 만든다. 산업을 뒤흔드는 혁신과 세상을 바꾸는 기업으로 이어지는 시너지와 창의성을 촉발한다. 우리는 단순함을 원한다. 하지만 이는 우리가 흔히 빠지는 함정이다. 우리에게 필요한 선물은 복잡함이다.

어떤 차이가 판을 깨는지, 성가시지만 참을 만한지, 진정한 혜택을 주는지를 처음부터 분명하게 아는 경우는 드물다. 노력해서 알아내야 한다.

좋은 소식은 이런 노력이 당신을 더 나은 방향으로 변화시킨다는 것이다. 즉 당신이 차이에 적응하고 당신의 세계를 넓히는 데 도움을 준다.

이는 선물과 같다.

더 크고 깊게 연결된 세계는 수신함을 비우거나, 모든 핵심 성과 지표를 충족하거나, 예산 한도를 지키는 일보다 훨씬 가치 있다. 이런 것들은 중요하지만 성공의 피상적 척도에 불과하다. 정말로 중요한 것은 다른 사람들, 특히 까다로운 사람들을 당신의 삶에 얼마나 잘 받아들이느냐다.

그러려면 일련의 행위보다 더 많은 것이 필요하다. 체크리스트나 과제 목록 이상의 것이 필요하다. 마음가짐, 렌즈, 사고방식을 갖춰야 한다.

나는 이를 협력적 마음가짐이라 부른다. 지금부터 그 내용을 살펴보자.

CHAPTER 5

협력은
마음가짐의
문제

나는 요란하고 자랑스러운 스니커즈 수집광이다. 신발 관련 뉴스를 챙겨본다. 블로그를 읽고, 소셜미디어 계정을 팔로우하고, 팟캐스트를 듣고, 온라인 리셀러 사이트를 훑어본다. 또한 스니커즈 디자이너 및 아티스트와 그들의 역사를 안다.

가장 멋있고 인기 많은 신발은 한 회사가 단독으로 만들지 않는다. 컬래버로 만들어지는 경우가 많다. 가령 나이키는 래퍼 트래비스 스콧과 손잡고 '에어포스 1'과 '에어조던 1'을 비롯해 많은 모델을 재탄생시켰다. 이 신발들은 대개 소매가보다 몇 배 높은 가격으로 되팔린다. 사람들이 너무나 좋아하기 때문이다.

이런 컬래버의 독특한 점은 두 브랜드가 서로의 최고 장점을 합치는 파트너십이라는 것이다. 그들은 혼자서는 만들 수 없는 것을 만들기 위해 손을 잡는다.

컬래버를 할 때 아티스트는 다른 사람으로 바뀌지 않는다. 자신의 정체성을 지우는 예명을 만들지 않는다. 한쪽이 주도하고 다른 쪽이 변덕스러운 지시를 따르는 것도 아니다. 그들은 각자를 고유하게 만드는 핵심 요소를 잃지 않는다. 강하고 창의적인 두 힘이 목소리와 재능을 합쳐서 새로운 것을 만들어낸다.

까다로운 사람과 일하는 문제에도 비슷한 역학이 작용할 수 있다. 이는 협력적으로 관계에 접근하는 태도, 즉 협력적 마음가짐을 취하는 데서 시작된다.

마음가짐은 특정한 사고방식으로서, 당신이 세상을 보는 렌즈다. 메리엄 웹스터 사전에는 '정신적 태도나 경향'이라고 정의되어 있다.[18] 또한 심리학자 게리 클라인 박사는 이렇게 설명한다. "마음가짐은 우리가 상황에 대처하는 방식, 어떤 일이 일어나고 있는지 무엇을 해야 하는지 파악하는 방식을 결정하는 신념이다. 우리의 마음가짐은 기회를 포착하는 데 도움을 주지만 스스로를 무너뜨리는 악순환에 빠뜨릴 수도 있다."[19]

당신의 일을 여러 개인이 서로 밀고 당기는 대립이 아니라, 하나의 컬래버로 보면 어떨까? '우리가 함께 만들어낼 수 있는 것은 무엇일까, 어떻게 하면 우리가 각자의 본질, 목소리, 관점을 이 상호작용에 녹여내서 우리 모두의 융합체를 만들 수 있을까?'라고 스스로에게 물어보면 어떨까?

그 결과물은 아주 멋질지도 모른다.

물론 다소 혼란스럽고 모호하며 위험하다. 과정과 결과물도 당신이 기대하거나 선호하는 것과 다를 것이다. 하지만 한 단계 올라서려면 까다로운 사람들의 기여가 필요할지도 모른다.

앞서 언급한 조사에서 우리는 까다로운 사람들이 유발하는 문제와 부정적 영향을 탐구했다. 다른 한편으로 상반되는 측면의 질문들도 던졌다. 이 질문들은 좀 더 효과적인 협력을 통한 긍정적인 결과에 초점을 맞추었다. 우리는 까다로운 사람들이 까다롭게 굴 때 갈등을 그냥 묻어야 하거나 어금니를 깨물며 계속 웃어야 할 필요가 없는 직장을 상상하도록 만들고 싶었다.

질문은 까다로운 사람들을 좀 더 효과적으로 상대할 수 있을 때 개선될 세 가지를 말해달라는 것이었다. 가장 많은 응답은 44퍼센트가 꼽은 직업 만족도였다. 생산성 및 사기 향상이 그 뒤를 이었다(40퍼센트). 다른 혜택으로는 의사소통 개선, 직원 유지율 개선, 정신건강 개선, 참여도 향상, 집중력 제고, 회사에 대한 신뢰 상승, 혁신 능력 향상 등이 있었다.[20]

당신이 만든 목록도 비슷할 것이다. 문제는 우리가 건강한 협력에 따른 보상을 쉽게 잊어버린다는 것이다. 다섯 명 이하의 까다로운 사람들이 우리의 정신을 어지럽히고 계획을 망치고 있기 때문이다. 까다로운 나무 때문에 숲을 보지 못하는 것이다.

한 걸음 물러서서 생각해보라. 회사에서 특정한 사람 때문에 짜증과 절망에 휩싸이지 않도록 해주는 사고방식을 취한다면 어떤 일이 생길까? 그 사람과 충돌할까 봐 긴장하는 것이 아니라 성과에 대한 기대로 들떠서 출근할 수 있다면 어떨까? 경쟁이 아니라 협력, 의심이 아니라 신뢰, 통제가 아니라 소통, 부담이 아니라 교류를 선택할 수 있다면 어떨까? 그 사람의 성격, 속도, 선호 때문에 서로가 멀어지는 것이 아니라 거기에 맞춰주고 당신의 성격, 속도, 선호와 조화하는 방법을 찾으면 어떨까?

마음가짐을 바꾸면 모든 것이 달라진다. 명심하라. 당신은 다른 사람을 바꿀 수 없다. 하지만 그들을 바라보는 관점은 바꿀 수 있다. 그리고 그 관점이 그들을 대하는 방식을 결정한다.

이 마음가짐을 이해하기 위해 건강한 협력의 네 가지 요소로 나눠서 살펴보자.

1. 자기 인식
"나는 타인에게 어떻게 비칠까?"

2. 주인의식
"내가 맡을 역할은 무엇일까?"

3. 호기심
"그들의 입장에서는 어떨까?"

4. 유대
"우리의 공통점은 무엇일까?"

이 요소들은 어떤 유형의 사람과 함께 일하든 간에 중요하다. 하지만 까다로운 사람을 상대할 때 실로 빛을 발한다. 하지만 안타깝게도 그런 경우에 이 요소들을 기억하기가 가장 어렵다.

1. 자기 인식: "나는 타인에게 어떻게 비칠까?"

나는 강연할 때 명예의 전당에 입성한 농구선수 코비 브라이언트와 10분 동안 대화했던 이야기를 자주 들려준다. 그 대화는 내게 큰 영향을 미쳤다. 강연 후 참석자들과 이야기를 나누다 보면 그와 관련된 질문을 자주 받는다. "코비는 어떤 사람이었나요?" "사나웠나요?" "열정적이었나요?" "일대일 농구 대결을 하자고 하지 않던가요?" 같은 질문 말이다.

나는 비슷한 일반적인 질문을 받는 데 익숙해졌다. 그런데 한 번은 아이오와에서 행사가 끝난 후 한 리더가 생전 처음 들어보는 질문을 내게 했다. "코비를 만났을 때 급한 기색은 없었나요? 그렇게 바쁜 사람을 상대하면 급하다는 느낌을 받을 것 같아요."

뜻밖의 질문이었다. 하지만 나의 대답은 간단하고 솔직했다. "아뇨. 그렇지 않았어요. 그는 온전히 집중했어요."

아이러니하게도 내게 그 질문을 한 사람은 우버를 기다리고 있던 나를 붙잡았다. 그러니까 코비가 급한 기색을 보였는지 묻던 사람이 사실은 급했던 것이다.

그때 나는 전 세계 수많은 사람들과의 만남을 되돌아보았다. 그들 중에 급해 보였던 사람은 얼마나 될지 궁금했다. 내가 연단에서 내려와 대화할 때 사람들은 말을 빨리 하기 시작했다. 마치 나와 잠시만 이야기할 수 있고 시간이 다 되어가는 것처럼 말이다.

이는 사람들과의 소통을 방해하는 맹점이었다. 나는 더없이 솔직한 자세로 자기 성찰을 많이 했다. 그리고 결심했다. 앞으로 어떤 만남이든, 정말 급한 상황이라 해도 속도를 늦추고 상대의 눈을 바라보며 한숨을 돌리겠다고.

자기 인식은 "나는 다른 사람들에게 어떻게 비칠까?"라고 스스로에게 묻는 것이다. 이는 "자신을 주의와 생각의 대상으로 삼는 능력"이라 말할 수 있다.[21] 또한 자신을 더 잘 알기 위해서 자신으로부터 거리를 두는 능력이라 말할 수 있다. 당신 자신을 더 잘 이해할 수 있기 전에는 까다로운 사람과 더 잘 일할 수 있기를 기대하지 마라.

자기 인식을 하면 각 상황에서 자신이 어떤 모습으로 보이는지 신경 쓰게 된다. 이는 당신이 하는 말이나 행동을 인식하는 것을 넘어선다. 거기에는 당신의 깊은 신념, 감정적 기질을 형성하는 과거의 트라우마와 성공들, 세계관, 성장 과정, 가치관, 그 외에 다른 많은 것들이 포함된다. 또한 당신이 지쳤을 때, 스트레스를 받았을 때, 배고플 때, 피곤할 때를 인식하는 단순한 일도 포함된다. 아기들은 당연히 자기 인식 능력이 거의 없다. 하지만 때로는 성인도 아기처럼 낮잠을 자거나 간식을 먹는 편이 좋다.

자기 인식은 대단히 중요하다. 까다로운 사람을 상대할 때마다 '당신'이 개입하기 때문이다. 당신은 공통분모다. 그렇다고 해서 당신이 '문제'라는 것은 아니다. 당신이 해결책의 일부라는 뜻이다. 이는 좋은 소식이다. 까다로운 사람을 상대할 때 당신이 어떤 모습으로 보이는지 살피는 법을 익히는 것은 레벨을 깨거나 특수한 능력을 얻는 것과 같다.

어떤 사람을 까다롭다고 말하는 것은 사실 그 사람만큼이나 당신에 대해 많은 것을 말해준다. 당신의 내면으로 더 깊이 뛰어들 도약대로 삼는다면, 그것은 나쁜 의미가 아니라 바람직한 의미를 지닐 수 있다. 상대하기 어렵고 까다로운 사람에 대한 당신의 반응은 다음과 같은 것들을 파악하는 데 도움을 준다.

무엇을 파악할 수 있는가

당신이 내려놓아야 할 과거의 짐	당신이 중시하는 것	당신이 이해하지 못한 (배워야 할) 것
당신이 불안해하는 것	당신을 짜증스럽게 하는 것	당신이 가정하는 것

그리고 당신이 변화에 대처하는 방식

이런 것들을 더 잘 이해하는 데 도움이 된다면, 까다로운 사람이 당신에게 선물을 주고 있는 것이다. 물론 불편한 포장 속에 감춰진 선물이다. 그래도 박스를 열 수만 있다면, 자신에 대한 지식은 삶의 아주 많은 측면을 개선하는 데 도움을 줄 것이다. 거기에는 당신이 친구나 가족을 대하는 방식도 포함된다.

자신에 대한 더 나은 인식은 다른 사람들에 대한 더 나은 인식으로 이어진다. 당신 자신의 문제를 모르면 다른 사람의 문제에 대처하기 어렵다. 그럼에도 우리는 자주 그렇게 하려고 시도한다. 그 편이 자기 성찰보다 더 쉽기 때문이다. 주위에 있는 까다로운 사람을 재단하기 전에 거울 속에 있는 까다로운 사람부터 알아야 한다.

자신을 먼저 돌아보면 흥미로운 일이 생긴다. 다른 사람을 좀 더 분명하게 보게 될 뿐 아니라 좀 더 연민 어린 시선으로 보게 된다. 자신의 문제를 성찰하고 나면 다른 사람의 일부 문제는 그렇게 큰 문제가 아님을 깨닫는다. 그냥 넘어갈 수 있는 문제도 있고, 용서할 수 있는 문제도 있으며, 심지어 포용할 수 있는 문제도 있다.

우리를 까다로운 사람으로 만드는 요인 중 하나는 조직에서 갖는 권력이다. 공식적이든 비공식적이든 리더 역할을 맡았을 때 자기 인식이 특히 중요하다. 권력에 눈이 멀어서 다른 사람들이 우리의 언행을 어떻게 생각하는지 놓치기 매우 쉽다.

우리 조사에서 드러난 흥미로운 사실이 있다. 임원의 거의 절반 (48퍼센트)이 까다로운 사람을 상대할 때 항상 또는 자주 긍정적인 해결책을 찾는다고 말했다. 이는 바람직한 결과다. 그 비율이 간부는 36퍼센트에 불과하며, 직원은 겨우 27퍼센트라는 사실을 알기 전까지는 말이다.

어쩌면 이 리더들은 갈등 해결과 팀 구축에 탁월할지도 모른다. 애초에 그래서 임원이 된 것인지도 모른다.

또는 그들은 어려운 상황에서 발을 빼면서 '해결됐어! 내가 처리했어! 일이 잘 풀렸어!'라고 생각할지도 모른다. 반면 권력이 없는 사람들은 완전히 다른 시각을 가질 수도 있다.

양쪽 다 있을 수 있다. 자기 인식이 중요한 이유이다.

부하 직원들의 생각이나 감정을 고려하지 않는 리더는 결국 승패를 오판하며 자신의 리더십 능력을 과대평가한다. 리더로서 자기 인식이란 '우리 팀이 내가 생각하는 만큼 행복하고 안전하며 단결되어 있을까? 아니면 일자리를 잃지 않으려고 입에 발린 말만 하는 법을 배운 걸까?'라고 자문하는 것이다.

흥미로운 점은 남성의 경우 까다로운 사람과 일하는 문제를 해결했다고 응답한 비율이 35퍼센트인 반면, 여성의 경우 그 비율이 28퍼센트라는 것이다. 그렇다고 해서 여성이 사회적 상호작용을 태생적으로 더 못한다는 의미는 아닐 것이다(다른 조사에서 나온 데이터는 상반된 내용을 말한다).[22] 다만 여성은 해결책을 찾는 과정에서 남성보다 더 많은 난관에 직면하는 것으로 보인다.

나는 남성이다. 그래서 이 사실은 내가 '까다롭다'고 인식하는 것이 성적 고정관념에 영향받는지, 내가 남성과 여성을 같은 방식으로 대하는지 다시 생각하게 만든다. 나는 내가 남성과 여성을 같은 방식으로 대한다고 믿고 싶다. 하지만 그냥 그럴 거라고 단정할 수는 없다.

그 점은 당신도 마찬가지다.

나이도 중요하다. 놀라운 사실은 18~29세 연령대가 가장 높은 성공률(40퍼센트, 물론 이 수치도 결코 높진 않다)을 기록한다고 밝혔다는 것이다. 성공률은 연령대가 올라갈수록 낮아져서 60~65세 연령대에서는 무서울 정도로 낮은 14퍼센트에 그친다. 나이가 많을수록 문제가 해결되었다고 느끼는 일이 적다.

직책, 성별, 연령 외에 다른 요소도 까다로운 사람을 상대하는 문제가 해결되었다고 느끼는지 여부에 영향을 미쳤다. 우리는 사업, 교육 수준, 정치적·종교적 신념 같은 기준에서도 상당한 차이를 확인했다.

그렇다면 이 모든 것이 당신에게 의미하는 바는 무엇일까? 바로 끊임없이 자기 인식을 해야 한다는 것이다. '나는 까다로운 사람을 상대하는 일을 나 자신이 생각하는 것만큼 잘하고 있을까? 아니면 다른 사람들은 방금 나와 겪었던 일에 대해 완전히 다른 시각을 갖고 있을까?'라고 꾸준히 자문해야 한다.

당신을 상대하는 사람들은 어떤 생각을 할까?

이 질문에 솔직하고 겸손하게 대답할 수 있다면 더 나은 협력을 위한 길로 올바로 나아가고 있는 것이다.

2. 주인의식: "내가 맡을 역할은 무엇일까?"

나에겐 아들이 둘 있다. 두 아이의 관계는… 복잡하다. 그들은 서로를 사랑하지만 동시에 너무 많이, 너무 시끄럽게 다툰다. 내가 집에서 일을 하려고 할 때는 더욱 그렇다.

아이들이 다투면 당연히 나는 조정하려고 애쓴다. 그때마다 아이들은 자신이 피해자인 것처럼 군다. 항상 잘못한 쪽은 '상대방'이다. 나는 부모로서 두 아이 모두에게 잘못이 있다는 걸 안다. 서로에게 손가락질을 하는 한 결코 갈등을 해소할 수 없으며, 더 중요하게는 결코 배우고 성장할 수 없다.

직장에서 일어나는 많은 갈등도 비슷하다. 당신이 어떤 까다로운 사람을 상대하든 간에 직장에서 겪는 경험과 인간관계에 대한 책임 중 최소한 일부는 당신에게 있다.

이는 좋은 일이다. 당신이 당신의 역할을 맡음으로써 조금이라도 상황을 개선할 수 있다는 뜻이기 때문이다.

우리 아이들이 자주 하는 말처럼 '상대방이 시작한' 게 맞을 수도 있다. 하지만 거기에 어떻게 대응할지는 당신이 선택할 수 있다. 상대방의 행동은 통제할 수 없다. 그래도 당신의 대응은 통제할 수 있다. 과도한 대응으로 상황을 더욱 복잡하게 만들 필요는 없다.

주인의식은 당신이 실제로 바꿀 수 있는 것이 무엇인지 파악하려는 자세를 말한다. 당신이 통제할 수 있는 것과 통제할 수 없는 것은 무엇인가? 지금, 여기서 당신의 책임은 무엇인가?

어떤 것도 바꾸거나 배우거나 바로잡을 수 없다고 믿으면 현재 상황은 개선되지 않는다. 당신은 누군가의 선택에 얽매이게 된다.

그 굴레는 당신이 자초한 것이다.

언제나 당신이 할 수 있는 일은 있다. 그저 당신 자신에게서 시작하면 된다. 까다롭고 복잡한 관계에 직면했을 때 던져야 할 질문은 "내가 맡을 역할은 무엇일까?"이다.

저술가이자 목사인 스티븐 퍼틱은 "멈추지 않으면 갇히지 않는다"라는 신조를 갖고 있다.[23] 당신의 고통을 무시하는 것은 아니다. 다만 당신이 벗어날 수 없는 상황에 갇혔다고 생각하지 말기를 바란다. 맞다. 당신은 난관에 직면했다. 하지만 당신이 멈추기를 선택할 때만 갇히게 된다. 그 순간 당신은 자율성을 포기하는 것이기 때문이다.

아무리 사소한 것이라도 당신이 할 수 있는 일이 있는가? 그런 일이라도 하는 것이 주인의식이다. 당신은 98퍼센트를 주고 상대는 2퍼센트만 준다 해도 계속 나아가고 노력하려는 의지가 있어야 한다. 까다로운 사람과 함께 일하는 것은 재미있지도 합당하지도 않다. 아마도 상대가 바뀌어야 하는 게 맞을지도 모른다. 완벽한 세상이라면 그럴 것이다. 하지만 이 세상은 완벽하지 않다. 이 세상은 복잡하다. 협력을 완벽하게 만들지는 못해도 최소한 더 낫게 만들 수는 있지 않을까?

앞서 말한 대로 협력해야 한다고 해서 당신 자신을 아주 많이 바꾸어야 하는 것은 아니다. 그러다가는 당신 자신을 잃게 된다. 이 책의 제목은 "카멜레온처럼 까다로운 사람을 상대하는 법"이 아니다. 변덕스럽고 짜증스럽고 미성숙한 사람에게 억지로 맞추지 않아도 된다. 내면을 바꾸거나 위선적인 가면을 쓰거나 불합리한 극단적인 일까지 할 필요는 없다.

내가 말하는 바는 당신이 통제할 수 있는 범위에 초점을 맞추면 희망이 생기고 창의성이 발휘된다는 것이다.

까다로운 사람을 상대할 때 이렇게 자문하라.

여기서 나의 책임은 무엇일까?

뒤이어 이렇게 자문하라.

나의 능력이 닿는 대로 그 책임을 다하고 있는가?

3. 호기심: "그들의 입장에서는 어떨까?"

당신이 함께 일하는 모든 까다로운 사람을 이해하는 데 도움이 되는 질문을 하나 하겠다. 이 질문을 속으로 해보거나, 때가 맞고 용기가 난다면 그들에게 직접 해보라.

그것은 바로 **"그들의 입장에서는 어떨까?"**이다.

이 질문을 하는 것은 다리를 놓아서 그들의 세계로 건너가는 일이다. 당신의 머릿속에 머무는 게 아니라 실제로 다른 사람의 머릿속으로 들어서는 것이다.

표피적인 인상을 토대로 누군가의 동기나 의도를 성급하게 판단하기 쉽다. 그들의 입장이 되어 진심으로 이해하려고 노력하라. 그러면 일이 조금 덜 복잡해지고 팀워크가 살아나는 환경이 조성된다. 호기심은 언제나 짜증보다 나은 반응이다. 그러니 갈등이나 혼란이 생기려 할 때마다 다음과 같은 의문을 품어라.

- 우리 회사의 채용 과정을 거치는 게 이 사람에게는 어땠을까?
- 우리 팀에서 유일한 재택근무자로서 이 사람은 어떤 기분일까?
- 이사회의 유일한 여성으로서 이 사람은 어떤 추가적인 압박과 기대에 대처해야 할까?
- 업무량을 고려할 때 이 사람은 일과 삶의 균형을 어떻게 관리할까?

- 우리 회사의 가장 어린 팀 리더로서 이 사람은 얼마나 많은 압박감을 느낄까?
- 우리 업계의 빠른 변화 속도를 고려할 때 계속 신기술에 적응하는 건 어떤 기분일까?

이는 상대를 한 명의 인간으로 바라보는 방식이다. 그들을 하나의 딱지로 치부하지 마라. 함께 일하기에는 너무 까다롭거나, 고집 세거나, 다르거나, 이상하거나, 자기 방식에 갇혀 있거나, 나이가 많거나 어리거나, 전형적인 베이비붐 세대 또는 밀레니얼 세대 같다고 말하지 마라. 그러면 학습과 성장이 차단되고 소통이 막히며 관계가 멀어진다.

"그들의 입장에서는 어떨까?"는 위험한 질문이다. 연민을 촉발할 수도 있고 관계를 구축할 수도 있다. 당신이 공부하고 배우도록 만들 수도 있고 심지어 상황을 더 복잡하게 만들 수도 있다. 하지만 그것은 더 좋은 변화가 될 것이다. 그 사람의 인간적 측면을 드러내서 쉽게 재단하거나 외면하기는 어려울 것이기 때문이다.

내가 확인한 바로는 사람은 알면 알수록 덜 까다로워진다. 더 미묘해지기는 하지만 까다롭다는 인식은 약해진다. 미묘한 것과 까다로운 것은 다르다. 이는 누군가를 끌어당기는 것과 밀어내는 것의 차이다.

어떤 사람을 구성하는 여러 층을 더 잘 이해할수록 그들의 까칠한 면을 넘어 그 안에 숨은 가치를 보게 된다. 첫인상은 결코 전체를 말해주지 않는다. 그들의 퉁명스러움, 완벽주의, 언어 장벽, 볼륨을 높여서 유튜브 영상을 보는 짜증스러운 습관 이면에는 복잡하고 미묘한 측면이 숨어 있다.

"그들의 입장에서는 어떨까?"라고 묻는 것은 긴장을 해소하고 공격성을 완화하는 전략이자 태도이다. 또한 상대로부터 더 멀어지는 것이 아니라 상대에게 더 가까이 다가가도록 도와줄 것이다. 그리고 서로 반대편 언덕에 참호를 파고 죽도록 싸우는 것이 아니라 중간에서 절충하도록 도와줄 것이다.

호기심은 누구나 가질 수 있는 초능력이다.

호기심은 상대를 더 잘 이해할 수 있도록 도와주며 이해는 모든 것을 바꾼다.

언젠가 한 임원과 대화를 나눈 적이 있다. 그는 내게 판매팀의 최고 리더 중 하나가 근래 고전하고 있다고 말했다. 그 리더와 이야기를 해보니, 아내가 얼마 전에 아이들을 데리고 그를 떠났다는 것이었다. 이 사실은 그 리더에 대한 시각을 바꿔놓았다.

사람에 대한 호기심은 우리 모두가 가져야 하는 세상에 대한 호기심의 한 부분이다. 계속 배우고 성장하라. 말이 되는지 모르겠지만 계속 구글링하고 챗지피팅하라. 당신이 무지하다는 사실을 편안하게 받아들여라. "모릅니다" "어떻게 생각하세요?"

호기심은
누구나
가질 수 있는
초능력이다

"제가 놓친 게 뭔가요?" "말씀의 요지가 무엇인지 알려주세요"라고 말하는 법을 배워라.

당신의 뇌가 하나의 도서관이라고 생각하라. 거기에 더 많은 지식을 보관할수록 다른 사람과 소통하는 데 필요한 자료를 더 많이 확보할 수 있다. 책을 읽고, 팟캐스트를 듣고, 온라인 강의를 보고, 다큐멘터리를 시청하고, 콘퍼런스에 참석하라. 누군가와 커피를 마시러 나가서 그들이 무엇을 배우고 있는지 확인하라. "최근에 뭘 배우고 있어요?"라는 질문에 대한 사람들의 대답을 들으면 깜짝 놀랄 것이다. 지식을 늘리면 소통의 폭이 넓어질 것이다.

다만 두 가지 조심할 것이 있다.

첫째, 자신의 까다로움을 완전히 파악할 수 있는 사람은 없다. 따라서 다른 사람도 완전히 파악했다는 오만한 생각을 버려야 한다. 상대의 입장을 이해하기 위해 최선을 다하라. 다만 선불리 결론을 내리지 마라. 상대를 더 잘 알게 되면 계속 인식을 바꾸겠다는 의지를 가져라.

둘째, 상대에 대한 모든 것이 '옳은지' 아니면 '그른지' 꽌다할 필요가 없다. 물론 실제 학대 행위나 불법 행위는 판별해야 한다. 하지만 당신이 접한 상대의 모든 기벽, 성향, 특성을 판정할 필요는 없다. 상대가 시끄럽다고 해서 '너무 시끄럽다'고 말하지 마라. 즉흥적이라고 해서 '너무 즉흥적'이라고 말하지 마라.

조용하거나, 신중하거나, 시끄럽거나, 걱정이 많거나, 세부적인 면을 따지거나, 느긋하다고 해서 너무 과하다고 가정하지 마라. '너무'라는 말은 보편적 기준이 아니라 단지 당신의 기대에 어긋나는 것을 뜻하는 경우가 많다.

물론 상대도 당신을 보고 상반되는 측면에서 '너무'하다고 말할지도 모른다.

모두가 나름의 문제를 안고 있다. 당신과 나도 마찬가지다. 모두가 고쳐야 할 부분이 있다. 다른 사람들을 미워하기만 할 것인가, 아니면 이해하려고 노력할 것인가? 그들을 재단할 것인가, 아니면 그들의 말을 듣고 그들에 대해 배우고 그들에게 닿는 다리를 놓을 것인가?

앞으로 어떤 사람 때문에 속이 부글부글 끓으려 하면 이렇게 물어라. "이 사람의 입장에서는 어떨까?"

그다음, 당신의 호기심이 당신을 어디로 이끌어가는지 보라.

4. 유대: "우리의 공통점은 무엇일까?"

협력적 마음가짐의 마지막 요소는 유대다. 자기 인식, 주인 의식, 호기심은 모두 당신을 여기로 이끌기 위한 것이다. 여기서 당신은 다른 경우에는 완전히 외면했을 누군가와 의미 있고 생산적인 인간관계를 맺게 된다.

이 대목에서 마법이 일어난다.

사람들 사이의 연결고리는 뇌의 두 뉴런 사이를 건너뛰는 전기 스파크와 같다. 당신의 뇌는 공학적 측면에서 경이롭다. 뇌에는 약 860억 개의 뉴런이 있다. 각 뉴런은 다른 뉴런과 복수의 접점을 갖는다. 그 수는 두어 개에서 수십만 개까지 다양하다.[24] 그럼에도 전구보다 전기를 적게 써서 엄청나게 효율적으로 작동한다.[25]

스파크가 없으면 마법도 움직임도 없다. 그저 수많은 뉴런이 나란히 놓인 채로 아무것도 이루지 못한다.

우리의 일터를 우연히 모인 사람들의 느슨한 집합체가 아니라 서로의 뇌가 연결된 지성체로 보면 어떨까? 우리 사이를 건너뛰는 스파크가 일이 되게끔 만든다는 사실을 깨달으면 어떨까? 소통의 빈도와 질이 개별 구성원들을 막강한 팀으로 바꾼다는 사실을 깨달으면 어떨까?

문제는 우리가 소통을 경시하고 개인에게 과도하게 초점을 맞추는 경우가 많다는 것이다. 우리는 더 나은 결과를 얻으려면 팀원들이 더 나아지거나 팀에 더 나은 사람들을 끌어들이거나 둘 다여야 한다고 가정한다. 하지만 해답은 '개인'을 개선하는 것만이 아니라 개인 사이의 '소통'을 개선하는 데도 있다면 어떨까?

실제로 연구 결과를 보면 소통은 엄청나게 중요하다. 두 사람 사이의 소통이 각 개인의 지성만큼 또는 그보다 더 중요하다.

2010년에 연구자들은 이와 관련된 두 가지 연구를 실시했다. 그 목적은 주어진 과제에 상관없이 어떤 집단이 최고 성과를 낼지 예측하는 '집단 지성' 요소를 확인하는 것이었다. 다시 말해 팀이 '스마트'할 수 있을까? 다양한 과업을 처리하고 꾸준히 좋은 성과를 내는 팀을 구축할 수 있을까? 그렇다면 어떤 요소가 한 팀을 다른 팀보다 스마트하게 만들까?

그들이 내린 결론은 팀이 집단 지성을 가질 수 있다는 것이었다. 그들은 이를 'C 요인'이라 불렀다.[26] 또한 특정한 팀을 똑똑하게 만드는 요소에 대해서도 흥미로운 결론이 나왔다.

예측성이 없는 것으로 밝혀진 요소들부터 알려주겠다. "단결력, 동기, 만족도 등 집단적 성과를 예측할 것으로 예상한 요소 중 다수는 실제로는 예측성이 없었다."

이런 요소들이 중요하지 않다는 것은 아니다. 물론 단결되고 활기 넘치고 만족도 높은 팀을 만들어야 한다. 하지만 이런 구체적인 요소들이 특정한 팀의 스마트함에 있어서 일관되고 측정 가능한 차이를 만드는 것은 아니었다.

연구 결과는 갈수록 흥미로워진다. 연구자들은 이렇게 결론 짓는다. "이 'C 요인'은 팀원의 평균 또는 최대 지능과 강한 연관성을 지니지 않는다." 즉 평균 지능 또는 최대 지능은 어느 정도 연관되기는 하지만 강한 연관성은 없다.

쉽게 말해서 어떤 의미일까? 팀원들이 특출나게 똑똑하거나 대단히 머리 좋은 팀원이 있는지 여부는 그다지 중요하지 않다는 것이다. 이런 요소도 조금은 도움이 된다. 하지만 팀의 성패를 좌우하지는 못한다. 또한 여러 과제에서 얼마나 좋은 성과를 낼지 예측하는 데도 크게 도움이 되지 않는다.

통념적으로는 가장 명민한 사람들을 모아놓으면 성공은 저절로 따라온다. 가장 똑똑한 아이디어, 가장 뛰어난 해법, 최고의 결과를 얻을 수 있다. 하지만 위 연구는 이런 가정을 뒷받침하지 않는다.

연구자들이 확인한 사실은 훨씬 흥미롭다. 그들은 여러 요소들을 검증했다. 그 결과, 팀의 집단 지성은 주로 세 가지 요소와 관련된 것으로 드러났다. 그것은 "팀원의 평균 사회적 민감도, 발언 기회 분배의 공평성, 여성 비율"이었다.

다시 말해서 이 연구들에 따르면 팀이 얼마나 스마트한지는 다음과 같은 요소에 큰 영향을 받는다.

- 팀원들이 사회적 신호에 얼마나 민감한가? 즉 서로의 사회적 신호를 얼마나 잘 읽어내고 반응할 수 있는가?
- 모두가 말할 기회를 얻는가? 이는 기본적인 예의 같지만 집단적 환경에서 지켜지지 않는 경우가 많다.
- 팀에 여성이 몇 명인가?

그들은 추가적 분석을 통해 성별 요인이 작용하는 이유를 파악했다. 그 주된 이유는 사회적 민감도 측면에서 여성이 남성보다 꾸준히 높은 점수를 기록했으며, 세 가지 요소 중에서 사회적 민감도가 가장 중요하기 때문이었다.

이런 사실들이 소통과 연결된다는 것을 알겠는가? 서로의 감정을 읽어내고 서로를 이해하고 성숙한 대화를 나누는 능력은 팀의 '스마트함'에 필수적이다. (혹시 앞에서 놓쳤다면, 여성은 남성보다 이런 부분에서 더 나은 경향이 있다. 이는 다양성을 갖춘 팀이 필요한 여러 이유 중 하나다.)

우리가 흔히 말하는 대로 "적합한 사람을 팀에 끌어들이는" 것은 중요하다. 그러나 서로 잘 지내야 한다. 소통하고 협력할 수 있어야 한다. 그렇지 않다면 적합한 사람이 아니다. 양질의 소통을 하고 유지하는 능력은 팀을 한 단계 더 높은 수준으로 끌어울리는 비결이다. 나는 팀의 성공이 영웅보다는 시너지에 더 많이 좌우된다고 생각한다. 부분보다는 전체가 더 중요하다.

물론 뛰어난 사람들을 팀에 끌어들이기 위해 노력해야 한다. 다만 그들이 잘 지내고 함께 일할 수 있도록 만드는 데도 노력을 기울여야 한다. 그들은 하나의 뇌처럼 사방으로 여러 시냅스를 날리면서 공통의 목표를 위해 같이 일해야 한다. 또한 소통하고 협력할 수 있어야 하고, 교류하고 교차할 수 있어야 하며, 손발을 맞춰서 하나가 되어 움직이고 나아가야 한다.

이는 까다로운 사람과 협력하기 위한 당신의 노력에서 어떤 의미를 지닐까? 다른 사람의 유별난 점에 과도하게 집착하거나 흥분하지 말고 어떤 측면에서 어떻게 소통할지에 초점을 맞추라는 뜻이다. "우리를 한데 묶어주는 것은 무엇일까? 어떤 측면에서 비슷할까? 어떤 측면에서 연관이 있을까?"라고 질문하라. 그 다음 유대를 최대한 튼튼하게 다지기 위해 노력하라.

저술가이자 연구자인 데릭 카브레라와 로라 카브레라는 《시계가 아니라 무리Flock Not Clock》에서 회사는 복잡하고 항상 적응하는 무리와 같다고 주장한다. 즉, 예측 가능하고 통제 가능한 시스템이 아니라 새 떼나 고기 떼와 더 비슷하게 행동한다는 것이다. 우리는 항상 변하는 세상에서 살아가고 일하며, 세상을 이루는 요소 역시 계속해서 움직인다. 이처럼 정신없이 돌아가는 세상에서는 다른 모든 사람과 얼마나 잘 연결되어 있는지가 가장 중요하다. 두 사람은 이렇게 쓴다. "가장 많이, 가장 질 좋은 관계를 맺은 사람들은 가장 잘 연결되어 있으며, 따라서 시스템에서 가장 큰 영향력을 지닌다."**27**

인맥은 일터의 자산이다. 조직도가 모든 것을 말해주지는 않는다. 진정한 힘은 다른 사람과 관계를 구축하고 유지하는 일을 가장 잘하는 사람에게 있기 때문이다. 그 대상에는 자신과 완전히 다른 사람(즉 까다로운 사람)도 포함된다. 인맥 좋은 사람들은 직책이나 연봉이 높지 않을 수도, 좋은 사무실이 없을 수도 있다. 그래도 그들에게는 영향력이 있다. 그들은 사람을 끌어들인다. 사람들은 그들을 찾아가 그들의 말을 경청하고 따른다. 왜 그럴까? 그들은 인맥을 쌓는 데 투자하며 인맥이 가장 중요하기 때문이다.

세상은 인맥으로 돌아간다. 당신과 다른 사람들을 한데 묶어주는 것을 찾아라. 교류의 질을 높이고 양을 늘리는 데 투자하라. 물론 교류는 복잡하고 혼란스럽다. 하지만 당신을 더 가치 있고 유능하며 확고한 지위를 갖춘 사람으로 만들어줄 것이다.

이 협력적 마음가짐의 네 가지 요소, 즉 자기 인식, 주인의식, 호기심, 유대가 당신이 도착할 목적지는 아니다. 그것들은 당신이 가고자 하는 곳, 즉 협력으로 가기 위해 몰고 갈 차량이다.

까다로운 사람과 협력하기 위한 이 모든 노력은 지속적인 작업이다. 인간은 지속적으로 변하는 존재이고, 당신과 나는 인간이기 때문이다. 이는 기회가 있을 때마다, 당신이 처한 모든 상황에서, 누구를 상대하든, 그들이 얼마나 까다롭든 간에 아래 네 가지를 자문해야 한다는 것을 뜻한다.

- **"나는 타인에게 어떻게 비칠까?"**(자기 인식)
- **"내가 맡을 역할은 무엇일까?"**(주인의식)
- **"그들의 입장에서는 어떨까?"**(호기심)
- **"우리의 공통점은 무엇일까?"**(유대)

당신이 나이키와 손잡고 신발을 디자인하는 래퍼든 분기말 목표를 달성하려 애쓰는 간부든 간에, 협력적 마음가짐을 갖는 것은 다른 사람들과 함께 잘 일하기 위한 열쇠다. 협력적 마음가짐은 벽이 아니라 다리를 세우고, 사람들을 밀어내지 않고 끌어당기도록 해준다.

다리 놓기는 지금부터 살필 대인관계의 기술이다. 까다로운 동료와의 간극을 메우고, 협력에 필수적인 소통을 하려면 나섯 가지 구체적인 기술을 연마해야 한다.

나는 이 기술들을 통틀어 '피플 Q'라 부른다.

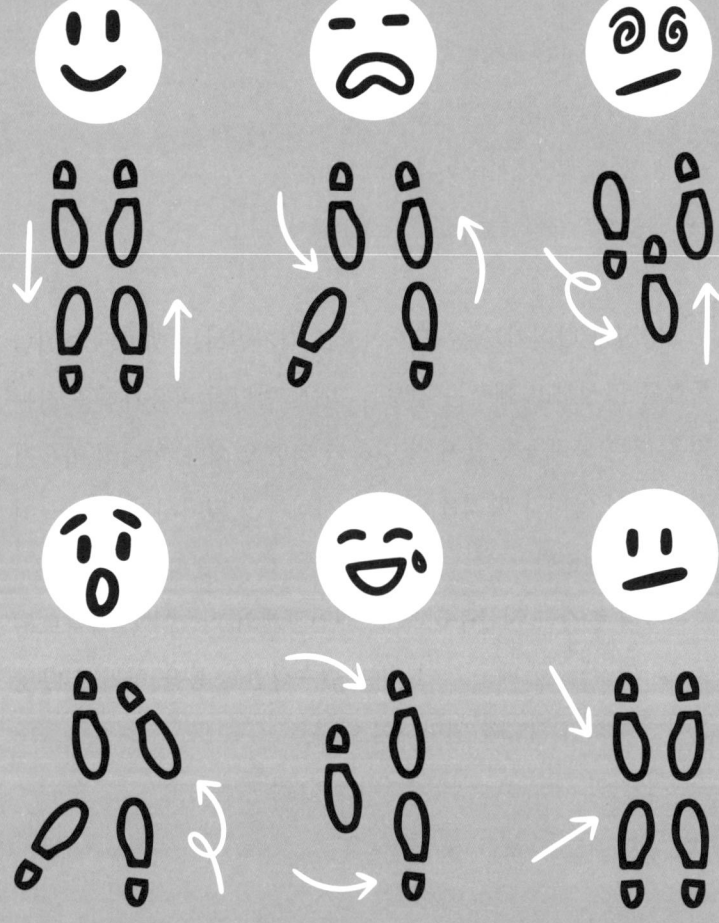

CHAPTER 6

협업에
필수적인
소통지수,
피플 Q

나는 지금까지 수많은 성격 검사를 받았다. 나의 MBTI는 ENTJ이다. 또 디스크^{DISC} 분류로는 'I' 유형이고, 테일러 하트먼 색상 코드로는 빨간색이며, 에니어그램으로는 3번 유형이다. 그리고 강점찾기^{StrengthsFinder} 결과에 따르면 나의 강점은 의사소통, 지휘, 조화, 적응력, 관념화다. 끝으로 무작위적이고 특이한 온라인 검사 결과로는, 내가 마블 캐릭터라면 블랙 팬서일 것이고, 해리 포터 가문에서는 그리핀도르일 것이다.

하지만 성격은 우리의 정체성을 이루는 일부분에 불과하다. 지능 유형, 학습 방식, 애정 표현 방식, 애착 유형 등 한 사람을 묘사하는 데 사용되는 다른 개념들까지 동원하면 상황이 더 복잡해진다. 게다가 우리 각자를 다르게 만드는 평생의 고유한 경험까지 고려하면 머리가 어지러워진다.

사람을 분류하는 다양한 방식을 조합하다 보면 세상에 돌아다니는 인간의 유형은 무한하다는 사실을 깨닫는다. 지문만이 아니라 모든 것이 고유하다. 똑같은 사람은 없다.

어쨌든 우리는 그들 모두와 같이 일할 수 있어야 한다.

이는 약간 무서운 일이다. 우리는 함께 일할 사람을 정하는 일에서 발언하거나 투표할 수 없는 경우가 많기 때문이다. 그래서 누구든 윗사람들이 배정한 사람과 같은 공간에서 일할 수밖에 없다. 그럼에도 우리의 생산성, 성공, 정신 건강은 이상한 사람들과 함께 일하는 방법을 알아내는지 여부에 좌우된다. (그리고 그들 중 최소한 일부는 당신에 대해 같은 생각을 갖고 있다는 사실을 명심하라.)

당신이 함께 일하는 사람은 엄청나게 복잡한 측면을 지닌다. 따라서 실시간으로, 사안별로 그들을 파악해야 한다. 디스크 유형이나 에니어그램 유형만 외우면 모든 인류에 대한 완전한 지식을 갖출 수 있다고 생각해서는 안 된다. 그보다 훨씬 더 깊이 파고들어야 한다.

다른 사람들, 특히 까다로운 사람들과 함께 잘 일하려면 사람과 친해져야 한다.

그렇다고 해서 외향인이 되어야 한다는 말은 아니다. 칵테일 파티를 열거나 노래방에 가야 할 필요는 없다. 안심하라. 나도 내향인이다. 그래서 연말이 다가올 때마다 당신이 느끼는 고통에 공감한다. 나는 1월 2일이 되면 적어도 봄방학 때까지는 사람들을 만나고 싶지 않다.

사람과 친해진다는 것은 사람을 공부하는 학생이 되어야 한다는 뜻이다. 사람 전문가, 즉 사람마다 다른 뉘앙스와 성향에 겁먹기보다 호기심을 가지고 배우고 성장하는 사람이 되어야 한다는 뜻이다.

언제나 행동을 예측할 수 있도록 해주는 작고 깔끔한 상자에 사람들을 억지로 끼워 맞출 수는 없다. 약간의 노력을 기울이면 그들을 조금은 더 잘 이해할 수 있다. 그리고 조금만 더 잘 이해해도 어려운 인간관계를 역동적인 인간관계로 바꾸기에 충분한 경우가 많다.

이 장에서는 다섯 가지 '피플 Q'를 살필 것이다. 이는 함께 일하는 사람에게 한 걸음 더 다가갈 수 있도록 해주는 척도 또는 기술이다. 'Q'는 지수quotient를 뜻한다. Q가 유명해진 것은 모든 지수의 아버지인 IQ, 즉 지능지수 덕분이다. IQ는 지능을 측정하고 순위를 매기는 지수로서 100여 년 전에 등장했다. 그 이후로 다른 역량들을 평가하는 여러 Q가 나타났다.

다만 우리가 알고자 하는 것은 사람들, 특히 성가시고 괴팍하고 엉뚱한 사람들과 협력하는 방법이다. 내가 피플 Q라는 이름을 붙인 이유, 단순한 역량보다 소통력에 초점을 맞춘 이유가 거기에 있다. 나는 이 개념들을 좀 더 잘 활용하여 (거의) 모든 사람에게 닿는 다리를 놓을 방법을 탐구하고자 한다.

가장 먼저 살필 것은 사람들이 싫어하는(높게 나오지 않으면 그렇다는 말이다. 반면 높게 나오면 그게 전부라고 생각하는 경향이 있다) 대표 지수다. 물론 내가 말하는 것은 IQ다.

1. IQ 소통력: 상대방의 언어를 구사할 것

나는 얼마 전에 헤어메이크업 컨벤션에서 강연해달라는 요청을 받았다. 해당 분야에 종사하는 800명의 전문가들 앞에서 화장을 안 하고 머리도 짧은 내가 기조 강연을 하게 된 것이다.

쉽지 않은 강연이었다. 나쁘거나 악의적인 사람이 있어서가 아니라 나와 그들의 지식 수준이 크게 달랐기 때문이다. 나는 그 사이에 다리를 놓아야 했다.

물론 내가 컨디셔너나 얼굴 윤곽 잡기에 대한 팁을 주려고 거기 가는 것은 아니었다. 실패와 성공에 대해 이야기할 것이었다. 보편적인 주제다. 그럼에도 그들의 신뢰를 얻기는 어려울 터였다. 나는 그들의 언어로 말하는 법을 몰랐기 때문이다.

나는 그 언어를 배우는 데 시간을 들였다. 문외한인 상태로 강연하지 않으려고 헤어와 메이크업에 대해 공부했다. 그 과정에서 단발, 앞머리, 언더컷, 레이어드컷에 대해 배웠다. 또 고데기와 컬링기, 온갖 빗에 대한 글을 읽었다. 블렌딩blending, 베이킹baking, 스트로빙strobing 같은 단어도 익혔다.

이런 것들이 많은 지식은 아니었다. 그래도 두어 가지 농담을 하고 몇 가지 통점을 언급하고 전체적으로 공통의 어휘와 지식이라는 다리를 놓기에는 충분했다. 또 그들의 세상을 들여다

볼 수 있는 창도 만들어주었다. 매번 새로운 것을 익힐 때마다 그들 직업에 대한 존중이 커졌다.

내가 이렇게 새로운 '언어'를 공부하는 습관을 들인 이유가 있다. 무지는 유대와 신뢰를 저해하고, 이는 소통을 망치기 때문이다. 그래서 지금 나는 여러 언어를 구사할 수 있다. 유창하지는 않지만 효과적으로 공감하기에는 충분한 수준은 된다.

나는 누구를 태클한 적이 없고, 거구의 수비수 밑에 깔리는 게 지옥 같아 보이기는 해도 미식축구의 언어를 구사한다. 또한 라디에이터를 세척한 적이 없고(그게 무슨 뜻인지도 모른다) 세척할 생각도 전혀 없지만 자동차 업계의 언어를 구사한다. 그리고 교회, 기술, 농업, 금융, 유통, 보건 분야의 언어, 베이비붐 세대와 Z세대, 임원과 직원, 사업가, 자영업자의 언어도 구사한다.

그 이유는 나의 소통 능력이 거기에 좌우되기 때문이다.

당신의 경우도 마찬가지다.

까다로운 사람과 함께 잘 일하려 한다면 여러 언어를 구사해야 한다. 당신의 몸에서 가장 중요한 부분, 즉 뇌를 구성하는 860억 개의 뉴런을 활용하여 지식의 간극을 메워야 한다.

나는 이를 IQ 소통력이라 부른다.

우리의 목록에 있는 다른 Q들은 IQ만큼 깊이 연구되거나 요란하게 비판받지 않았을 것이다. 단지 IQ가 아주 오랫동안 활용되었기 때문만은 아니다. IQ 검사는 실제로 측정할 수 있는 것이 대단히 제한되어 있기로 악명 높다. 즉 패턴 인식과 논리적 사고 그리고 다른 인지 능력이 다른 사람과 비교하여 얼마나 뛰어난지 말해줄 뿐이다. 그게 전부다. 그런 능력이 현실적 성공으로 이어지는지 여부는 다른 많은 요소에 좌우된다.

하워드 가드너는 명망 높은 심리학자이자 교육 전문가로서 다중 지능 이론으로 유명하다. 그는 '지능' 또는 똑똑해지는 수단의 종류는 최소 여덟 가지이며, IQ 검사는 그중 두 가지만 측정한다고 믿는다. 〈빅 싱크〉와의 인터뷰에서 이렇게 말했다.

"언어 지능과 논리 지능이 뛰어난 건 좋은 일입니다. 대다수 검사가 거기에 초점을 맞추거든요. 해당 검사에서 좋은 점수를 얻으면 학교에 머무는 한 당신이 똑똑하다고 생각하게 되죠. 하지만 브로드웨이, 고속도로, 숲, 농장으로 나가면 다른 지능도 최소한 그만큼 중요하다는 사실을 알게 됩니다."[28]

당신은 고등학교 때 이런 경험을 했을지 모른다. 우등생들은 공부에 스마트하다. 운동부는 스포츠에 스마트하다. 인기 있는 아이들은 사람에 스마트하다. 다른 아이들은 음악, 미술, 기술, 과학, 자연, 감정에 스마트하다.

사람들은 저마다 스마트하며 그 사실을 안다. 미국에서 실시된 조사에 따르면 응답자 65퍼센트가 "나는 평균적인 사람보다 더 똑똑하다"는 말에 동의했다.[29] 다시 말해서 사람들 중 3분의 2는 자신의 지능이 평균 이상이라고 생각한다. 하지만 이는 불가능하다.

아니면, 가능할 수도 있을까?

나는 처음에 통계치를 보고 웃었다. 하지만 곧 달리 생각하기 시작했다. 65퍼센트의 사람들은 자신이 가진 특정한 유형의 지능을 평가한 것인지도 모른다. 나의 소박한 의견에 따르면 이는 타당한 평가다. 내가 보기에 IQ 소통력은 온갖 유형의 '스마트함'을 포함한다. 설령 그것이 일반 IQ 검사로는 측정될 수 없다고 해도 말이다.

하지만 진정한 문제는 당신이 스마트한지 아닌지(당신은 스마트하다) 또는 어떤 측면에서 스마트한지(그걸 당신이 알고 있기를 바란다)가 아니다.

그것은 '당신이 스마트함을 활용하여 다른 사람들과 소통할 수 있는가'이다.

특히 까다로운 사람과 소통할 수 있는가?

당신은 그들의 세계를 이해하는가? 그들의 언어를 말할 수 있는가? 그들이 지닌 고유한 똑똑함의 가치를 인정하는가? 그들과 더 잘 협력하기 위해 필요한 것을 배우려고 적극적으로 시도하는가? 호기심을 품고 학생의 자세를 취하며 성장하고 있는가? 정보와 이해를 소통의 통로로 활용할 수 있는가?

안타깝게도 사람들은 두뇌의 힘을 활용하여 소통하려 애쓰지 않는다. 그들은 자신이 아는 것만으로 충분하다고 생각한다.

그들의 'IQ'가 낮아서 그렇게 생각하는 게 아니다. 오히려 매우 똑똑할 수도 있다. 문제는 'IQ 소통력'이 약하다는 것이다. 그들은 다리를 놓기 위해 뇌를 활용하지 않는다. 자신만의 작은 섬에 머무는 것에 만족한다. 그래서 정신적 소통망 없이 고립되고 소외된다.

IQ 소통력의 핵심은 어떤 유형이든 자신이 가진 지능을 활용하는 것이다. 그래서 주위 사람들과 더 효과적으로 협력하는 것이다. 지식의 간극을 메우기 위해 적극적으로 노력하면 IQ 소통력이 개선된다.

내 친구는 오래전에 자신의 두 아이에 대한 이야기를 들려주었다. 그들은 많이 다투는 시기를 지나고 있었다. 여동생이 커가면서 자신의 목소리를 내기 시작했고, 중학생인 오빠는 거기에 익숙지 않았기 때문이었다. 친구 아들은 아빠에게 동생이 "항상 너무 고집이 세고 억지를 부려서" 짜증 난다고 말했다.

내 친구는 "넌 똑똑하잖아. 화만 내지 말고 동생하고 잘 지낼 수 있는 방법을 찾아봐"라고 말했다. 그는 아들의 머리에서 전구가 켜지는 것을 보았다. 동생에게 협상 기술을 활용할 생각을 해본 적이 없었기 때문이다. 친구 아들은 여동생에게 자신이 원하는 것을 요구하기보다 둘 다 윈윈할 수 있는 길을 찾기 시작했다. 그러자 싸움은 줄어들고 협력하는 일이 늘어났다. 이 이야기는 나의 두 아들에 대해 희망을 주었다. 아직 열 살이 되지 않은 두 아들의 협상 기술은 현재 아예 없는 수준이다.

협상 기술은 경쟁하는 오빠와 동생 사이에만 적용되는 것이 아니다. 그것은 삶을 위한 기술이다. 당신은 스마트한 사람이다. 화내거나 짜증 내거나 절망하지 마라. 소통하기 위한 전략, 윈윈하기 위한 전략, 상대를 폄하하는 것이 아니라 그들에게 동기를 부여하기 위한 전략을 파악하라.

당신이 평균보다 스마트한 65퍼센트에 속한다면 당신과 다르다고 생각되는 사람과 소통하여 그 점을 증명하라. 그들의 지식 부족이나 고집스러움 또는 비합리성에 대해 그저 불평만 하지 마라. 당신의 뇌를 활용하여 다리를 놓아라. 그들에게 당신의 언어를 배우라고 요구하지 말고 그들의 언어를 배워라.

지식의 다리를 놓을 때 소통할 수 있는 통로를 찾아라. 당신은 다른 누구와도 같지 않다. 그래도 최소한의 공통점은 있을 것이다. 어쩌면 생각보다 많은 공통점이 발견될지도 모른다. 충분히 오래 파고든다면 말이다.

단절에 집착하지 말고 서로의 꿈, 재능, 지식, 관계, 또는 취미가 겹치는 지점에 초점을 맞춰라. 거기서 출발하라. 친밀감과 신뢰를 쌓아라. 그다음 더 낯설거나 어색한 영역으로 나아가라.

2. EQ 소통력: 상대방의 감정을 파악할 것

다음으로 살필 것은 EQ 소통력이다. EQ는 감정 지능을 말한다. 당신은 자신과 주위 사람들의 감정을 어떻게 인지하며, 그 감정을 얼마나 잘 관리하는가?[30]

이는 단지 마음이 여려서 축하 카드 광고만 봐도 우는 공감형에게만 해당되는 것이 아니다. 우리 모두는 감정이 있으며 누군가와 감정을 나누는 것은 지적 소통보다 훨씬 더 강력한 힘을 지닌다.

감정은 폭넓은 인간적 경험을 포괄한다. 심리학자들은 감정을 나열하고 정의하고 범주화하려 시도했다. 그러나 이 정리 작업은 쉽지 않다. 행복, 슬픔, 사랑, 분노, 두려움처럼 분명한 감정도 있다. 하지만 이런 것들은 감정이라는 빙산의 일각에 불과하다. 아래와 같은 것들을 생각해보라.

향수	외로움	감사	신뢰
위기감	경외심	호기심	수치심
짜증	걱정	놀람	연민
부러움	혼란	동정	절망
실망	우울	경멸	안도감

용기	창피함	희망	기대
비통함	만족감	공황	부끄러움
죄책감	공포	자긍심	**이는 일부에 불과하다**

까다로운 사람을 상대할 때 감정 지능이 얼마나 중요한지 쉽게 알 수 있다. 그들은 우리의 피를 끓게 만들 뿐 아니라 짜증, 분노, 원망, 절망, 우울을 초래한다. 그들과 함께 효과적으로 협력하려면 감정 상태를 파악하고 통제하는 것을 더 능숙하게 해야 한다.

내가 이 책을 쓰기 위해 인터뷰한 사람 중에 피트니스 클럽 지점장이 있다. 그녀의 말에 따르면 에너지 음료를 마시고 들뜬 상태로 와서 급히 운동 루틴을 시작하려는 고객들이 많다. 그들은 서둘러 기구를 들고 달리고 펀치를 날리려 한다. 그래서 회원권 기간 만료 같은 사소한 문제에 바로 분통을 터뜨린다. 그들을 도와야 하는 불쌍한 직원은 곤욕을 치른다. 지점장은 카페인 때문에 흥분한 고객에게 시달린 신입 직원을 사무실로 불러서 감정을 다스리는 방법을 가르쳐야 하는 일이 잦다.

이런 경우와 관련된 다양한 수준의 감정 지능을 생각해보라. 우선 비교적 사소한 문제 때문에 이성을 잃는 회원들을 보자. 그들은 그 순간에 자신이 얼마나 호들갑을 떠는지 모른다. 그들이 보기에는 너무나 중대한 문제다. 피트니스 클럽으로 오는 길에 들이켠 수수께끼 음료가 인위적으로 심박수를 올렸기 때문이다. 물론 그들에게는 더 많은 감정 지능이 필요하다. 하지만 그들은 그것을 생각조차 하지 않는다.

그다음으로, 회원이 좋은 경험을 하도록 도와야 하는 직원들이 있다. 하지만 그들에게도 감정이 있고 나름의 삶이 있다. 유니폼을 입는다고 해서 감정이 차단되는 것은 아니다. 그들은 개인적 삶에서 이미 적지 않은 문제에 직면해 있다. 그런데 이제는 다른 사람의 감정 쓰레기통 노릇까지 해야 한다. 이는 누구에게도 쉽지 않은 일이다.

끝으로, 지점장이 있다. 그녀는 고객을 진정시키는 동시에 직원을 다독여야 하는 달갑지 않은 일을 해야 한다. 게다가 자신의 감정까지 다스려야 한다. 지점장도 인간이기 때문이다.

우리는 감정에게 제자리를 찾아주는 법을 배워야 한다. 그 이상도 그 이하도 안 된다. 감정은 당신의 삶을 풍요롭게 해준다. 하지만 삶이 감정에 이끌려서는 안 된다. 감정은 당신의 결정에 영향을 미친다. 하지만 감정에 휩쓸려 결정을 내려서는 안 된다. 때로 우리는 이 사실을 잊는다. 그리고 "감정에 충실해야 한다"는 미명하에 감정에게 통제권을 넘긴다. 이는 감정을 억누르는 것보다 확실히 더 나쁘다.

다른 한편으로, 감정을 운전석에 앉혀서는 안 되지만 그렇다고 해서 트렁크에 가둬서도 안 된다. 감정은 조수석에 앉혀두

지점장의 일은 까다롭다.

그러나

불가능한 일은 아니다.

그리고

반드시 필요한 일이다.

어라. 감정은 당신의 배우자나 애인과 약간 비슷하다. 함께 여행하면 재미있고 도움이 되고 활력을 준다. 하지만 당신이 앞차의 브레이크등을 보지 못했다고 생각하면 과잉 반응하는 경향이 있다. 그들의 말을 듣되, 당황해서 배수로에 빠질 정도가 되어서는 안 된다.

당신이 감정을 다스리지 못하면 감정이 당신을 다스릴 것이다. 그것도 대개 최악의 시기에. 문제를 개선하기 위해 해야 하는 일을 하라. 상담 치료를 받아라. 명상 앱을 다운로드하라. 잠을 푹 자라. 혈당 수치가 떨어지지 않도록 책상에 그래놀라 바를 두어라. 무엇이 필요하든 감정 지능을 개발하고 다른 사람들, 특히 툭하면 감정을 자극하는 까다로운 사람들과 소통하는 데 활용하라.

좋은 소식은, 감정을 잘못 다스리면 관계가 망가지지만, 잘 다스리면 관계가 끈끈해지기도 한다는 것이다.

그것이 EQ 소통력의 힘이다.

- **누군가의 행동 이면에 숨은 고통, 두려움, 아픔을 인지하면 더 사려 깊게 대할 수 있다.**
- **감정이 너무 쉽게 표출되지 않도록 다스리면 불쾌할 일도 대수롭지 않게 넘기고 협력으로 나아갈 수 있다.**
- **스트레스를 많이 받는 프로젝트를 진행하는 동안 감정의 변화를 인**

식하면 언제 쉬어가야 할지, 어떤 경우에 다른 사람들을 관대하게 봐줘야 할지 알 수 있다.

- 누군가가 분통을 터뜨릴 때 잠자코 들어주면 다 끝난 후에 그들의 신뢰를 얻을 수 있다.

감정은 인간성의 정상적인 일부다. 따라서 함께 일하는 과정에 수반되는 정상적인 일부로 여겨야 한다. 대개 감정은 당신에게 뭔가를 말하려 하며, 당신은 거기에 귀 기울여야 한다. 단지 긴장이 조성되었다고 해서 섣불리 당신 자신 또는 다른 누군가를 재단하거나 비난하지 마라. 그 대신 적극적으로 다른 사람(그리고 당신 자신)의 감정을 받아들이고 대처법을 익혀라.

사람들이 감정을 표출할 때는 설령 그 방식이 서툴더라도 소통의 통로가 생긴다. 그저 그들이 어떤 감정을 느끼는지 이해하기만 하면 된다. 그들이 변화를 두려워하는가? 별것 아닌 것으로 치부하지 말고 귀 기울여 진지하게 받아들여라. 그들이 자신의 역할에 대해 불안해하는가? 그들도 기여하는 바가 있다고 확인해주어라.

대화나 회의를 중단하고 감정적 문제에 대처할 수도 있다. 가령 이렇게 말하라. "이 주제에 대해 상당히 강한 감정적 반응이 나오네요. 잠시 왜 그런지 이야기해볼까요?" 그러면 즉시 말다툼을 하기보다 깊은 대화가 시작되고 두려움이나 고통, 꿈, 가치관에 대한 말들이 오갈 것이다.

이런 대화의 장점은 공통의 경험과 애로사항을 통해 전보다 관계가 더 가까워진다는 것이다.

감정을 무시하거나 비판하지 말고 감정에 휩쓸리지 마라. 감정을 인식하고 관리하고 활용하여 아무리 까다로운 사람과도 인간적으로 소통하라.

3. AQ 소통력: 사람과 상황에 적응 할 것

세 번째 Q인 적응 지능Adaptability Quotient은 '변화에 실시간으로 대처하는 능력'을 말한다.[31] 이는 우리가 일하고 살아가는 세상, 끊임없이 변하고 혼란스러운 세상을 헤쳐나가는 방법에 대한 것이다. 적응 지능이라는 개념은 IQ나 EQ만큼 폭넓게 알려지거나 연구되지 않았지만 변화에 대처하는 방식을 시각화하는데 도움이 된다.

- 기꺼이 기대와 전략을 조정할 것인가?
- 방법이 통하지 않을 때 신속하게 방향을 전환할 것인가?
- 모호하거나 급변하는 상황에서 침착함을 유지할 수 있는가?
- 필요에 따라 실험하고 개선할 수 있는가?

우리는 이런 일을 잘하지 못하는 사람을 안다. 그들은 계획이 틀어지면 당황한다. 모호한 상황에 직면하면 얼어붙는다. 답이 불확실하면 스트레스와 불안에 휩싸인다. 변화가 일어나면 현재를 받아들이는 게 아니라 좋았던 옛 시절을 그리워하는 데 대부분의 기운을 쓴다.

솔직히 말하자면 우리 자신도 그렇게 반응한 적이 있을 것이다. 위험을 회피하다 보면 변화도 회피하기 쉽다. 하지만 이 둘은 완전히 다른 것이다.

내가 인터뷰한 한 보험업계 임원은 이른바 케이브^{CAVE}족에 대해 이야기했다. 케이브는 '사실상 모든 것에 반대하는 시민 Citizens Against Virtually Everything'의 두문자어다. 그들은 계획이나 아이디어, 변화의 내용을 신경 쓰지 않는다. 나쁠 거라고 이미 판단했기 때문이다. 그래서 마음을 정하기 전에 무슨 내용인지 들어보려 하지도 않는다.

나는 케이브족이 아니다. 하지만 이전에 케이브 모드를 취한 적은 있다. 나는 특정한 상황에서 케이브식 반응을 보였고, 그 점이 싫었다. 나는 그런 방식으로 생각하거나 행동하거나 말하고 싶지 않았다. 고질적으로 나쁜 태도는 좋을 것이 하나도 없다. 부정적인 마음가짐은 긍정적인 결과로 이어지지 않는다.

우리는 변화에 적응할 수 있어야 한다. 실시간으로, 즉흥적으로, 몇 번이고 거듭해서.

비즈니스 컨설턴트인 마틴 리브스와 마이크 다임러는 〈하버드 비즈니스 리뷰〉에 실은 "적응력: 새로운 경쟁우위Adaptability: The New Competitive Advantage"라는 글에서 이렇게 썼다. "끊임없이 변하는 세상에서는 기민한 사람이 이득을 본다." 그들이 보기에 우리는 위험하고 불안정한 시대를 살아간다. 그래서 장기 계획과 엄격한 위계구조 같은 전통적인 전략이 반드시 통하는 것은 아니다. "전략에 대한 전통적인 접근법은 대개 변화와 불확실성에 대처하기 위한 해답으로 여겨진다. 그러나 실제로는 비교적 안정적이고 예측 가능한 세계를 가정한다. 기업들은 특정한 일을 하는 데 정말로 뛰어나기보다는 새로운 일을 하는 방법을 익히는 데 정말로 뛰어나야 한다."[32]

다시 말해서 적응력은 변화하는 세상에서 개인과 기업 모두에게 유용한 능력이다.

까다로운 사람과 같이 일할 때는 당연히 뛰어난 적응력이 매우 중요하다. 당신과 많이 다른 사람과 좀 더 효과적으로 협력하려면 방향을 전환해야 한다. 실험하고 배우고 변하고 성장해야 한다.

AQ 소통력이 뛰어나면 더 좋은 다리를 더 많이 놓을 수 있다. '하나의 유형'으로 한정되지 않기 때문이다. 또한 함께 일하기 전에 모두가 당신의 기대를 충족해야 할 필요도 없다.

다만 그렇게 하는 것에도 한도가 있다. 무리를 해서라도 까다로운 동료의 변덕이나 투정을 모두 받아주라는 말은 아니다. 그렇게 하다가는 다음과 같은 유형의 사람이 된다.

- **어떤 일이 생겨도 맞서지 않는 호구**
- **상대에게 맞추려고 계속 변하는 카멜레온**
- **그저 원하는 것을 얻으려고 연기하는 조종자**

- 듣기 좋은 말만 하는 거짓말쟁이
- 일을 해야 한다는 명목으로 학대나 괴롭힘을 허용하는 피해자

당신은 유능한 팀 플레이어가 되고자 노력한다. 그러기 위해서는 다양한 사람과 함께 일할 수 있을 만큼 기술과 지식을 갖춰야 한다. 누군가가 실수하거나 도움이 필요할 때 즉석에서 대응할 수 있을 만큼 영리하고 재빨라야 한다. 주위 사람들과 잘 어울리기 위해 일부 선호나 습관을 바꿀 수 있을 만큼 자존심이 강하지 않아야 한다. 적응력은 나약함의 징표가 아니라 성숙함의 징표다.

현실에서 AQ 소통력은 어떤 양상으로 나타날까? 이는 전적으로 당신이 메워야 하는 간극에 좌우된다.

당신은 당신의 팀을 안다. 누군가가 신기술에 적응하지 못하는가? 더 자세히 설명해주어야 한다. 누군가가 툭하면 지각하는가? 만일에 대비하여 중요한 회의는 8시가 아니라 9시로 정하라. 누군가가 성질이 급하고 쉽게 흥분하는가? 외교적인 방식으로 나쁜 소식을 전하고 그들이 화를 삭힐 시간을 주어라.

AQ 소통력은 또한 다른 사람들이 적응하려고 노력하는(또는 고생하는) 모습을 인식하는 것도 포함한다. 상사가 직원들에게 사무실 근무로 전환할 것을 요구하는가? 합병 소문이 도는가? 회사가 새로운 소프트웨어 솔루션을 출시하는가? 사내에

서 처리하던 서비스를 외주로 돌리는가? 사무실을 새로운 곳으로 옮기는가? 은퇴 계획이 바뀌고 있는가?

이런 문제들은 당신에게 대단히 중요할 수도 있고 전혀 중요하지 않을 수도 있다. 하지만 누군가에게는 모두 중요하다. 변화에 대한 발표가 나오면 어딘가의 누군가는 아마 조금 당황하고 있을 것이다. 그게 반드시 호들갑만은 아니다. 어쩌면 그들이 변화에 저항하는 것은 고집 때문이 아니라 절박함 때문일지도 모른다.

당신이 속한 인생의 절기와 구체적인 상황에 따라서, 당신에게 좋은 일은 다른 누군가에게는 힘든 일이 될 수 있다. 또한 당신에게는 힘든 일이 다른 누군가에게는 재난 같은 일이 될 수 있다. 당신에게 새 소프트웨어는 약간 어려운 장애물이지만 다른 누군가에게는 거의 넘을 수 없는 장벽이 될 수 있다. 그들이 뒤처지고 무의미한 존재가 되도록 만들 수 있다(또는 적어도 그들은 그렇게 될까 두려워한다). 당신에게 합병은 근무시간 감소나 심지어 실직을 의미할 수 있다. 하지만 다른 누군가에게는 일자리뿐 아니라 배우자나 자녀가 의존하는 의료보험까지 잃는 것을 의미할 수 있다.

물론 당신은 까다로운 사람들이 더 단순해지기를 바란다. 하지만 그들을 바꿀 수 없다면 그들에게 적응하려고 노력하라. 약간의 유연성은 팀워크와 평화에 큰 도움이 된다.

아마 당신의 자존심은 그런 노력을 달가워하지 않을지도 모른다. 그러나 자존심은 당신이 항상 귀 기울여야 하는 목소리가 아니다. 자존심은 당신 자신을 보호하라고, 뭔가를 증명하라고, 그들이 대가를 치르게 하라고, 끝까지 한마디도 지지 말라고, 무의미한 논쟁에서 이기라고, 어리석은 다툼에 목숨을 걸라고 말한다.

상대가 한결같이 까다롭다면 가끔은 맞설 필요가 있다. 정말로 중요한 상황에서는 그렇게 할 수 있도록 대비하라. 다른 경우에는 자존심을 다독이고 고상하게 대응하라. 그릇이 더 큰 사람이 되어라. 당신의 노력을 까다로운 사람은 몰라도 다른 사람들은 알아줄 것이다. 그리고 장기적으로는 당신의 적응력과 성숙함이 잦은 다툼보다 더 멀리 당신을 데려다줄 것이다.

당신이 다른 사람들과 맺는 관계는 언제나 역동적이고 고유하며 살아 있다. 그 관계가 계속 발전하도록 필요에 따라 적응하고 조절하는 법을 배워라.

4. TQ 소통력: 최신 기술을 익힐 것

항상 변하는 근무 환경에서 가장 거대하게 도약한 요소는 아마도 기술일 것이다.

1980년대에 직장을 다닌 사람은 '디지털 동료'의 여명기를 경험했을 것이다. 컴퓨터는 흉하고 거추장스럽고 거의 사람만큼 컸다. 또한 정수기 옆에서 같이 수다를 떨지는 못했지만 인간이 수행하던 다른 수많은 기능을 재빨리 대체했다. 효율성은 왕이 되었고 변화는 표준이 되었다.

1990년대는 인터넷 혁명의 시대였다. 월드와이드웹이 등장했다. 이메일은 새로운 업무용 서신이 되었다. 온라인 도구는 의사소통 속도를 높였을 뿐 아니라 큐비클 벽 너머로 유대의 폭을 넓혔다. 당시는 또한 무선 호출기의 시대이기도 했다. 내 나이 여덟 살에 무선 호출기를 차는 두 유형의 사람들을 알았다. 바로 의사들과 형들이었다. 그들은 나의 우상이었다. 나는 언젠가 크게 성공해서 무선 호출기를 찰 날을 꿈꾸었다.

2000년대로 접어들면서 '스마트' 혁명이 일어났다. 시대의 상징인 블랙베리 같은 기기 덕분에 일터는 훨씬 더 스마트해지고 작아졌다. 나는 T모바일에서 나온 사이드킥Sidekick을 썼다. 옆으로 밀면 나오는 자판이 뒤쪽에 달려 있고 그걸 가지면 엄청나게 멋있다고 생각하게 만드는 아이폰이라고 생각하면 된다. 우리는 사무실을 호주머니에 넣고 다니는 법을 배웠다. 응답을 빨리 받아내고, 더 중요하게는 디지털 줄임말로 친밀감을 형성하는 인스턴트 메시지의 힘을 이해하기 시작했다.

그러다가 2010년대로 접어들면서 소셜미디어와 온라인 네트워킹 도구의 제국이 부상했다. 소셜미디어는 더 이상 고양이 영상만을 위한 것이 아니었다. 링크드인, 슬랙, 마이크로소프트 팀즈, 그리고 다른 플랫폼들은 조직이 소통하고 협력하는 방식을 바꾸었다. 'DM 외교'의 기술은 회의실에서의 협상 기술만큼 중요해졌다.

2020년대는 팬데믹이라는 예기치 못한 사태로 시작되었다. 줌은 사실상 하룻밤 사이에 새로운 '절친'(또는 와이파이 신호 강도에 따라서는 친구이자 적)이 되었다. 온라인 회의는 물리적 장벽을 무너뜨리는 한편 픽셀과 스크린을 통해 신체 언어를 읽어내야 하는 새로운 장벽을 만들어냈다. 뒤이어 AI가 등장했다. 유행어였던 AI는 갑자기 동료가 되었다. 그리고 지금은 자동화된 고객 서비스부터 음성 복제까지 일터에서의 생산성, 창의성, 심지어 공감에 대한 인식을 바꿔가고 있다.

업무 환경에서 기술은 광나는 기기나 최신 유행만을 말하는 것이 아니다. 물론 그런 것들도 재미있기는 하지만 말이다. 이제는 새로운 도구를 이해하고 활용하여 좀 더 효과적으로 일하는 것이 중요하다. 그래서 기술 지능 또는 TQ가 장기적으로 성공하는 데 중요한 요소가 되었다.

물론 당신이 아무리 기민하다고 해도 기술 발전을 따라잡기는 쉽지 않다. 세상이 너무나 빨리 변하고 있기 때문이다. 당신이 자신을 '컴맹'이라 여기든 전자기기의 신이라 여기든 간에, 지속적으로 성장하고 변화해야 한다. 우리 모두가 그렇다.

그러면 TQ 소통력이란 무엇일까? 이는 기술을 얼마나 잘 활용하여 다른 사람들과 협력하는지 말해준다. 당신은 밀레니얼 세대 팀원이 보낸 이모지로 가득한 메시지를 해독해야 할 수도 있고, 전자기기를 잘 다루지 못하는 상사와 힘들게 줌 통화를 해야 할 수도 있다. 어느 경우든 TQ 소통력은 기술을 활용하여 인간적 차원에서 더 잘 소통하고, 더 깊이 이해하며, 더 효과적으로 유대하도록 해준다.

TQ와 관련하여 두 가지 주된 유형의 까다로운 사람들이 있다. 인류 평화를 위해 이 점을 명심하라. 내가 설명할 두 집단 중 하나가 당신의 머릿속에 있는 명백한 '문제'라면 당신은 또 다른 집단에 속해 있을지도 모른다. 적어도 당신이 문제로 보는 사람의 시각으로는 그렇다.

첫째, 신기술에 적응하여 '시대 변화를 따라잡지' 못하기(또는 않기) 때문에 까다로운 사람들이 있다.

팬데믹 동안 나이 든 변호사와 판사의 줌 통화 중에 변호사

얼굴에 우연히 새끼 고양이 얼굴 필터가 적용된 동영상이 인기를 끌었다. 그는 귀엽지만 화난 표정의 고양이 얼굴로 정식 법정 심리에 등장했다. "판사님이 보시는 건 고양이가 아니라 저입니다"라는 그의 절박한 호소는 인터넷에서 바로 화제가 되었다.[33]

이런 상황은 우리를 웃게 만든다. 하지만 직장에서 기술 활용에 서툰 사람들은 대개 우리를 짜증 나게 만든다. 그들은 문자 메시지를 확인하지 않거나, 먼저 문자메시지를 보내지 않고 바로 전화를 걸거나(세상에!), 휴가 신청 메일을 보내면서 '전체 회신'을 클릭하거나, 슬랙에 가입하라고 하면 "옛날에는 그냥 통화를 하거나 회의에 참석했다"고 중얼대는 사람들이다.

문제는 그들이 기술을 좋아하지 않거나 중시하지 않는다는 것만이 아니다. 그들의 능력 부족 때문에 팀의 효율성과 성과가 망가질 수 있다. 우리가 그들에게 짜증을 내는 이유 그리고 그들이 까다로운 이유가 거기에 있다.

이런 경우가 생길 때(반드시 생길 것이다) 그들이 고집스럽거나 멍청하다고 가정하지 마라. 세상이 얼마나 빨리 변하는지를 기억하라. 그리고 알파 세대가 회사에 들어오기 시작하면 당신도 그들과 같은 처지가 될 수 있다는 사실을 명심하라. '그 아이들'이 어떤 기술을 능숙하게 활용할지, 당신의 실수와 착오에 얼마나 자주 눈동자를 굴릴지 누가 알겠는가?

이런 까다로운 사람들을 어떻게 다루어야 할까? 이는 팀에서 당신이 맡은 역할 그리고 그들과 맺은 관계에 좌우된다. 하지만 대개는 이해와 인내가 핵심이다. 그들의 입장을 헤아리고 그들의 정신적 난관을 이해하려고 노력하라. 그다음 시간, 교육, 멘토링 등 그들이 앞으로 나아가는 데 필요한 지원을 하라. 업무 흐름에 여지를 확보하고, 전적으로 하나의 온라인 도구에 의존하지 마라. 나아가 그들이 온라인 세상에서 길을 잃은 느낌을 받지 않도록 대면 회의를 정기적으로 하는 것도 좋다.

하나 더 명심할 점은 기술 활용 능력 부족을 가치나 역량의 부족과 동일시해서는 안 된다는 것이다. 그들은 기술 활용 능력(또는 능력 부족) 이상의 가치를 지닌다. 그들이 데이터를 클라우드에 백업하지 못한다고 해서 팀에 귀중한 통찰을 제공하지 못하는 것은 아니다.

이제 반대편 극단을 살펴보자. 어떤 사람들은 기술적 수단에 지나치게 얽매여서 소통(또는 이해)할 수 없기 때문에 까다롭다.

때로 그들은 엔지니어거나 IT 인력으로서, 자신이 일반인보다 아는 것이 훨씬 많다는 사실을 잊는다. 하지만 대개 그들은 청년들이어서 기술적 도구와 함께 성장했고, 회사 일을 할 때도 대면 업무보다 온라인 업무를 더 편하게 여긴다.

당신의 사무실에 이런 까다로운 사람이 있는가? 그렇다면 그들이 오만하거나 미숙하거나 현실에서 살아가는 능력이 부족하다고 바로 단정하지 마라. 당신도 그들이 당신을 완고하거나 자기 방식만 고집하거나 과거 속에 산다고 단정하기를 원치 않을 것이다.

그 대신 다리를 놓아라.

어떻게 하면 그들과 소통할 수 있을까? 기술적 수단을 활용하여 그들과 더 효과적으로 협력할 수 있을까? 당신이 나이가 들수록 동료 중 상당수는 기술 활용에 능숙한 부류에 속할 가능성이 높다. 따라서 뒤처지기 전에 기술 간극을 메울 최선의 방법을 찾아내야 한다.

현실적 차원에서, 그들과 더 잘 교류하고 싶다면 강의를 듣거나 유튜브 영상을 시청하여 변화를 따라잡아라. 또는 그들에게 도움을 청하라. 처음에는 (바라건대 호의적으로) 약간 웃을지 모른다. 그래도 당신이 그들의 세계에 관심을 보이면 기꺼이 도와주려 한다는 데 놀랄 것이다.

연습의 가치도 과소평가하지 마라. 기술 활용에 능숙한 사람들은 오랫동안 배웠기 때문에 많이 아는 것이다. 당신이 삶의 다른 단계에 있거나 다른 시대에 태어났다면 그들보다 뒤처진 것이 부끄러운 일은 아니다. 계속 배우고 노력하고 연습하라. 그러면 요령이 생기기 시작하고 위압감은 줄어들 것이다.

당신이 TQ 스펙트럼에서 어디에 속하든 간에, 소통을 돕는 기술의 잠재력을 활용하기 바란다. 기술은 당신과 까다로운 동료 사이의 장벽을 허무는 당신의 우군이다. 우리는 효율성, 학습 곡선, 채택률에 지나치게 초점을 맞춘다. 그래서 기술이 주로 살아 있는 인간과 소통하고 협력하는 더 나은 방법을 찾기 위한 것임을 잊는다.

- 팀 채팅에서 웃기는 밈을 공유하라.
- 생일 축하 문자를 보내라.
- 성과를 칭찬하거나 그냥 인사말을 하라.
- 생각을 자극하는 글을 올려라.
- 소셜미디어를 활용하여 대화를 이어가라.
- 흥미로운 기사나 관련 팟캐스트를 공유하라.
- 링크드인에서 직업적 인맥을 물색하라.
- 소셜미디어를 활용하여 (공손하게) 누군가의 DM에 접근하라.

이런 것들은 기술적 수단을 통해 교류의 질과 깊이를 개선하는 수많은 방식 중 일부에 불과하다.

기술적 수단이 사람과 관련된 모든 문제를 해결해줄까? 물론 아니다. 하지만 다리를 놓는 방식으로 세심하고 현명하게 활용하는 법을 익히면, 까다로운 사람과도 많은 유대를 형성하고 유지하고 개선할 수 있다는 데 놀랄 것이다.

5. DQ 소통력: 품위를 지킬 것

"개인적 감정이 아니라 비즈니스일 뿐"이라는 말을 들어본 적이 있을 것이다. 흔한 말이다. 하지만 모든 것이 '단지 비즈니스일 뿐'이라면 까다로운 사람과 함께 일하는 게 엄청나게 어려워질 것이다. 적어도 지금의 직장과 세대에서는 그럴 것이다. 사람과 함께 일하는 한 언제나 감정이 개입할 것이다.

팀을 이끌고 일을 하는 데 있어서 비즈니스에만 초점을 맞추는 것보다 더 나은 방식이 있다. 당신의 인간성을 별개로 떼어놓는 것이 아니라 관계의 출발점으로 삼는 것이다. 다시 말해서 품위 있는 인간이 되는 것이다. 이것이 우리가 살필 다음 피플 Q인 'DQ'의 토대다.

우리가 살피는 다섯 가지 Q 중에서 DQ가 아마 가장 덜 알려졌을 것이다. 실제로 나는 DQ라고 하면 대인 기술보다는 특정 아이스크림 체인이 떠오른다. 그러나 까다로운 습관, 스타일, 성격을 가진 사람과 효과적으로 협력하는 일에는 DQ 소통력이 최고일지도 모른다.

DQ는 품위 지능^{Decency Quotient}을 말한다. 듀크대학교 푸쿠아경영대학원 학장인 빌 볼딩이 2019년 〈하버드 비즈니스 리뷰〉에 실은 글에서 이 개념을 소개했다. 그는 DQ가 "직원과 동료에게 공감할 뿐 아니라 그들을 보살피려는 진정한 욕구"를 뜻하며, 이는 "다른 사람들을 올바르게 대하려는 마음가짐을 내포한다."[34]

DQ는 과학적 척도가 아니다. 또한 IQ나 EQ만큼 많이 연구되지도 않았다. 하지만 나는 DQ가 우리의 논의에 중요한 인간적 요소를 부여한다고 생각한다.

결국 당신은 정말로 똑똑하면서도 정말로 나쁜 사람이 될 수 있다. 또한 상대의 감정을 잘 이해하지만 가스라이팅이나 죄책감 유발, 조종, 책임 전가, 또는 감정적 학대에 그 능력을 활용할 수 있다. 볼딩은 "IQ와 EQ는 중요하다. DQ는 IQ와 EQ가 사회를 무너뜨리는 게 아니라 사회에 유익하게 활용되도록 보장한다"라고 말한다.

품위 있는 사람이 되는 것만 중요한 게 아니다. DQ를 활용하여 소통하는 것도 중요하다. 내게 DQ 소통력은 인간적인 차원에서 다른 사람과 소통하는 능력을 말한다. 이와 관련하여 다음과 같은 질문을 던질 수 있다.

- 당신은 친절한가?
- 당신의 행동이 다른 사람에게 어떤 영향을 미칠지 고려하는가?
- 다른 사람이 겪는 고통에 공감하는가?
- 선하고 도덕적인 방식으로 행동하는가?

- 사람들이 당신의 동기를 신뢰할 수 있는가?
- 당신 자신뿐 아니라 다른 사람의 이익도 염두에 두는가?
- 이익을 위해 어떤 것을 희생시키기보다 도덕적으로 행동하는가?
- 사람들은 당신 옆에서 안전하다고 느끼는가?

착하게 사는 것과 일을 잘하는 것이 양립 불가능한 목표가 되어서는 안 된다. 착한 '동시에' 유능하고, 정중한 '동시에' 생산적이고, 공감하는 '동시에' 경쟁하고, 이해하는 '동시에' 요구하지 못할 이유가 없다.

우리는 인간적 요소를 제쳐두는 경우가 너무 많다. 그것이 선택사항인 것처럼 말이다. 하지만 인간적 요소는 행복하고 생산적인 직장을 만드는 데 필수적인 열쇠다. 〈하버드 비즈니스 리뷰〉에 실린 글에서도 알 수 있다.

많은 연구 결과에 따르면 리더가 직원들의 행복에 초점을 맞추는 것은 높은 수준의 직업 만족도, 조직의 지원에 대한 인식, 조직에 대한 충성심과 신뢰, 직원 유지와 관련된 강력한 예측 지표다. 또한 (동기 강화를 통한) 업무 성과와 팀 성과 개선과도 관련 있다.[35]

그러면 "착한 사람이 꼴찌로 끝난다"는 말은 어떨까? 물론 착한 상사, 관대한 리더, 친절한 동료, 배려심 있는 직원이 되는 것은 좋은 일이다. 하지만 '앞서가는' 법을 아는 온갖 강압적인 유형들에게 짓밟히고 뒤처지는 것은 아닐까?

캘리포니아대학교 버클리캠퍼스 연구자들은 착한 사람이 정말 꼴찌로 끝나는지 확인하기 위해 14년에 걸쳐 두 차례 연구를 진행했다. 그들은 수백 명의 참가자가 이 기간 동안 어느 정도 권력을 얻었는지 평가했으며, 그들이 얼마나 이기적이거나 전투적인지, 얼마나 다른 사람을 조종하려 드는지 연관성을 살폈다. 그 내용을 정리하면 다음과 같다.

> 이기적이고 기만적이고 공격적인 사람이, 관대하고 믿을 수 있고 착한 사람보다 더 큰 권력을 얻을 가능성이 크지 않았다. 왜 그럴까? 불쾌한 사람은 위압적이어서 더 큰 권력을 얻을 수 있지만 동시에 직장에서 대인관계가 부실하다. 그래서 권력 측면에서 그들의 행동이 제공하는 이점이 상쇄된다.[36]

다시 말해서 강압적인 사람은 그렇지 않은 사람보다 잘나가지 못했다. 그들은 단지 더 많은 사람을 이용했을 뿐이다.

직장에서 다정함의 가치를 뒷받침하는 연구 결과가 많다. 그러나 당신은 나름의 감정과 욕구를 지닌 인간으로서 아마 이 사실을 직관적으로 이해할 것이다. 당신의 지난 직장 생활을 생각해보라. 어떤 상사를 더 잘 따랐는가? 당신을 괴롭히고 위협하는 상사였는가? 아니면 당신을 존중하고 밀어주는 상사였는가? 어떤 업무 환경이 당신과 동료들에게서 최선의 성과를 이끌어냈는가? 유해하고 살벌하며 적자생존 문화에 찌든 환경이었는가? 아니면 팀워크를 장려하고 발전을 도와주는 환경이었는가?

성공적인 경력을 쌓고 싶다면 지식 기반과 감정 지능, 변화 관리 능력, 기술 역량에만 초점을 맞춰서는 안 된다.

동시에 품위 있는 인간이 되어야 한다.

물론 까다로운 사람과 일하다 보면 당신의 품위가 시험대에 놓일 것이다. 다정한 사람을 다정하게 대하고 정중한 사람을 정중하게 대하는 일은 누구나 할 수 있다. 당신이 좋아하고 당신을 좋아하는 동료에게 관대함과 배려심을 베푸는 건 어렵지 않다. 하지만 상대하기 어렵고 짜증스럽고 성가시고 혼란스러운 사람도 예의와 인정으로 대할 수 있을까?

이 부분에서 DQ가 본격적으로 작용한다.

까다로운 사람을 상대할 때도 품위 있는 사람이 될 수 있는가?

내가 말하는 사람은 당신이 이룩한 공을 가로채는 상사, 매사에 부정적인 동료, 항상 무시하는 듯한 질문으로 당신의 프레젠테이션에 끼어드는 이사, 뒤에서 당신을 놀리는 동료, 단가만 계속 물어보다가 경쟁업체 물건을 사는 고객, 만에 하나 자신이 틀렸을 가능성을 고려조차 하지 않는 상사 같은 사람들이다.

그들을 좋아해야 할 필요는 없다. 그래도 그들을 잘 대해줄 수 있는가? 당신 자신의 욕구뿐 아니라 그들의 욕구도 고려할 수 있는가?

이는 성격의 문제라기보다 기술과 결정의 문제다. 즉 학습 가능한 행동이다. 또 효율성과 유효성, 시한과 이익, 자존심과 강점을 넘어서, 다른 사람들을 인간적으로 보겠다는 선택이다.

DQ 소통력의 핵심은 이것이다. 당신이 다른 사람들에게서 바라는 대로 그들을 대하라. 이를 황금률이라 한다. 황금률은 당신의 행동을 평가하는 데 있어 시대를 초월한 방식, 시간의 시험을 견딘 방식이다. 시야를 좁히지 마라. 당면한 프로젝트나 회사의 수익 또는 당신 자신의 이익만 생각하지 마라. 이런 것들도 중요하다. 하지만 그것이 중요한 '전부'는 아니다. 모두의 이익 사이에 균형을 맞추고 모두를 고려하는 결정을 하라.

비즈니스가 수반하는 스트레스와 압박감은 우리의 인간성을 앗아간다. 그래도 우리는 인간성을 되찾을 수 있다. 전부는 아니더라도 대부분의 사람은 착한 심성을 갖고 있다. 다른 사람들을 어떻게 대해야 할지 본능적으로 아는 품위 있고, 배려심 있고, 공정하고, 이타적이고, 연민하고, 공감하는 영혼이 있다. 다른 사람들, 특히 그다지 착하지 않은 사람들을 대할 때 이런 면을 끌어올려야 한다.

당신의 피플 Q는 무엇인가

다른 사람이 까다롭다고 해서 당신까지 그들의 부정적인 기운에 장단을 맞출 필요는 없다. 그들이 지저분하게 싸운다고 해서 당신까지 그럴 필요는 없다. 그래봐야 상황만 더 복잡해질 뿐이다. 그 대신 당신의 피플 Q를 활용하여 생각, 감정, 상호작용을 관리하고 성숙하게 대응하라. 당신이 살필 피플 Q는 다음과 같다.

- **IQ(지능 지수) 소통력:** 지적 또는 지식 수준에서 다른 사람과 얼마나 잘 소통하는지 말해준다. 다른 사람과 함께 더 잘 일하기 위해 무엇을 배우고 알아야 하는가?
- **EQ(감정 지능) 소통력:** 관계와 팀워크의 감정적 측면을 얼마나 잘 다루는지 말해준다. 당신은 어떤 감정을 느끼고 상대는 어떤 감정을 느끼는가? 어떻게 하면 감정의 지뢰밭을 현명하게 지나갈 수 있을까?
- **AQ(적응 지능) 소통력:** 사람마다 다른 차이에 얼마나 빠르고 효과적으로 적응하는지 말해준다. 다양한 사람들과 함께 일하기 위해 필요할 때 방향을 전환하고 바뀔 수 있는가?
- **TQ(기술 지능) 소통력:** 기술을 활용하여 다른 사람들과 교류하는 능

력을 말한다. 다른 사람들의 성향이나 선호가 당신과 다르다 해도 기술을 토대로 그들과의 사이에 다리를 놓을 수 있는가?

- **DQ(품위 지능) 소통력:** 다른 사람에 대한 친절함, 관대함, 배려심 등 '인간적' 측면의 소통력을 말한다. 당신과 함께 일하는 사람의 욕구와 감정을 고려하는가?

지금부터 살필 특정한 유형의 까다로운 사람들을 상대하려면 이 다섯 가지 피플 Q가 모두 필요하다. 그들과 문제가 생기는 원인은 바로 악명 높은 세대 차이다.

당신의 상사가 너무 구태의연해 보이는가? 휴대폰에 중독되어 젊은 세대의 뇌가 썩고 있다고 말하는가? 그런 상사 때문에 답답한 적이 있다면 다음 장이 도움을 줄 것이다.

CHAPTER 7

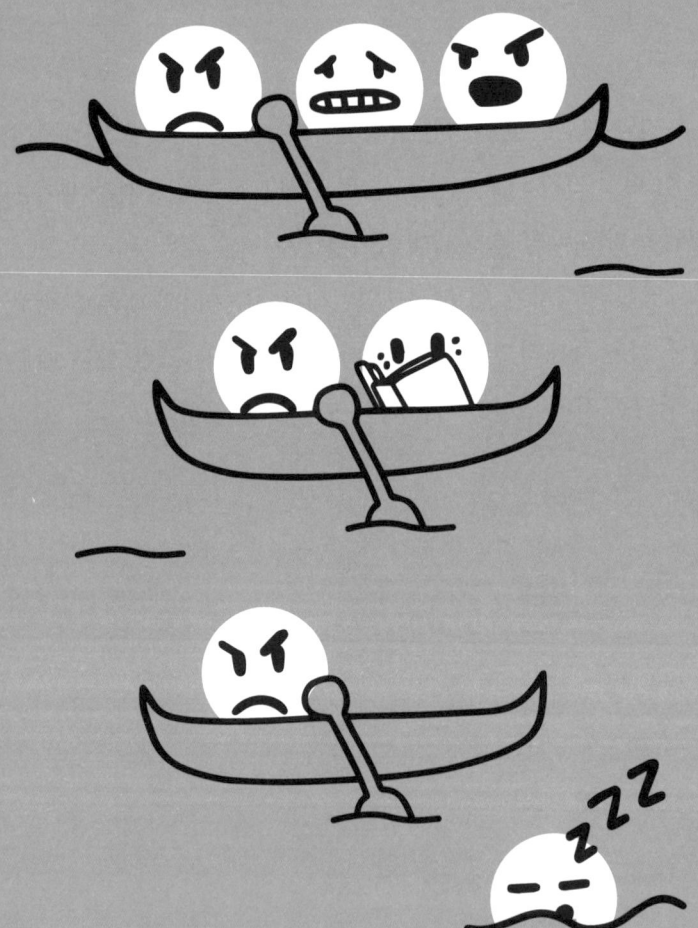

무시할 수 없는 나이 차이 극복하기

나는 비행기 안에서 회사를 한 단계 도약시킬 전략들을 생각하고 있었다. 그때 아이디어가 떠올랐다. 엄마를 리서치 담당 직원으로 채용한다는 아이디어였다. 엄마는 1949년에 태어났고, 1986년에 나를 낳았다. 그녀는 1960년대 말부터 직장 생활을 시작했다. 나는 2000년대 초부터 급여 소득을 올리기 시작했다. 즉 우리 사이에는 거의 40년에 이르는 나이 차이와 경험 차이가 존재했다.

엄마와 함께 일하는 게 쉽지 않으리라 짐작하기는 했다. 하지만 AI를 활용하여 우리의 콘텐츠를 극대화하고, 선별하며, 출시 일정을 잡는 방법을 설명하는 일은 정말 어려웠다. 우리는 심지어 AI를 써서 여러 언어로 콘텐츠를 만들어야 했다. 즉 컴퓨터로 생성한 아바타와 음성을 통해 전 세계 사람들에게 그들의 언어로 콘텐츠를 전달해야 했다. 내가 빠르게 진화하고 엄청나게 격동하는 AI 세계의 상황을 설명했을 때 엄마가 어떤 표정을 지었는지 보여주고 싶다. 마치 금붕어에게 자전거 타는 법을 가르치는 것 같았다.

그럼에도 엄마를 팀의 일원으로 두는 일은 재미있다. 재미를 넘어 시야를 넓혀주고 생기를 북돋아주며 도움이 된다. 그녀는 누구도 만들어낼 수 없는 가치를 더해준다. 팀원의 연령과 경험은 다양할수록 좋다.

그렇지 않은가?

(약한 박수 소리.)

솔직해지자. 팀원의 나이가 수십 년씩 차이 나는 팀을 구성하면 서류상으로는 좋아 보인다. 하지만 현실적으로는 정말 골치 아플 수 있다. 우리 엄마는 훌륭한 사람이라 우리 팀의 경우는 잘 통한다. 하지만 일반적으로 나이 차이는 삶의 모든 영역에서 갈등의 씨앗이 되며 직장에서도 예외는 아니다.

직장에서의 세대 차이라는 거센 물살 속으로 뛰어들어보자. 우리와 수십 년 먼저 태어난 까다로운 사람들과 같이 일하는 방법에 대한 귀중한 통찰을 얻어보자. 이제는 세대 간극을 메우고, 일터를 베이비붐 세대부터 Z세대까지 모두를 위한 조화로운 곳으로 만들 때가 되었다.

우리는 다른 시대에 태어나고 자랐다

이미 느꼈을지 모르지만, 사람들은 다른 세대에 대해 이야기할 때 선입견에 기초하는 경우가 많다. 또 대개는 부정적 속성에 초점을 맞춘다. 사람들은 Z세대, 밀레니얼 세대, X세대, 베이비붐 세대에 대해 특정한 신념을 갖는 경향이 있다. 이 신념은 지난 경험과 자극적인 언론 기사를 토대로 형성된다.

이는 세 가지 이유에서 문제가 있다.

첫째, 말 그대로 수십억 명의 사람들에게 하나의 딱지를 붙이고 그것이 전적으로 정확하기를 기대한다. 가령 "너무 자기 권리만 내세워"라거나 "너무 자기 방식에 갇혀 있어"라며 특정 나이대에 속한 사람들 전체를 무시한다. 이는 지나치게 단순할 뿐 아니라 솔직히 고약한 시각이다. 편견을 줄이고 공감을 늘려야 한다. 'Z세대'에 대해 10분 동안 검색한 후 모든 25세 청년들의 행동을 예측할 수는 없다.

둘째, 시대라는 것은 하나의 인위적 개념이다. 우리가 만들어낸 것이다. 세대 개념은 논의를 위해 현실을 단순화하려고 시도하는 느슨한 정의다. 결국에는 뚜렷하게 다른 종에 대한 생물학적 정의가 아니라 그냥 단어에 불과하다. 정확히 언제 한 세대가 시작되고 끝나는지 판단하는 방법에 대한 합의는 없다. 또한 세대를 명명하거나 설명하는 공식 기구도 없다. 특정 세대에 해당하는 시기는 다양하며, 그 사이의 구분은 다소 모호하다. 당신이 두 세대의 경계에 있다면(때로 그들을 '경계인'이라 부른다) 굳이 한쪽을 택하지 마라. 어차피 당신은 혼혈일지도 모른다.

셋째, 그리고 아마도 가장 중요한 사실은, 세대 간 '차이' 중 다수는 최소한 부분적으로는 해당 세대의 현재 연령 및 삶의 절기와 연관되어 있다는 것이다. 한 세대가 삶의 시기를 지남에 따라, 해당 세대를 구성하는 사람들은 조금 또는 많이 바뀐다. 반항적이고 변화를 지향하던 1970년대 히피들은 현재 노년이 되었다. 그러니 단지 당신이 아는 베이비붐 세대가 지금 특정한 방식으로 행동한다고 해서 그들이 항상 그랬을 거라 가정하지 마라. Z세대도 마찬가지다. 그들이 소셜미디어에 너무 많은 시간을 들인다고 비판하기 전에, 그들 중 다수가 아직 자녀나 주택대출이 없다는 사실을 고려하라. 따라서 시간은 그들이 누릴 수 있는 호사다. 그들은 앞으로 어떤 일이 일어날지 모른다(사악한 웃음). 저술가 로저 앨런은 이렇게 말했다. "어린 세대가 앞으로 어떻게 될지 걱정스러운가? 그들은 자라서 어린 세대를 걱정할 것이다."[37]

당신은 지금 팀에서 나이가 어린 편이며 위험을 감수하면서 혁신하고 싶어 몸이 근질근질할지도 모른다. 하지만 30년 후에는 가장 나이 많은 팀원으로서 안전한 속도로 가기 위해 고삐를 당길지도 모른다. 둘 다 유효하며 필요하다. 그러니 겸손한 태도를 유지하라.

삶의 다른 절기는 일하는 방식에 영향을 미친다. 더 구체적으로 말하자면, 직장에서 더 까다로운 사람으로 만들 수 있다. 다음과 같은 상황들이 미칠 영향을 잠시 생각해보라.

- 대학교에 다니면서 임시직이나 정규직으로 일함
- 독신으로 경력을 쌓는 데 집중함(이성과의 사이에서 계속 문제가 발생함)
- 얼마 전에 결혼함
- 밤에 잘 자지 않고 (특히 외부모일 경우) 계속 관심을 요구하는 어린 자녀를 둠
- 덜 감독해도 되지만 가끔 진짜 큰 사고를 치고 툭하면 화내는 10대 자녀를 둠
- 지저분한 이혼 절차를 밟고 있음
- 근래에 자녀가 독립하여 시간이 많고 금전적 여유가 있음
- 가족이 아프거나, 죽었거나, 다른 비극적인 일을 겪음
- 앞으로 무엇을 할지 또는 어떻게 생활비를 벌지 모르는 상황에서 은퇴를 앞두고 있음

이런 상황은 감정과 행동 그리고 대인관계에 영향을 미치는 경향이 있다. 일부 상황은 연령과 느슨하게 연관되어 있다. 그래

서 당사자의 까다로움을 나이 탓으로 돌리기 쉽다. 하지만 이는 대개 부당한 대우이며 문제 해결에 도움이 되지 않는다. 그보다는 한발 물러서서 그들이 처한 상황 때문에 까다롭게 구는 건 아닌지 살피는 것이 좋다. 이는 그들을 익명의 범주에 속한 일부가 아니라 개인으로 대한다는 것을 뜻한다.

저술가이자 강연가로서 인사 및 일의 미래를 전문으로 다루는 아니타 레팅크는 이렇게 주장한다. "동세대에 속한 사람들 사이의 차이는 세대 간 차이보다 훨씬 클 수 있다. 공통의 경험으로 인해 동세대 구성원들이 비슷한 속성을 지닐 수는 있지만 모두가 다르다. 처한 상황도 다르다. 모든 것에 맞는 하나의 척도는 없다."[38]

결론은 이것이다. '세대'는 우리 생각보다 더 복잡하다. 세대 차이는 생각만큼 크지 않을지 모른다. 다른 연령대가 신는 슬리퍼나 크록스, 뉴밸런스, 또는 옥스퍼드 윙팁 구두를 신고 걷는 법을 배운다면, 처음 생각한 것보다 더 빨리 그들을 이해할 수 있을지도 모른다.

지금까지 거듭 말한 대로 이해가 협력의 열쇠다.

이는 중요한 문제다. 당신은 '언제나' 다른 세대에 속한 사람과 함께 일할 것이기 때문이다. 그들 모두를 피하거나 무시하거나 배척할 수는 없다. 그들은 당신의 옆자리에서 일할 것이다. 당신의 프로젝트 팀에 들어올 것이다. 당신의 이사회에 영입될 것이다. 당신의 회사 정책을 수립할 것이다. 당신을 이끌고 훈련할 것이다. 그리고 당신은 그들을 이끌고 훈련할 것이다. 그들은 당신의 동업자, 주주, 고객, 의뢰인, 하청업자, 직원이 될 것이다.

차이에 겁먹지 말고 흥미를 가져라. 나이 차이 많은 사람들을 피하지 말고 그들에게 가까이 다가서야 한다.

그 일은 생각보다 쉽다.

신발만 바꾸어도 된다

나이와 관련된 갈등은 비생산적인 한편, 회피 가능하다. 또한 필요 이상으로 일을 복잡하게 만든다. 당신보다 수십 년 일찍 또는 늦게 태어난 사람과 어울리는 게 항상 쉽지는 않다. 하지만 당신이 생각하는 것만큼 어려운 일도 아니다.

나는 스니커즈 중독자다. 그래서 행사나 콘퍼런스에서 강연할 때 항상 정장을 입고 나이키를 신는다. 품격과 편안함을 함께 갖추는 것, 그것이 내게 만족스러운 복장이다.

나의 고객 중에 탬파에 소재한 상업용 부동산 기업이 있다. 그 회사의 CEO는 나보다 나이 많은 여성이다. 그녀는 내가 강연할 때마다 내 신발을 마음에 들어한다. 한 번은 내게 "나는 절대 못해요. 그런 신발은 못 신을 거예요"라고 말하기도 했다.

나는 그녀에게 신발을 보내주었다.

이후 그녀와 대화하다가 내가 보낸 신발을 신어봤는지 물었다. 그녀는 그냥 신어본 정도가 아니라 회사에서 신고 다녔더니 직원들, 특히 젊은 직원들이 다들 알아보고 좋아했다고 말했다.

복장을 조금 바꾸기만 해도 30년 어린 사람들과 유대감을 쌓을 수 있다는 것은 놀라운 일이다. 그것은 작은 행동, 거의 상징적인 행동이었다. 그럼에도 직원들과의 사이에 다리를 놓아주었다. 그 덕분에 회사 분위기가 한층 밝아졌다.

이처럼 사소한 조정만으로 다른 세대와의 사이에 다리를 놓을 수 있는 경우가 얼마나 많을까? 우리는 다른 연령대 사이의 간극, 두려운 세대 차이에 큰 부담을 느낀다. 하지만 다른 연령대, 삶의 절기, 세대에 속한 사람이 정말로 우리와 크게 다를까?

그렇기도 하고, 아니기도 하다.

맞다. 다른 시대나 삶의 절기에 속한 사람들 사이에는 차이가 있다. 또한 그 차이는 사람을 까다롭게 만들 수 있다. 20세 청년은 60세 장년과 옷만 다르게 입는 것이 아니다. 그들은 세상을 다르게 본다. 일에 다르게 접근한다. 기술과 다르게 관계를 맺는다. 경계, 기대, 의사소통 방식도 다르다. 여러 세대에 속한 팀원들과 프로젝트를 진행하거나 부서를 만들기 위해서는 이런 차이를 합쳐야 한다. 그 결과, 마찰이 생기는 경우가 흔하다.

하지만 아니기도 하다. 즉 사람들은 크게 다르지 않다. 우리는 사실 서로 다른 면보다 비슷한 면이 더 많다. 여러 세대를 대상으로 한 연구 결과를 보면 일관되게 차이보다 공통점이 더 많이 발견된다.[39] 우리 조사도 같은 결과를 보여주었다. 특정 주제에는 연령대에 따라 흥미로운 차이가 있었다. 그러나 일반적으로 나이 차이 및 세대 차이는 크게 구별되는 요인이 아니었다.

이는 좋은 일이다.

우리를 짜증 나게 만드는 유별난 차이만이 아니라 우리를 한데 묶어주는 공통점을 인식하는 것이 중요하다. 결국 우리 모두는 베이비붐 세대, X세대, 밀레니얼 세대, 또는 Z세대가 아니라 인간이다. 세대가 다를 뿐 사는 세상이 다른 건 아니다. 당신은 왜 동료가 전화는 받지 않으면서 새벽 2시에 업무용 슬랙 채널에 밈을 올리는지 결코 이해하지 못할 것이다. 그래도 그들에게 한 걸음 더 다가설 수 있다. 또한 그들과 소통하고, 그들로부터 무언가를 받아들이며, 그들과 함께 성공하는 기술을 익힐 수 있다.

우리는 생각보다 서로와 더 가깝다. CEO가 스니커즈를 신고 출근하는 것 같은 사소하면서도 공감을 불러일으키는 행동은 생각보다 더 큰 효과를 낼 수 있다.

앞서 말한 대로 세대와 관련된 딱지 및 고정관념에 대해 단순하거나 순진한 태도를 취해서는 안 된다. 하지만 그렇다고 해서 세대라는 개념이 사람을 이해하는 유용한 도구가 아니라는 뜻은 아니다.

다만 그 도구를 올바로 활용해야 한다.

갈등을 불러일으키는 지점뿐 아니라 소통을 가능하게 하는 지점도 파악해야 한다. 지금부터 현재 직장에서 일하는 여러 세대를 더 자세히 살필 것이다. 이때 '꼰대'나 '틱톡 키즈' 같은 고정관념은 피할 것이다. 그 대신 서로를 더 잘 이해하고 협력하는 방법에 초점을 맞출 것이다.

"언제 태어나셨나요?"

현재 업무 환경에 영향을 미치는 다섯 개 주요 세대가 있다. 최고 연령대는 나이 때문에 인원이 훨씬 적다. 명망 높은 싱크탱크이자 여론조사기관인 퓨리서치센터에 따르면, 주요 세대는 다음과 같다.

- 침묵 세대: 1928~1945년 출생
- 베이비붐 세대: 1946~1964년 출생
- X세대: 1965~1980년 출생
- 밀레니얼 세대: 1981~1996년 출생
- Z세대: 1997~2012년 출생[40, 41]

시간이 지나면 또 다른 세대인 알파 세대가 합류할 것이다. 현재 이 세대의 가장 나이 많은 구성원들은 중학교에서 살아남는 데 집중하고 있으며, 가장 나이 어린 구성원들은 아직 태어나지 않았다. 하지만 2030년 무렵에는 첫 월급을 받게 될 것이다.

'세대'라는 용어는 '같은 시기에 태어나 같은 지역에서 키워진 집단'으로 정의된다.[42] 세대는 기본적으로 같은 시기에 세상에 나와 비슷한 환경에서 자란 일군의 사람들이다. 말하자면 당신이 선택하지 않았지만 평생 회원권이 주어진 클럽인 셈이다. 우리는 태어난 해와 공통의 시대적 경험을 토대로 사람들을 세대라는 폭넓은 범주에 넣는다.

일반적으로 비슷한 환경에서 태어나고 자란 사람들은 비슷한 가치관과 사고방식을 공유하는 경향이 있다. 특히 직장에서 이 점을 신경 써야 하는 이유가 무엇일까? 그 이유는 이것이다. 직장에서의 나이 차이는 단지 누가 다이얼업 모뎀을 기억하고 누가 스크린을 만지면서 태어났는지에 대한 것만은 아니다. 동료의 나이에 수반되는 마음가짐을 이해하는 것이 중요하다. 당신의 60세 상사는 당신이 언급하는 밈을 이해하지 못할 것이다. 그래도 그들은 귀담아들을 만한 지혜를 갖추고 있다.

당신보다 수십 년 더 나이가 적거나 많은 사람과 함께 잘 일하기 위해서는 그들이 어떻게 생각하는지, 무엇을 입는지, 무엇을 중시하는지, 어떻게 소통하는지, 어떻게 기술에 접근하는지 등을 이해해야 한다.

마찬가지로 중요한 점은 당신 자신을 이해해야 한다는 것이다. 당신은 다른 모든 사람처럼 특정 세대에 속하여 태어났다. 또한 특정한 나이에 고유한 삶의 절기를 경험하고 있다. 그리고 당신이 속한 세대 특유의 경험과 특이점을 갖고 있다. 이는 당신을 누군가에게는 까다로운 사람으로 만든다.

우리 조사에서 세대와 관련된 매우 흥미로운 사실 중 하나는 다음 질문을 통해 드러났다. "직장에서 가장 상대하기 까다로운 세대는 어느 세대라고 생각하십니까?"

어느 세대일까? 한 번 맞춰보라.

당연히 누구에게 질문하느냐에 따라 답변이 달라졌다. 확인 결과 밀레니얼 세대는 X세대와 베이비붐 세대가 함께 일하기 가장 까다롭다고 생각했다. 반면 X세대와 베이비붐 세대는 모두 밀레니얼 세대가 가장 까다롭다고 생각했다. 다른 한편(내게는 매우 웃기는 부분이다), Z세대는 자기 세대가 가장 까다롭다고 생각했다. 최소한 그들은 솔직했다.

생각해보면 이는 타당한 결과다. 우리가 조사할 당시(2024년), 밀레니얼 세대, X세대, 베이비붐 세대는 노동인구의 4분의 3을 차지했다. 또한 고액 연봉을 받는 자리도 대부분 그들의 몫이었다. 현재 그들은 어떤 회사에서 누가 무엇을 얻는지를 두고 많은 줄다리기를 하고 있다. 따라서 손가락질을 받는 것이 정상이다.

하지만 10년 후에 다시 조사해도 같은 결과가 나올까? 그렇지 않을 것이다. 베이비붐 세대 중 대다수는 고령으로, 직장을 떠날 것이다. X세대 중 상당수는 은퇴를 앞두고 있을 것이다. Z세대는 인원이 훨씬 많은 집단으로서 밀레니얼 세대를 뒤쫓으며 권한을 두고 경쟁할 것이다. 그리고 신세대인 알파 세대가 무대에 등장할 것이다. 10년 후에는 누가 서로에게 가장 많은 손가락질을 할까? 내 생각에는 가장 인원이 많은 두 집단인 밀레니얼 세대와 Z세대가 그럴 것이다.

이 데이터가 말해주는 바는 한 세대가 다른 세대보다 본질적으로 더 낫거나 못하다는 것이 아니라, 모든 세대가 '서로'에게 까다롭다는 것이다.

즉 어느 세대도 희망이 없는 건 아니다. 세대 차이가 세대 전쟁으로 악화되도록 놔둬서는 안 된다. 우리는 공감과 지식을 통해 서로 더 효과적으로 협력하는 법을 배울 수 있다.

노동인구를 보면 항상 여러 세대가 큰 부분을 차지할 것이다. 따라서 우리는 세대의 간극을 메우는 다리를 꾸준히 놓아야 한다. 앞으로 일할 날이 얼마나 남았든 간에, 당신은 당신보다 수십 년 더 나이가 많거나 적은 사람들에게 둘러싸일 것이다. 그런 상황은 바뀌지 않을 것이다.

그리고 그것은 좋은 일이다.

다양성은 언제나 좋다.

다른 세대와 함께 잘 일하는 방법

나이와 세계관의 차이가 클 때 그들과 함께 일하는 모범 관행들은 무엇일까? 세 가지를 들어보도록 하겠다.

1. 편견보다 이해

당신이 당신보다 나이가 적거나 많은 사람을 어떻게 바라보는지 생각해보라. 나이와 관련된 편견이 있는가? 마크 트웨인은 말했다. "열네 살 때는 아버지가 너무 무식해 보여서 견딜 수 없었다. 하지만 스물한 살이 되었을 때는 아버지가 7년 동안 배운 게 얼마나 많은지를 알고 깜짝 놀랐다."[43] 다시 말해서 당신은 나이가 들수록 나이 많은 사람들이 가진 지혜의 가치를 더 많이 알게 된다.

연구자들이 확인한 바에 따르면 일반적으로 우리는 나이 많은 사람이 젊은 사람보다 더 따뜻하고 다정하지만 동시에 능력, 야심, 책임감, 지적 능력이 떨어진다고 평가하는 경향이 있다. 또한 우리는 나이 많은 사람의 건망증은 지능 저하 때문이라고 생각하면서도, 젊은 사람의 건망증은 주의력이나 노력 결여 때문이라고 생각한다.[44]

이는 무서운 일이다. 우리가 상대를 알지도 못하면서 나이만으로 그 사람의 능력과 자질을 흔히 오판한다는 뜻이기 때문이다. 이는 '연령 차별ageism'이라 불린다. 연령 차별은 단지 나이가 많다고 해서 어떤 사람을 재단하는 것을 말한다. 연령 차별은 인종 차별이나 여성 혐오 또는 다른 사회적 편견만큼 많이 미디어에서 다루어지지 않지만, 분명히 실재한다.

나이에 기반한 편견은 다른 방향으로도, 즉 나이가 적은 사람을 향해서도 작용한다. 나는 강연가이자 코치로서 다양한 세대에 속한 사람들이 함께 회의하는 자리에 많이 참석했다. 그런 자리에서 나이 어린 팀원이 발언할 때 일부 나이 많은 사람들이 취하는 몸짓을 보면 흥미롭다(그리고 우려스럽다).

대개 그 이면에는 적대감보다는 무관심이 깔려 있다. 그래서 그들을 무시하고 단절시킨다. 어린 친구는 기여할 것이 별로 없다고 생각한다. 그들의 몸짓과 반응은 이렇게 말하는 듯하다. "저 친구가 보탤 관점은 없어. 나만큼 많이 배우지 못했고 경력도 길지 않아. 굳이 논쟁할 가치가 없어서 말하게 놔둘 뿐이지 내가 배울 건 없어."

나이에 기반한 모든 편견은 틀렸다. 왜 그럴까? 그 사람이 실제로 지닌 능력을 간과하기 때문이다. "그는 제품을 개발하기에는 나이가 너무 많아"라거나 "그녀는 팀을 이끌기에는 너무 어려"라는 말은 논리적 진술이 아니다. 사람을 고정관념이나 편견 또는 틀에 가두는, 선입견에 기반한 가치 판단일 뿐이다.

우스운 점은 '나이가 어리다'와 '나이가 많다'는 상대적이라는 것이다. 우리 모두 이 사실을 안다. 나이가 들수록 당신은 머릿속에 있는 '늙음'의 기준을 더 뒤로 밀어낸다. '늙음'의 영역은 언제나 당신의 현재 나이보다 최소한 20~30년 더 뒤에 있으며 '어리고 미숙함'의 영역은 언제나 10여 년 더 앞에 있다.

모든 세대에 통하는 방법이 있다. 사람들이 가장 원하는 것, 바로 그들이 중요한 존재라는 느낌을 받게 해주어라. 다른 세대에 속한 사람과 함께 일한다면, 먼저 그들을 존중하는 마음을 보여주어야 한다. 무의식적 편견을 인식하고 의식적으로 뒤집어야 한다.

나는 나보다 훨씬 나이 많고 크게 성공한 CEO들이 내게 강연 요청을 할 때 바로 그렇게 하는 훌륭한 모습을 보았다. 수십억 달러의 가치를 지닌 포춘 100대 기업 임원들이 나를 따로 불러서 "잠시 조언을 좀 구하고 싶습니다"라고 말했다. 나는 '이게 무슨 말이지? 나의 조언을 구한다고? 오히려 내가 당신의 조언을 좀 구하고 싶어요. 당신의 이야기를 듣고 싶어요.'라고 생각했다. 나로서는 놀랍고도 부담스러운 일이었다. 나도 언제나 나보다 어린 사람들을 열린 마음으로 대하고 싶기 때문이다.

그러려면 당신의 관점과 인식을 통제할 수 있어야 한다. 당신보다 나이가 적든 많든 간에, 다른 세대에 속한 어렵고 까다로운 사람을 생각하면 머릿속에서 어떤 단어들이 떠오르는가? 그것이 부정적이고 무시하는 단어들이라면 관점을 바꾸려고 노력하라.

당신보다 나이 어린 사람들의 경우, 그들은

- 무례한 것일까, 열정과 의욕이 넘치는 것일까?
- 게으른 것일까, 일과 삶의 균형을 중시하는 것일까?
- 스크린 중독일까, 디지털 기기를 능숙하게 활용하는 것일까?

당신보다 나이 많은 사람들의 경우, 그들은

- 한물간 것일까, 경험이 많은 것일까?
- 자기 방식만 고집하는 것일까, 당신은 모르는 뭔가를 아는 것일까?
- 감을 잃은 것일까, 아니면 그냥 당신과 감이 다른 것일까?

아마 이 질문들에 대한 답변 중 일부는 '둘 다 조금씩'일 것이다. 그래도 괜찮다. 그들에게 인간적 여지를 주어라.

그들이 당신의 삶을 더 복잡하게 만든 것에 초점을 맞추지 마라. 그 대신 그들의 고유한 경험과 관점이 지니는 가치를 비판이나 편견 없이 인식하라. 나이에 기반한 선입견을 사람들에게 덧씌우지 않아도 일은 이미 충분히 복잡하다.

2. 의도적인 노력으로

여러 세대가 속한 팀을 구축하는 일은 힘들지만 그럴 만한 가치가 있다. 모두가 다른 팀원들에게 기여할 수 있다.

솔직히 말하면 나는 다른 세대와 소통의 다리를 놓기보다 생색만 내는 사람들을 더 많이 본다. 그들은 다른 세대에게 배려심을 보여주거나 약간 양보할 의향을 갖고 있다. 하지만 거기까지가 전부다. 분노나 불만은 내비치지 않지만 회피한다. 아예 서로에 대해 별 생각이 없기 때문에 서로를 나쁘게 보지도 않는다.

그들은 서로에게 고개를 끄덕이고, 민감한 주제를 얼버무리다가, 헤어져서 각자 자기 일을 한다. 하지만 이것이 정말 우리가 바라는 모든 것일까? 공적으로는 참아주고, 사적으로는 무시하며, 직장에서는 계속 단절된 채로 지내는 게 바람직할까? 그정도 수준에 안주한다면 다양성 속에서 찾을 수 있는 강점과 미덕을 잃을 것이다.

그들의 나이를 무시하는 것이 목표는 아니다. 이는 누군가의 인종이나 성별을 무시할 수 없는 것과 같다. 그런 것들은 그 사람에게 중요하다. 그들의 정체성과 삶을 이루는 일부분이기 때문이다. 다만 그들을 무시하거나 비하하는 딱지로 삼지 말고 거기서 가치를 볼 줄 알아야 한다.

어떻게 하면 다른 세대와 함께 잘 일할 수 있을까? 개인적 차원에서는 인간적인 관계를 맺거나, 그들이 살아온 삶에 대해 질문하거나, 그들의 강점, 재능, 훈련, 경험에서 배우려는 적극적인 노력을 할 수 있다. 일반적인 차원에서 회사가 할 수 있는 일도 있다. 가령 전체 연령의 직원에게 수습이나 훈련 프로그램을 제공하거나, 세대 간 멘토링 프로그램을 통해 지식 전수를 돕거나, 모든 연령의 인재를 적극적으로 채용할 수 있다.

결국 핵심은 태도와 의도에 있다.

진정으로 여러 세대로 구성된 팀을 중시한다면 그런 팀을 구축하기 위한 노력을 기울여야 한다.

3. 혁신의 방향으로

확실한 판단이 서지 않는다면 혁신의 방향으로 나아가라. 이는 대개 나이가 많은 쪽보다 적은 쪽으로 기울어지는 것을 뜻한다.

앞서 나이 많은 세대의 경험과 지혜를 존중해야 한다고 수차례 말했다. 그러니 이 말을 곡해하지 마라. 젊은 사람만 채용하거나 회사의 통제권을 Z세대에게 넘기라는 말이 아니다. 내가 말하는 바는 여러 세대로 구성된 기업을 구축하는 까다로운 일에서는 혁신과 끊임없는 재창조가 열쇠라는 것이다. 따라서 새로운 것, 신선한 것, 변화하는 것에 주목해야 한다.

하지만 인간의 본성은 그와 반대로 움직이는 경우가 많다. 특히 현재 위치까지 오르기 위해 정말 열심히 노력한 사람은 더욱 그렇다. 그들은 혁신에 큰 대가가 걸려 있다는 사실을 안다. 다른 세대와 소통하는 다리를 놓기 위해 적극적으로 나서는 일은 연령과 관계없이 모두가 해야 한다. 하지만 내 생각에는 나이 많은 세대가 이 부분에서 더 큰 책임을 진다. 역사는 오직 한 방향으로만 흐르기 때문이다. 적어도 누군가가 타임머신을 발명하기 전까지는 말이다. 사람들은 항상 더 나이를 먹을 것이며, 항상 새로운 세대가 태어날 것이다. 따라서 지속 가능한 기업 또는 사업을 구축하기 위해서는 젊은 사람과 새로운 세대를 위한 공간을 계속 만들어나가야 한다.

이는 인류가 존재한 이래 계속 반복된 주기다. 시간이 지나면 당신보다 나이가 어린 동료와 고객이 점점 늘어날 것이다. 시간은 계속 흘러가기 때문이다. 당신은 그 흐름에 발맞출 것인가? 젊고 신선하고 새롭고 두려울 정도로 낯선 미래를 의식적으로 받아들이지 않으면 관성에 사로잡힐 것이다. 그리고 당신은 뒤처질 것이다.

오래전에 의료업계 콘퍼런스에서 강연한 적이 있다. 그때 강연 준비 일환으로 해당 업계의 여러 임원과 리더를 만났다. 우리가 나눈 대화의 주제는 기술이었다. 그들은 직원들의 의사소통과 환자 간호를 개선하기 위해 온라인 도구를 도입했다. 문제는 일부 나이 많은 직원들이 거기에 저항한다는 것이었다. 그들은 젊은 동료들의 기호에 맞추기 위해 자신들이 선호하는 업무 방식을 바꾸려 하지 않았다.

대화가 이어지는 가운데 중요한 사실이 제기되었다. 직원뿐 아니라 환자의 인구 구성도 달라지고 있었다. 변화는 단지 스크린, 앱, 문자메시지를 선호하는 직원들의 기호에 맞추기 위한 것이 아니었다. 그보다는 첨단 기술을 기대하고 필요로 하는 젊은 환자들을 위한 것이었다.

며칠 후 나는 이런 관점에서 강연을 했다. 새로운 앱을 쓰거나 새로운 프로그램으로 바꾸도록 설득하려 들지 않았다. 그 대신 고객들의 변화하는 요구에 맞추기 위해 무엇이든 필요한 일을 해야 한다고 말했다. 거기에는 고객들이 잘 아는 도구들을 활용하는 것도 포함되었다. 이는 변화를 의미했다. 다른 사람들을 잘 섬기기 위해서는 때로 우리에게 편한 것을 내려놓고 그들에게 가장 좋은 것을 고려해야 한다.

젊은 세대도 자신의 역할을 해야 한다. 앞서 말한 대로 나이 많은 사람들은 기여할 것이 많다. 따라서 젊은 사람들은 말하기보다 더 많이 듣고 겸손하게 배우는 것이 현명하다. 결국에는 나이 어린 사람도 나이 많은 사람이 될 것이다. 그렇게 변화와 적응의 주기는 반복될 것이다. 그러니 혁신, 변화, 재창조의 방향으로 나아가라.

우리 모두는 어느 해에 태어났든 간에 근본적으로 욕구를 지닌다. 1940년대에 심리학자인 에이브러햄 매슬로는 소위 '매슬로의 욕구단계이론'이라는 유명한 이론에서 그중 다수를 제시했다.[45] 이 욕구들은 흔히 피라미드 형태로 그려진다. 거기에는 음식, 물, 주거지 같은 신체적 욕구와 더불어 안전에 대한 욕구, 사회적 욕구, 자존감에 대한 욕구, 자기 실현에 대한 욕구도 포함된다.

매슬로의 모형은 인간의 모든 욕구를 포함하는 것은 아니지만 중요한 점을 말해준다. 우리는 18세든 85세든 간에 근본적으로 비슷한 것을 필요로 하고, 원하고, 추구한다. 즉 우리는 생존과 번영을, 죽음을 피하고 삶을 즐기는 것을 중시한다. 우리는 돈에 대해 많이 생각하며, 음식과 친구, 사랑, 충분한 수면, 즐기는 일을 하는 것에 대해서도 생각한다. 우리는 고통을 최소화하고 쾌락을 극대화하려고 애쓴다. 우리는 만족스러운 삶을 살고 의미 있는 일을 하기를 바란다.

각각의 세대는 이런 욕구들을 나름대로 변형한다. 그러나 근본적으로는 동일한 내적 동인이 수천 년 동안 인간을 자극했다. 다른 사람들의 이상한 말과 행동 뒤에는 우리의 이상한 말과 행동을 이끄는 동일한 근원적 희망, 두려움, 꿈이 있다.

문제는 나이 차이 때문에 다른 사람들의 인간적 측면을 간과하기가 너무나 쉽다는 것이다. 그래서 당신보다 수십 살 적거나 많은 사람이 당신과 같은 일로 고민할 것이라고 상상하기 어렵다. 우리는 그들을 우리와 다른 '타인'으로 보는 경향이 있다. 그러나 그들도 우리처럼 공동체의 일원으로 받아들여지고 모두가 좋아하는 사람이 되고 싶어 한다. 우리처럼 의미로 충만한 낭만적인 삶을 살고 싶어 한다. 우리처럼 돈이 떨어질까 두려워한다.

슬리퍼, 라테, 셀카, 주름살, 드레스 팬츠, 스니커즈, 이모지, 은어 같은 것들은 내집단과 외집단 반응을 촉발하는 인위적인 지표다. 이를 넘어서는 시각을 가지려면 의도성과 인간적 품위가 필요하다. 근원적 욕구의 차원에서 까다로운 사람과 소통할 수 있다면, 그들이 자신의 욕구를 표출하는 방식에 대해 훨씬 관대해질 것이다. 또 그들과 함께 더 효과적으로 우아하게 일할 수 있을 것이다.

설령 까다로운 사람이라 해도 연령과 무관하게 기여할 수 있는 것이 많다. 그러니 다리를 태우지 말고 놓도록 하자. 서로를 조롱하지 말고 서로에게 귀 기울이도록 하자. 다른 세대를 무시하지 말고 대화하도록 하자.

우리는 한배를 탄 사람들이다. 어디로 갈지, 어떻게 갈지, 누가 운전할지를 두고 다툴 수는 있다. 그러나 궁극적으로 우리 모두는 함께 가야 한다. 고참이든, 신참이든, 또는 그 중간이든 간에 우리는 서로에게 배우고 기대야 하며 함께 더 나은 일터를 만들어야 한다.

다른 세대와의 협력은 우리와는 다른 사람들과 얼마나 잘 소통하느냐에 따라 성패가 좌우된다. 하지만 다리를 놓는 '모든' 일이 그렇지 않은가?

함께 일하고 성장하고 성공할 수 있도록 까다로운 사람을 잘 이해하려면 세계적인 수준의 의사소통 능력을 갖춰야 한다.

지금부터 그 문제를 살펴보도록 하자.

CHAPTER 8

"이제야
말이
통하네요"

나는 사람들이 다른 사람의 문자메시지를 소리 내어 읽는 걸 항상 재미있게 듣는다. 특히 여자가 내면의 남성성을 살려서 남자 목소리로 읽어주거나, 남자가 문자메시지를 입력하는 여자의 모습을 흉내 낼 때는 정말 웃기다. '난 그렇게 말하지 않았어'라고 항의하는 발신자의 목소리가 머릿속에서 들리는 것 같다.

우리도 자신의 문자메시지나 이메일 또는 다른 서신을 누군가가 읽어주면 대개 같은 말을 할 것이다. "난 그렇게 말하지 않았어! 그런 뜻으로 한 말이 아냐! 당신이 곡해한 거야! 당신은 요점을 놓쳤어!"라고 말이다.

서신만 오해받는 경향이 있는 것은 아니다. 다섯 명이 대화를 나눈 후 헤어졌을 때 무슨 말이 나왔고, 그게 무슨 의미인지에 대해 다섯 가지 해석이 나올 수 있다.

우리의 입에서 나온 말과 다른 사람의 귀로 들어간 말이 종종 달라지는 게 현실이다. 우리는 자신의 의사소통 능력이 뛰어나며, 주위 사람 모두가 우리의 말뜻을 정확하게 안다고 여긴다. 하지만 그렇지 않을 가능성이 높다. 의사소통은 항상 적어도 조금은 왜곡된다. 불완전하고 복잡한 인간인 우리가 역시 불완전하고 복잡한 다른 사람에게 요점을 전달하려 하기 때문이다.

거기에는 직장에서 이루어지는 의사소통도 포함된다. 우리 조사에서 43퍼센트의 응답자는 '의사소통 방식'을 다른 사람과 함께 일하기 힘들게 만드는 3대 요소 중 하나로 꼽았다. 또한 까다로운 사람의 부정적 영향을 줄이기 위해 응답자들이 회사에 가장 많이 제안한 것은 '의사소통 및 갈등 관리 트레이닝'이었다. 이와 비슷한 맥락에서 2021년 갤럽 조사를 보면, 직장 내 의사소통이 '정확하고 시기적절하며 개방적'이라는 데 강하게 동의한 응답자는 7퍼센트에 불과했다. 즉 나머지 93퍼센트는 하나 또는 모든 의사소통 영역에서 개선의 여지가 분명히 존재한다고 생각했다.[46]

의사소통 문제는 새로운 것이 아니다. 1950년에 저널리스트이자 비즈니스 저술가인 윌리엄 화이트는 비즈니스상 더 나은 의사소통을 촉진하기 위해 "누구라도 듣고 있나요Is Anybody Listening?"라는 기사를 썼다. 거기서 그는 "의사소통의 최대 적은 의사소통을 하고 있다는 착각"이라고 말했다.[47] 이 기사의 제목과 인용구 모두 지금도 유효하다. 의사소통은 당신이 잘한다고 믿는 순간 잘못되는 일 중 하나다.

까다로운 사람과 일할 때 의사소통 문제가 가장 두드러진다(그리고 잠재적으로 가장 위험해지기도 한다). 통화, 이메일, DM, 회의, 또는 대화의 상대방이 당신과 같은 생각을 가졌을 때도 오해를 피하는 것은 쉬운 일이 아니다. 하물며 까다롭거나 어려운 사람을 상대할 때는 난도가 엄청나게 높아진다.

안타깝게도 의사소통 능력을 개선하기보다 아예 의사소통

을 포기하는 편이 훨씬 쉽다.

> 우리 조사에서 78퍼센트의 노동자들은 최소한 매주 까다로운 사람을 상대한다고 밝혔다. 하지만 그들과 '흔히' 또는 '줄곧' 열린 자세로 대화한다고 말한 비율은 41퍼센트에 불과했다. 즉 열 명 중 여덟 명은 까다로운 사람을 자주 상대하지만, 그중 네 명만 그들과 자주 의사소통을 한다. 이는 내가 보기에 위험한 신호이며 추가 조사를 통해 탐구해볼 필요가 있다.

개방적 의사소통은 까다로운 사람과의 모든 상호작용에서 핵심적 요소가 되어야 한다. 그럼에도 꾸준히 개방적 의사소통을 하는 비율은 절반이 채 되지 않는다. 나머지는 까다로운 동료를 그냥 피해버리는 걸까? 아예 그들을 상대하지 않는 걸까? 의사소통을 최대한 짧게 줄이는 걸까?

까다로운 사람을 자주 상대한다면 당신의 의사소통 방식과 능력을 새로운 관점으로 바라보라. 구체적으로 살펴야 할 두 가지 중요한 요소는 방향과 매체이다.

먼저 방향부터 살펴보자. 의사소통의 상대가 조직 구조 안에서 윗사람인가, 아랫사람인가, 아니면 동급자인가? 의사소통을 효과적으로 하려면 각 경우에 다른 전략을 써야 한다.

두 번째 요소는 매체다. 의사소통의 매체가 이메일인가, 전화인가? 원격 접촉 또는 혼합형 접촉 방식인가, 아니면 전통적인 대면 접촉 방식인가? 이 모든 형태의 의사소통은 고유한 접근법을 필요로 한다.

지금부터 이 요소들을 고려하여 다른 사람들, 특히 까다로운 사람들과 의사소통하는 실용적인 전략들을 살펴보자.

방향: 누구와 이야기하는가?

의사소통에서는 상대방이 누구인지에 따라 모든 것이 바뀐다. 각각 다른 사람에게 '아니요' 같은 간단한 말을 하는 경우를 생각해보라. 가령 상대방이 부모, 배우자, 자녀나 다른 아이들, 당신이 좋아하는 이웃, 당신이 싫어하는 이웃, 방금 당신의 차를 세운 경찰이라면 어떨까? 아마 각 상황에 대한 그림이 그려질 것이다. 당신이 '아니요'라고 말하는 상대방에 따라 말투부터 자세, 어법까지 모든 것이 달라질 것이다.

직장에서 만나는 사람과 관련해서는, 방향을 기준으로 생각하면 유용하다.

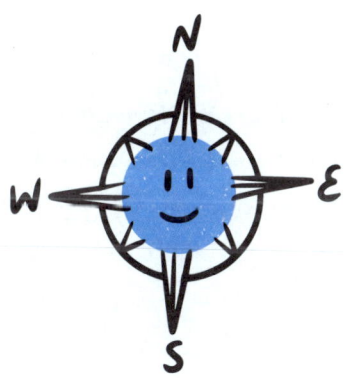

당신이 말하는 상대가
누구인지 고려해야 한다

윗사람인지

동급자인지

아랫사람인지

직장 내 특정 구조와 위계 안에서 당신이 소통하는 상대가 당신을 이끄는 사람인가, 당신이 이끄는 사람인가, 아니면 당신과 같은 직급에 있는 사람인가? 다시 말해서 당신이 상대하는 사람은 까다로운 상사인가, 까다로운 부하 직원인가, 아니면 까다로운 동료인가?

윗사람을 상대할 때: 유니콘과 교감하기

상사나 이사 또는 최고위직 임원을 상대하는 방법부터 알아보자. 그들은 까다로운 사람이 아닐 수도 있다. 하지만 그들이 당신의 일상, 직무, 경력에 너무나 큰 영향을 미칠 수 있다는 사실 자체가 상황을 까다롭게 만든다. 게다가 그들이 까다로운 사람이라면… 넘어야 할 산이 많다.

까다로운 사람 밑에서 일하는 것은 한 손을 뒤로 묶인 채 일하는 것과 비슷하다. 생산성을 저해하고, 정신을 어지럽히며, 사기를 떨어뜨린다.

물론 이런 상황은 직원 유지율에 직접적인 타격을 입힌다. 우리가 근래 실시한 조사 결과를 보면 미국 노동자 중 44퍼센트는 상사가 상대하기 너무 까다로워서 일을 그만두었다. 특히 Z세대의 경우 그 비율이 모든 세대 가운데 가장 높은 50퍼센트였다. 이는 내게 대단히 놀라운 결과였다. 직장인 중 거의 절반이 상사가 너무 까다로워서 또는 까다로운 상사를 상대하는 법을 몰라서 일을 그만두는 최후의 선택을 했다는 뜻이기 때문이다.

까다로운 상사를 만날 때마다 일을 그만두고 싶은가? 그렇지 않다면 윗사람과 소통하는 능력을 키워야 한다. 문제는 직장에서 고위직에게 접근하는 일이 유니콘과 교감하는 일과 비슷한 느낌을 준다는 것이다. 당신은 그들이 어딘가에 존재하지만 매우 드물다는 사실을 안다. 또한 그들과 소통을 잘하면 모든 것이 바뀐다는 사실도 안다. 하지만 현실에서 실제로 대면한다고? 실제로 그들의 주의를 끌어서 귀 기울이게 만든다고? 쉽지 않은 일이다.

이 문제에서는 모두가 외면하는 진실을 인정하는 것이 좋다. 윗사람을 상대하는 건 두렵다. 당신만 이메일 '발신' 버튼을 누르거나 임원실로 들어설 때 조마조마한 것이 아니다. 당신만 엘리베이터에서 아르마니 정장을 입은 유니콘과 마주쳤을 때 어색한 대화를 나누며 얼어붙는 것이 아니다.

그렇다고 해서 침묵하는 것은 장기적으로 좋은 선택지가 아니다. 당신의 아이디어나 피드백, 때로는 긴급 조난 신호를 상사와 이사, 심지어 만나기 어려운 최고위직 임원에게도 보내야 한다. 당신의 목소리를 내야 한다. 즉 조직의 윗사람과 소통해야 한다.

어떤 사람들에게는 두려운 일일 것이다. 하지만 두려워하지 않아도 된다. 그럴 필요는 없다. 당신의 리더는 결국은 당신과 같은 사람일 뿐이다. 당신은 사람과 대화하는 법을 안다. 매일 그 일을 한다. 그러면 목소리를 내고 윗사람과 소통하는 몇 가지 방법을 알아보자.

1. 임원의 언어로

리더와 소통할 때는 그들의 언어로 말하라. 나는 코칭을 할 때 특히 중상급 간부들에게 이 점을 자주 강조한다.

CEO, CFO, COO, CIO 같은 최고위직 임원이나 다른 고위 리더와 효과적으로 소통하려면 그들이 추구하거나 중시하는 문맥 안에 정보나 요구를 넣어야 한다. 또한 그들이 이해하는 용어와 개념을 활용해야 한다. 그들과의 소통은 그들의 전략적이고 고차원적인 관점에 맞아야 한다.

방법은 그들이 공감하는 핵심 개념을 이해하고 활용하는 것이다. 이는 단지 ROI, KPI, 확장성, 이해관계자 참여, 지속 가능성, 리스크 관리, 가치 제안 같은 전문 용어를 외우는 것을 넘어선다. 왜 언어가 중요한지 이해하고, 대화의 내용을 그들의 목표에 맞춰 구성하는 일도 필요하다. 또한 그들에게 중요한 것이 무엇인지 파악하고 메시지를 전달할 전략을 찾는 일도 필요하다.

당신이 생각하는 것보다 더 많이 당신의 역량이 평가받는다는 사실을 명심하라. 이 말은 당신을 겁주려는 게 아니라 잘 대비하게 만들려는 것이다. 회사의 새 오너를 얼마 전에 만난 임원과 이야기를 나눈 적이 있다. 새 오너는 경영팀에게 바라는 것은 오직 하나, 역량이라고 말했다. 그녀는 모두가 오너의 일을 잘하기를 바라지 않았다. 그들이 각자의 일을 잘하고, 각자의 분야를 잘 알기를 바랐다.

이것이 임원, 간부, 기업 오너, 그리고 당신보다 직위가 높은 모든 사람과 대화할 때 가져야 할 마음가짐이다. 역량과 지식을 기반으로 대화하면 잘못될 일이 없다.

2. 준비는 완벽하게

윗사람과 소통할 때 저지르는 큰 실수 중 하나는 준비하지 않는 것이다. 잘 소통할 수 있도록 준비한다고 하면, 대개 파워 포인트 슬라이드와 스프레드시트를 바로 떠올린다. 하지만 준비는 그보다 일찍 시작해서 더 깊이 들어가야 한다. 리더들이 남기는 단서에 주의를 기울여서 그들이 무엇을 가장 중시하는지 파악하라. 그러면 대화나 발표를 할 때 그들이 가장 중시하는 문제와 목표를 자연스럽게 다루게 된다.

나는 팀들이 리더를 더 잘 이해할 수 있도록 돕기 위해 흔히 3C를 활용한다. 3C는 '칭찬Celebrate' '지지Champion' '불만Complain'을 뜻한다.

무엇을 칭찬하는가?

당신의 리더는 무엇을 볼 때 칭찬하는가? 시간 엄수? 발표력? 창의성? 소셜미디어 활동? 혁신? 문제 해결 능력? 주도성?

성실성? 공감 능력? 당신의 리더는 자신이 이런 것들을 얼마나 중시하는지 모를 수도 있다. 그래도 이런 것들에 대해 늘 칭찬한다.

그것이 단서다. 그들이 어떤 것들을 더 자주 보고 싶어 하는지 알면 대화의 내용을 거기에 맞출 수 있다. 이는 당신의 시간과 자원, 아이디어, 초점을 그들의 것과 정렬하여 보조를 맞추기 위한 의식적 판단이다.

무엇을 지지하는가?

그들이 무엇을 밀어붙이고 홍보하는가? 어디에 자금을 투입하는가? 예산안에서 어느 항목에 가장 주의를 기울이는가? 항상 어떤 지표에 대해 질문하는가?

마크 큐반은 2000년에 댈러스 매버릭스를 사들인 후 팬 경험에 초점을 맞추기로 결정했다. 그는 모든 경기를 참관했으며 팬들과 자주 같이 앉았다. 팬들은 심판에게 고함을 지르는 그의 모습을 좋아했다. 그는 경기장 분위기를 띄우기 위해 방송실에 종종 들렀다. 또한 대형 전광판에 자신의 이메일 주소를 올리고 어떤 의견들이 들어오는지 수신함을 확인했다. 한 팬은 공격 제한 시간을 보여주는 전광판이 잘 보이지 않는다며 3면 전광판 설치를 제안했다. 몇 주 후, 경기장에는 3면 전광판이 새로 설치되었다. 이 모든 노력의 결과는 무엇이었을까? 3년 만에 매출이

2배 이상 늘었고, 기념품 매출이 급등했으며, 관중 수가 급증했다. 매버릭스는 ESPN 설문조사에서도 팬 관리 부문에서 1위를 기록했다.[48]

이것이 팀을 운영하는 유일한 방법일까? 당연히 그렇지 않다. 어떤 오너는 이기는 문화를 창출하기 위해 강력한 데이터 기반 프런트를 구축하는 데 집중한다. 또는 스타 플레이어에게 집중적으로 투자하는 전략도 있다. 이는 최고 선수에 대한 금전적 투자가 우승의 열쇠라는 믿음에 따른 것이다. 우리는 이처럼 다양한 접근법을 논할 때 '맞다'거나 '틀렸다'고 말하지 않는다. 모두가 나름의 접근법이다. 내가 말하고자 하는 바는 리더들이 가치관과 우선순위를 갖고 있다는 것이다. 그들과 원활하게 대화하려면 그들의 가치관과 우선순위가 무엇인지, 어떤 순서로 나열되는지 알아야 한다.

무엇을 불평하는가?

무엇이 그들을 성가시게 하는가? 피곤하게 하는가? 짜증 나게 하는가? 분노하게 하는가? 실망하게 하는가? 그들은 무엇을 바로잡거나 처벌하는가?

앞선 두 가지 요점과 마찬가지로, 그들의 불평은 더 나은 대화로 이끄는 단서다. 당신의 아이디어나 요구가 그들의 통점과 연관되어 있음을 보여준다면, 그들이 귀 기울이게 만들 수 있다.

3C가 사무실 벽에 걸려 있지 않더라도, 리더들이 전사적으로 보낸 이메일을 잘 읽어보라. 그러면 3C를 파악할 수 있다. 의지만 있으면 찾을 수 있다. 문제는 주의를 기울이는지 여부다.

3C를 찾아내면 숙제의 절반을 마친 셈이다. 나머지 절반은 거기에 대해 대화할 준비를 하는 것이다. 무작정 당신의 문제나 난관 또는 필요를 알리지 마라. 두세 가지 잠재적 해결책을 마련하고 그것을 3C와 연관지어라. 리더들은 그런 방식을 좋아한다.

리더들이 칭찬하고 지지하고 불평하는 문제와 당신의 메시지를 정렬하라. 그러면 아무리 까다로운 사람이라도 당신의 말을 소음이 아니라 음악으로 들을 것이다.

3. 리더의 시간을 소중하게

좋든 싫든 간에 고위급 전문직들은 지속적인 스트레스와 촉박한 일정 속에서 일한다. 따라서 간부, 이사, 최고위직 임원과 소통할 때는 충실하면서도 간결하게 내용을 전달해야 한다. 즉 그 내용이 짧고 명확하며 핵심을 찔러야 한다. 그러려면 어느 정도의 전략과 준비가 필요하다.

가령 임원에게 프로젝트를 제안한다면 목표, 결과, 요구 자원을 부각하는 요약본이 필요하다. 이와 동시에 질문에 답변하고 세부 사항으로 깊이 파고들 준비도 되어 있어야 한다. 그러면 정확성을 희생시키지 않고도 그들의 시간을 효율적으로 활용할 수 있다. 또한 당신의 관점에서 그들이 듣고 싶어 하거나 들어야 하는 것을 억지로 주입하기보다, 그들의 관심이나 의심에 유기적으로 대응할 수 있다.

리더들과 이야기하는 자리가 조마조마한 생존 리얼리티 프로그램이 될 필요는 없다. 약간의 준비와 명확한 메시지, 목소리를 낼 의지만 있으면 프로처럼 헤쳐나갈 수 있다. 그러니 철저히 준비하고 당신의 존재감을 드러내라. 결국 당신이 목소리를 내지 않으면 누가 할 것인가?

동급자: 간격을 좁히기

다음 주제는 까다로운 동료와 소통하는 법이다. 이 경우 누구에게도 상대에게 명령할 직접적 권한이 없다. 또한 둘 다 같은 편이며, 같은 회사에서 일한다. 결국 두 사람의 협력은 상황을 개선할 수도 악화할 수도 있다.

우리의 조사에서 어떤 역할 또는 범주에 속한 사람들이 가장 까다로웠는지 물었을 때 '동료'가 1위로 올랐다. 55퍼센트의 응답자가 동료를 1위 내지 2위로 꼽았다.[49] 동료가 다른 누구보다 더 까다롭다는 뜻은 아니다. 이는 숫자의 문제다. 많은 사람은 다른 어떤 직군보다 동료들을 더 자주 상대한다. 그래서 그들의 문제가 더 뚜렷하게 드러난다.

> 흥미롭게도 응답자의 절반 이상(53퍼센트)은 까다로운 동료의 수가 상사나 리더가 생각하는 것보다 많다고 말한다. 특히 Z세대의 경우 62퍼센트로 그 비율이 어느 세대보다 높다. 그들은 까다로운 동료를 자주 상대할 뿐만 아니라 리더가 그 점에 대해 이해하거나 지원해주지도 않는다고 생각한다.

동급자와 소통하는 법을 배워야 하는 이유가 거기에 있다. 이를 위해 지금부터 몇 가지 제안을 하겠다.

1. 존중하는 마음 먼저

동료의 경우, 인간으로서 그들의 자율성, 전문성, 경험, 지식, 끝으로 책임 분야 또는 영역 같은 것들을 존중해야 한다.

이는 그들을 통제하려 들거나 그들의 일을 대신하려 들지 말아야 한다는 것을 뜻한다. 또한 설령 그래야 마땅하다고 해도 그들을 무례하게 대해서는 안 된다. 그 대신 제안할 수는 있다. 특히 그들의 까다로운 행동이 당신에게 피해를 입힐 경우, 더욱 그래야 한다. 하지만 그들이 원하지 않으면 억지로 어떤 일을 하도록 만들 수는 없다. 난데없이 나타나 당신의 생각을 따르라고 요구할 수는 없다.

아마 강제로라도 그들이 따르도록 만들고 싶을 것이다. 하지만 그들은 당신의 동료다. 이 점은 건강하고 장기적인 해결책을 제시한다. 그것은 서로를 존중하는 협력이다. 당신이 그들을 불쾌하게 하지 않을지 주저하거나 불안해하는 것이 반드시 나쁜 일은 아니다. 그만큼 단어를 신중하게 선택하고 정중하게 말하도록 만들기 때문이다.

대화를 할 때도 존중하는 마음을 전면에 드러내라. "네가 틀렸어"라고 말하지 말고 "나의 관점은 달라"라고 말하라. "네가 다 망쳤어"라고 말하지 말고 "어떤 생각이었는지 설명해줄 수 있어?"라고 말하라.

2. 좋은 질문이 답이다

당신은 동료를 통제할 수 없다. 그들을 설득해야 한다. 설득하려면 소통해야 한다. 소통하려면 진정으로 그들의 말에 귀 기울여야 한다. 이 까다로운 과정에서는 질문이 비밀 무기다.

이는 당신이 맞고 그들이 틀린 열 가지 이유를 제시하는 것보다 훨씬 낫다. 그런 방식은 그들을 더 방어적으로 만들어서 대화를 망칠 뿐이다. 질문은 그들의 두뇌를 문제 해결(창의성) 또는 개인적 소통(관계)이라는 다른 방향으로 유도한다.

하버드대학교에서 실시한 한 연구는 질문하는 것이 서로에 대한 인식에 어떤 영향을 미치는지 탐구했다. 연구자들은 "상대방으로부터 정보를 얻어내기 위해 질문을 많이 하는 사람은 호응을 잘한다는 인상을 주며 더 많은 호감을 얻는다"고 결론지었다.[50] 그들이 내린 또 다른 결론은 대다수 사람은 질문하기보다 자신에 대해 이야기하고 자신을 홍보하려는 경향이 있다는 것이다. 그 결과 우리 모두가 짐작하는 내용이 결론에 추가되었다. "우리의 조사는 사람들이 충분히 질문하지 않는다는 것을 전적으로 보여준다."

까다로운 동료를 상대한다면 대화에 몇 가지 질문을 넣어보라. "이 아이디어에 대해 어떻게 생각해?" "이 문제를 어떻게 봐?" "이전에 이런 걸 경험한 적이 있어?" "이 상황에서 우리의 목표는 무엇이 되어야 할까?" "이 대목에서 어떤 제안을 하고 싶어?" "네가 보기에는 어떤 위험이 있을까?"라고 물어라.

그들이 말하게 만들면 대개 당신에 대해 우호적인 인상을 품게 된다. 이는 언제나 좋은 일이다.

3. 충돌 지점 파악하기

대화를 망치는 또 다른 장벽은 고립적 사고, 즉 협소한 시야다. 자신에게 중요한 면만 보고 다른 사람이나 부서를 인식하지 못할 때(그들에 대해 불평하는 때는 제외하고) 협소한 시야에 갇힌다.

까다로운 사람과 더 효과적으로 소통하고 싶다면 서로의 세계가 교차하고 겹치는 지점을 찾아라. 그 지점은 그들의 일상적 난관과 환경으로 들어서는 통로다. 거기에 관계를 개선하는 좋은 길이 있다. 다만 윗사람과 소통하는 경우처럼 새로운 용어와 개념을 배워야 할 수도 있다.

우리 회사는 도저히 의견 일치를 보지 못하는 두 최고위직 임원을 도운 적이 있다. 한 명은 마케팅 담당 임원이었고 다른 한 명은 IT 담당 임원이었다.

우리는 그들이 서로의 세계를 이해할 수 있게 서로의 세계에서 배울 수 있는 것이 무엇인지 탐구하도록 도왔다. 마케팅 담당 임원은 기술 부문을 더 잘 이해해야 했다. 즉 하드웨어나 소프트웨어, 네트워크, 사이버 보안, 데이터 처리, 클라우드에 대해 말할 수 있어야 했다. IT 담당 임원은 마케팅 부문을 더 잘 이해해야 했다. 즉 디자인, 광고 문구 작성, 콘텐츠 제작, 전환율, 클릭률, 고객 획득 비용에 대해 말할 수 있어야 했다. 두 사람은 각자 지식 기반을 넓혀가는 과정에서 진정으로 소통할 수 있는 요소를 발견했다. 그것은 바로 디지털 마케팅 도구였다. 두 사람은 해당 도구에 대해 각자의 관점을 갖고 있었다. 그래도 서로가 할 수 있는 일에 의욕을 보였다.

당신과 까다로운 동료는 생각보다 공통점이 많을지 모른다. 그것을 소통의 지점으로 삼아 신뢰를 쌓고 다리를 놓아라.

부하 직원을 상대할 때: 반복, 또 반복

공식 직책이 무엇이든 간에 소통에서 모든 리더는 CRO, 즉 최고 반복 책임자Chief Repeating Officer다. 믿기 어렵겠지만, 말했다고 해서 부하 직원들이 듣는 건 아니다. 회사 웹사이트에 올린다고 해서 부하 직원들이 명심하는 건 아니다. 출력해서 벽에 걸어둔다고 해서 부하 직원들의 행동에 반영되는 건 아니다.

다시 말한다. CRO가 당신의 새 직책이다. 그것을 머릿속에 새겨라. 왜 그래야 할까? 부하 직원들을 효과적으로 이끌려면 이미 한 말을 반복해야 한다, 그것도 많이. 당신이 당신 자신의 목소리를 듣는 걸 좋아하기 때문이 아니다. 반복은 실제로 메시지를 전달하기 위한 황금열쇠이기 때문이다. 특히 까다로운 부하 직원이나 직속 부하를 감독할 때는 더욱 그렇다. 때로 당신은 같은 말을 몇 번이고 반복해야 한다. 거듭, 과하게, 끝없이, 머리가 어지러울 정도로.

최고의 CRO는 같은 말을 '다른 방식으로' 말할 줄 아는 사람이다. 사람들은 자신이 쓰는 언어와 자신이 이해하는 용어로써 당신의 말을 받아들이며, 자신에게 중요한 의미를 지니는 말만 듣는다. 같은 말을 반복하면 잔소리처럼 들릴까 걱정스러울 수도 있다. 그럴 일은 없다. 오히려 당신의 소통 능력이 개선될 것이다. 둘 사이에는 차이가 있다.

우리는 사원, 간부, 임원이 까다로운 사람을 얼마나 자주 상대하는지에 대한 데이터를 살폈다. 그 결과 간부가 사원이나 임원보다 까다로운 사람을 더 많이, 더 자주 상대하는 것으로 드러났다. 이는 타당한 결과다. 간부는 조직의 중간에 있기 때문이다. 그들은 윗사람, 동료, 아랫사람과 꾸준히 교류해야 한다.

당신은 간부인가? 당신의 고충을 이해한다. 하지만 당신만 힘든 것은 아니다.

당신이 임원이든 간부든 까다로운 사람을 이끌어야 하는 누구이든 간에 좋은 소식이 있다. 아랫사람과의 소통 역시 약간의 노력으로 개선될 수 있다.

이 점은 비전, 사명, 가치관을 전달할 때 중요하다. 또한 목표를 설정하거나, 과정을 설명하거나, 기대치를 설정하거나, 신입사원을 교육하거나, 기존 직원을 재교육할 때도 중요하다. 그리고 난관이나 정리해고 또는 공포의 '목표 달성 실패' 같은 까다로운 문제를 해결할 때 특히 중요하다. 이런 복잡한 주제를 다룰 때 모두의 '까다로움'이 드러난다.

그러면 당신이 관리하는 까다로운 사람과 효과적으로 소통하는 방법은 무엇일까? 어떻게 하면 반발을 초래하거나 휴식시간에 화장실에서 휴대폰으로 링크드인 프로필을 업데이트하도록 만들지 않고 까다로운 소식을 전할 수 있을까?

1. 사실대로

에둘러 말하지 마라. 왜곡하거나 미화하지 마라. 사람들은 이성과 감정이 있으며 그에 걸맞은 대우를 받을 권리가 있다. 어려운 주제에 대해 말하든 어려운 사람에게 말하든 간에 그들이 지성과 인지력을 갖추었음을 기억하고 그에 맞게 대우하라.

2024년 초, 나이키는 직원 1,600여 명을 해고해야 했다. CEO 존 도나휴는 직원들에게 보낸 서신에서 "저는 이 고통스러운 현실을 무겁게 받아들입니다"라고 썼다. 뒤이어 "현재 우리는 최선의 성과를 올리지 못하고 있으며, 궁극적으로 제 자신과 경영팀에게 책임이 있음을 인정합니다"라고 덧붙였다.[51] 그는 사실대로 말했다. 끔찍한 소식을 쉽게 전할 방법은 없었다. 다만 분명하게, 존중하는 마음으로, 겸손하게 전할 수는 있었다. 그리고 그것이 언제나 최선의 길이다.

2. 단순하게

민감한 주제를 다룰 때는 전문 용어를 너무 많이 쓰지 마라.

그러면 변호사들이 작성하고 챗GPT로 다듬은 듯한 느낌이 든다. 글을 읽은 사람들의 입에서 "그래서 뭐라는 거야?"라는 말이 나와서는 안 된다. 어려운 주제나 사람 또는 둘 다 다룰 때는 명확성이 당신의 우군이다.

3. 흥미 있게

어떻게 하면 흥미를 유발할 수 있는지 아는가? 당신의 말이 왜 중요한지 듣는 사람에게 알리는 것이다. 수치와 차트를 들이대지 말고 이야기를 들려주어라. 인간적 측면에서 어떤 영향을 미치는지 보여주어라. 사람들의 동기에 맞춰서 소통하라. 그들은 무엇을 필요로 하는가? 무엇을 원하는가? 무엇을 두려워하는가? 무엇에 흥분하는가?

4. 희망적으로

터널 끝에 빛이 있음을 알려라. 변화를 알리거나 그다지 달갑지 않은 요구를 할 때 더욱 그래야 한다. 지금의 난관이나 고생이 영원히 지속되지 않을 것이며, 노력과 희생이 성장의 대가로 돌아올 것임을 깨닫도록 도와라. 명심하라. 결국에는 당신이 팀원들을 대하는 방식이 팀에 보내는 최고의 메시지가 될 수 있다. 당신이 할 일은 북돋고 이끄는 것, 그리고 때로는 말하고 싶은 횟수보다 더 많이 반복하여 말하는 것이다. 이제 팀원들에게 가서 상사답게(당신은 상사니까) 소통하라.

매체: 올바른 도구를 올바르게

어떤 사람들은 '도구'라고 하면 톱이나 드릴 또는 다른 DIY 공구를 바로 떠올린다. 미리 밝혀두자면 나는 세상이 멸망하여 일을 시킬 사람이 아무도 없는 게 아닌 한 절대 집 수리를 시도하지 않을 것이다. 설령 그렇게 된다 해도 아마 집 수리가 급하지 않을 거라서 여전히 시도하지 않겠지만 말이다. 자가 수리는 나와 맞지 않는다. 도구는 내가 좋아하는 물건이 아니다. 반드시 해야 한다면 물건을 고칠 수는 있을 것이다. 하지만 솔직히 내키지 않는다. 그래도 개의치 않는다.

하지만 나는 모든 도구를 사용하는 올바른 방식이 있다는 걸 안다. 그게 무엇인지 모른다고 해도 말이다. 그리고 내가 여기 말고 다른 세계에서 데크를 만들거나 스프링클러 시스템을 설치하려 한다면, 필요한 도구를 활용하는 방법을 알고 싶을 것이다.

내게는 훨씬 편안한 일인 의사소통의 경우도 마찬가지다. 의사소통은 집 수리와 달리 세상이 멸망할 때 대단히 중요해질 것이다. 다만 이는 나의 요지가 아니다. 나의 요지는 각 형태의 의사소통을 활용하는 '올바른' 방식이 있다는 것이다. 즉 모범 관행이 있다. 또한 최대한의 효과를 얻기 위한 팁과 기법, 요령

이 있다.

이런 것들은 모든 의사소통에서 중요하다. 특히 까다로운 사람과 소통할 때는 반드시 필요하다.

세상에 존재하는 모든 매체를 다루려면 아무리 길어도 한 챕터로는 부족하다. 그래도 직장에서 가장 중요한 세 가지 의사소통 도구를 살펴보려고 한다. 바로 '영상 통화', '이메일', '대면 접촉'이다. 의사소통 도구함에 가장 최근에 추가된 악명 높은 영상 통화부터 살펴보자.

영상 통화: 정신줄 바로잡기

팬데믹 동안 많은 사람의 출퇴근은 도로에서 나쁜 운전자를 피하는 일에서 홈오피스(즉 식탁)로 가는 길에 반려동물이나 자녀를 피하는 일로 바뀌었다. 또한 대면 접촉은 줌 회의로 대체되었다. 팬데믹은 지나갔지만 영상 통화는 분명히 앞으로도 남아 있을 것이다. 이제 줌(또는 웹엑스, 구글 미트, 마이크로소프트 팀즈)을 통한 소통 기술은 직장에서 살아남는 데 필수가 되었다.

2024년 조사에 따르면 미국 노동자 중 거의 절반(44퍼센트)이 부분적으로 또는 상시적으로 원격 근무를 한다. 이는 높은 수치이지만 그 결과에 놀라는 사람은 없을 것이다. 전통적인 일터가 사라진 것은 아니다(나머지 56퍼센트는 원격 근무를 하지 않는다). 하지만 "마이크 안 켜졌어요"라고 말하는 데 걸리는 시간보다 더 빨리 근무 환경이 바뀌고 있다는 사실은 누구도 무시하지 못할 것이다.

이 추세는 앞으로 계속 가속화될 것이다. 2023년 〈포브스〉 기사에 따르면 사실상 모든 노동자(정확히는 98퍼센트)가 적어도 부분적인 원격 근무를 선호한다.[52] 나는 이 보편적 욕구가 향후 인력 채용 과정에서 고용주들에게 강한 영향을 미칠 것이라고 확신한다.

이 사실은 당신에게 어떤 의미를 지닐까? 당신이 가상 업무 환경에 대처하는 법을 알아야 한다는 뜻이다. 그 자체로 충분히 어려운 일이다. 하지만 스크린의 맞은편에 까다로운 사람이 있을 때는 훨씬 더 어려워진다. 까다로운 주제에 대해 까다로운 도구를 활용하여 까다로운 사람을 상대해야 하기 때문이다. 그러니 재미있지 않을까?

요즘 많은 기업들이 혼합형 또는 완전 원격 근무 모델을 채택하고 있는 만큼 이 원격 근무 게임에서 이기는 방법을 살펴보자.

1. 적절한 복장은 필수

복장 규칙을 완전히 어긴 적이 있는가? 나는 지금도 '비즈니스 캐주얼'이 무슨 의미인지 파악하려 애쓰는 중이다. 한 번은 정장에 구두까지 신고 접속했더니 한 무리의 실리콘밸리 기술 임원들이 모두 후디 차림인 적도 있었다. 나는 꿋꿋한 자세를 취할지 아니면 방금 중요한 미팅을 했다고 둘러댈지 고민하느라 첫 30초를 낭비했다. 반대로, 정장 차림에 넥타이까지 맨 서른 명이 크루넥 스웨터에 크록스를 신고 편안하게 앉은 당신을 못마땅한 눈으로 바라보는 것도 곤란하다.

나는 패션을 잘 모른다. 하지만 와이셔츠 위에 지퍼 달린 스웨터를 입으면 실패할 일이 없다는 건 말할 수 있다. 뉴스 앵커 스타일을 생각해보라. 당신이 밑에 잠옷을 입었는지 또는 (내가 가장 좋아하는) 나이키 농구용 반바지를 입었는지 다른 사람은 몰라도 된다.

까다로운 사람이나 팀과 영상 통화를 할 때 머릿속에 가장 먼저 떠오르는 것이 복장 규칙은 아닐 수도 있다. 하지만 영상 통화를 할 때는 서로의 모습 외에는 따로 볼 것이 없다. 사람들은 당신을 신뢰하거나 불신할 시각적 단서를 찾을 것이다. 그러니 상대를 알아야 한다. 해변 파티 차림으로 이사회 회의에 참석하지 마라.

목표는 '적절하면서도 자신감이 느껴지는' 차림을 하는 것이다. 회의 자리에서 적절한 복장을 갖추는 것은 신뢰감과 공감대를 형성하는 데 도움이 된다. 또한 자신감 있게 보이는 것은 당신이 가진 최고의 모습으로 회의에 참석하도록 해준다. 그러니 어떤 회의에서든, 특히 약간 위험한 회의에서는 미리 준비하여 적절한 복장을 갖춰라.

2. 들을 때와 말할 때를 구분하기

화상 통화의 난제 중 하나는 모두가 발언할 수 있도록 보장하는 것이다. 거기에는 당신의 발언도 포함된다. 한편으로는 사람들이 소외되거나 침묵하거나 구석에서 무관심하게 있을 수 있다. 다른 한편으로는 소수의 사람들이 대화를 지배하거나 끼어들고 결국에는 회의를 망칠 수 있다.

까다로운 사람을 상대하는 방법은 당신이 회의를 주재하는지 여부에 어느 정도 좌우된다. 하지만 당신의 역할과 무관하게 분위기를 파악해야 한다. 말하는 사람뿐 아니라 전체 참가자를 살펴려고 노력하라. 그들의 신체 언어(정확하게는 상체만 보이니까 상체 언어)를 읽어라. 조용한 사람들이 스스로 나서기를 기대하지 말고 발언을 요청하라. 투표 기능 같은 도구나 반응을 통해 참가자들이 모두 잘 따라오는지 확인하라. 기대 수준과 시간 제한 및 발언에 대한 규칙을 정하여 누구의 감정도 다치지 않게 하라. 카메라를 계속 켜두는 것을 장려하라(또는 요구하라).

가상 환경에서 적극적 경청은 당신의 초능력이 될 수 있다. 고개를 끄덕이거나, 듣고 있음을 알리는 소리를 내거나, 깊이 있는 질문을 던지는 것은 협력적 분위기를 촉진하는 데 상당한 역할을 한다. 이는 말하지 않고도 "당신의 말에 귀 기울이고 있으며, 당신의 아이디어를 중시합니다"라고 알리는 것이다.

3. 플랫폼 기능 숙지

당신이 이용하는 가상 플랫폼의 기능을 속속들이 파악하라. 창피한 브라우저 탭을 가리고, 당신이 보는 화면을 공유하는 기능이나 누군가의 말을 끊지 않고 동의를 알리는 편리한 이모지를 올리는 기능 따위 말이다. 당신이 이용하는 가상 플랫폼은 하나의 도구다. 이는 사용법을 익힐 수 있음을 뜻한다. 문제가 생기면 주저하지 말고 도움을 청하거나 온라인 검색을 하라.

도구가 아니라 사람에게 대부분의 주의를 기울여야 한다. 다시 말하지만 이는 언제나 이상적인 일이다. 하지만 까다로운 동료와 소통할 때는 필수적인 일이 된다.

가상 플랫폼과 씨름하지 말고 협력하라. 그것의 힘을 빌려라. 특정 기능이 없다고 화내지 말고 있는 기능을 활용하라.

4. 이목을 끄는 프레젠테이션

아이폰을 소개하는 스티브 잡스에게 도전한다는 생각으로 이목을 끌어라. 활기차게, 자신감 있게 말하라. 시각 자료와 인터랙티브 투표 기능을 활용하라. 요점을 부각하는 밈을 넣어라. 가상 세계에서는 관심도가 핵심임을 명심하라. 당신의 경쟁자는 단순한 지루함뿐만이 아니다. 화면 밖에서 꽃병을 넘어뜨리는 반려동물이나 초인종을 울리는 아마존 배달원도 경쟁자다.

궁극적으로, 가상 환경을 잘 다룬다는 것은 그 자리에 있지 않아도 존재감을 드러내는 데 있다. 그 부분적인 요건은 앞서 말한 대로 디지털 플랫폼을 최대한 활용하는 능력이다. 하지만 큰 부분을 차지하는 것은 당신의 마음가짐, 신체 언어, 어조다. 사람들이 스크린을 쳐다보고 있다는 사실을 잊게 만들어라. 사람들의 흥미를 자극하고 이목을 끌어라. 어젯밤에 그들이 버렸어야 할 쓰레기를 배우자가 대신 버리러 가면서 째려보고 있다는 사실을, 냉동음식을 해동했다는 걸 잊어버리는 바람에 전자레인지가 몇 번이고 울리고 있다는 사실을 알지 못할 정도로 말이다.

5. 충분히 소통하기

당신이 온라인에서만 접하는 동료는 슈퍼마켓에서 당신을

만나도 알아보지 못할 수 있다. 그래도 소통하고, 소통하고, 또 소통하면 기억에 남는 효과적인 의사소통을 할 수 있다. 그렇다고 해서 시도 때도 없이 슬랙 메시지를 날리라는 말이 아니다. 팀원들에게 당신의 프로젝트와 그에 대한 생각을 시기적절하게 계속 알리라는 말이다. 혼란스러운 상황을 명확하게 정리해주는 사람이 되어라. 그러면 과거의 복사기처럼 없어서는 안 될 존재가 될 것이다.

여기서 줌이나 팀즈 같은 디지털 도구가 빛을 발한다. 당신은 "굳이 회의할 것 없이 이메일로 하면 되잖아"라는 불평을 들어봤을 것이다. 하지만 영상 통화는 이메일의 편의성과 실제로 회의하는 듯한 '느낌'을 결합하여 그 사이에 자리한다.

까다로운 사람을 상대할 때도 마찬가지다. 영상 통화는 이메일이나 심지어 전화로도 할 수 없는 방식으로 당신의 관심과 진심 그리고 인간적 측면을 보여줄 기회를 제공한다. 또한 상대는 당신의 신체 언어와 어조를 해독할 기회를 얻는다. 이는 민감한 상황에서 대단히 큰 도움이 된다. 물론 까다로운 사람과 되도록 접촉하지 않으려는 마음은 이해한다. 그래서 그냥 짧은 이메일이나 문자메시지만 보내고 싶을 수 있다. 그래도 이런 도구를 활용하여 좀 더 깊게 소통하는 방안을 고려하라.

가상 환경에서 소통하는 기술은 (최소한 허리 위로) 적절한 복장을 갖추고, 화면 속 존재감을 확실히 드러내고, 소통 과정에서 정신줄을 놓지 않는 미묘한 무용과도 같다. 이 혼합형 업무 공간에서는 유연성과 창의성 그리고 약간의 유머 감각이 최고의 친구라는 사실을 명심하라.

그러니 다음 줌 통화 때는 화면을 적절하게 자른 후 슈퍼히어로 캐릭터가 그려진 파자마를 자랑스럽게 입어라. 지금까지는 가상 업무 공간에서 마이크로 소통하면서 성공하는 방법을 살펴보았다.

이메일: 안 읽을 수 없는 글

대다수 업무 이메일은 잘 써도 지루하기 짝이 없고, 못 쓰면 도통 무슨 말인지 알 수 없다. 모두가 이메일 앱을 여는 순간 소통하는 법을 갑자기 잊어버리는 것 같다. 그래도 걱정하지 마라. "지난 이메일에서 말씀드린 대로"라고 말하는 속도보다 더 빨리 '삭제' 버튼을 누르고 싶게 만들지 않는 이메일을 쓰는 방법은 누구나 익힐 수 있다.

1. 간결하게

첫째, 간결함은 재치의 핵심이다. 특히 이메일은 더욱 그렇다. 어떤 사람들은 이메일로 소설을 쓰는 게 도움을 주는 거라고 생각한다. 하지만 현실을 직시하자. 업무시간에 《전쟁과 평화》를 읽을 시간은 없다. 당신의 이메일이 틱톡 동영상보다 길다면, 이미 본질을 놓친 것이다. 바로 본론으로 들어가라.

다른 한편으로, 분량을 너무 줄이다가 암호 같은 한 줄짜리 이메일을 써서도 안 된다. 그러면 모두가 당신이 원하는 게 무엇인지 추측해야 한다. 짧으면서도 알찬 정보를 담아 완벽하게 구성한 소셜미디어 포스트처럼 절호점을 찾아라.

이메일에 쓸 글이 일반적인 스파이 소설보다 길다면, 전화를 걸거나 직접 찾아가는 것을 고려하라. 대화로 전하는 편이 더 적절한 내용이라면 이메일이라는 매체 뒤에 숨지 마라.

2. 긍정적 어조로

서면 의사소통은 대개 두 가지 위험을 안고 있다. 첫째, 상대를 직접 대면하지 않을 때는 부정적인 말을 하기가 더 쉽다(그래서 온라인에서 험한 말이 오가는 것이다). 둘째, 글은 쓴 사람이 의도한 것보다 더 부정적으로 해석하기 쉽다. 글로 쓴 내용은 더 무서워 보인다. 이 두 가지 사실을 고려하면 까다로운 이메일을 쓰는 방법을 찾을 수 있다.

어떻게 하면 이런 부정적 효과를 상쇄할 수 있을까? 이메일에 약간의 긍정적인 내용을 포함하라. 그래야 당신이 의도한 것보다 더 나쁘게 읽히는 일을 피할 수 있다. 반대로 당신이 이메일을 받는 쪽이라면 발신자의 의도를 최대한 좋게 해석하고, 명확하지 않은 부분을 분명하게 파악하라.

또한 두려움과 분노는 우리가 쓰는 단어에 몰래 숨어드는 경향이 있음을 인식하라. 이는 우리가 말할 때 신체 언어와 어조에서 그런 것이 드러나는 것과 비슷하다. '무엇을' 쓰느냐가 아니라 '어떻게' 쓰느냐가 중요하다. 아래 예를 보라.

〈프로젝트 기한 상기〉

팀원 여러분,

모두 잘 알겠지만, 다음 주 금요일이 프로젝트 기한입니다. 그런데도 일부 팀원은 담당 작업분을 제출하지 않았습니다. 다들 바쁘다는 걸 알고 있습니다. 하지만 프로젝트가 성공하려면 모두의 노력이 반드시 필요하다는 걸 명심해주세요. 앞으로는 기한을 잘 지키도록 합시다.

감사합니다.

이 이메일은 겉으로 보면 정중하고 사무적이다. 하지만 그 이면에 분노와 비난의 기운이 느껴지지 않는가? 이런 이메일을 받으면 지적당한 기분이 들거나, 누가 프로젝트를 망치고 있는지 궁금해하거나, 상사가 다시 심술을 부리고 있다고 생각할 것이다. 다음은, 같은 내용을 약간 다듬은 것이다.

〈프로젝트 완수를 위한 지원 제안〉

팀원 여러분,

이 이메일이 모두에게 잘 전달되기를 바랍니다. 프로젝트 기한이 다음 주 금요일로 다가왔습니다. 이에 각자 맡은 부분을 완료하는 데 도움이 필요한 사람을 지원하고자 합니다. 다들 다양한 업무를 처리하고 있다는 걸 알고 있습니다. 또한 이 프로젝트를 성공시키기 위해 모두가 노력하고 헌신한 점을 고맙게 생각합니다. 어떤 문제에 직면했거나 제가 도울 일이 있다면 부담 없이 알려주세요.

감사합니다.

이 이메일도 여전히 시급성과 책임성을 상기시킨다. 하지만 팀원들을 은근한 방식으로 비난하는 것이 아니라 지원하겠다고 말한다. 팀원들을 소외시키지 않고 협력을 제안한다. 개별 팀원의 실패를 지적하지 않고 팀의 성공에 초점을 맞춘다.

이메일에서 부정적인 느낌을 주는 표현들이 많다. 다음 페이지에서 예시를 확인할 수 있다. 이는 눈치를 보는 게 아니다. 그저 상대방의 입장을 헤아리는 것일 뿐이다.

부정적 표현 대신 긍정적 표현으로

"앞선 이메일에 대한 답신을 아직 받지 못했습니다" → "답신을 하지 못할 수도 있다는 걸 알고 있습니다만, 현재 진행 상황을 알려주시겠습니까?"

"요점을 놓친 것 같아 말씀 드립니다" → "알리고 싶은/신경써주었으면 하는 점이 있습니다"

"그냥 상기시키려고 하는 말인데…" → "~건을 확인하는 중입니다"

"의도한 바가 맞는지 모르겠습니다만…" → "상의해야 할, 의견 차이가 있는 것 같습니다"

"괜찮습니다. 내가 직접 하죠" → "어려운 일이니 함께 하는 게 어떨까요?"

"참고로 말씀드리면 우리는 일반적으로…" → "우리는 일관성과 품질을 보장 하기 위한 모범 관행으로서 대개…"

3. 인간미를 담아서

이제 업무 이메일을 감염시키는 인간미 실종 사태로 넘어가 보자. 물론 업무는 업무다. 하지만 그렇다고 해서 사람들을 지루하게 만들도록 프로그래밍된 로봇처럼 말해야 하는 것은 아니다. 인간미를 담는다고 해서 문자메시지를 이모지로 도배하거나 (제발 그러지 마라), 모든 문장을 느낌표로 끝내거나(제발 그러지 마라!!), 누군가의 소셜미디어를 훔쳐보며 주말에 한 일에 대한 포스트에 댓글을 달라는(약간 소름 끼친다) 것은 아니다.

약간의 인간적 측면을 담으라는 것이다. 이는 상대에게 인간적으로 다가서는 것을 뜻한다. 약간의 온기는 냉정한 기업의 권력자가 보낸 듯한 느낌을 지우는 데 큰 도움을 준다. "좋은 주말 보내세요"나 "큰 프로젝트를 마무리한 것을 축하합니다" 같은 간단한 인사도 '읽은 것으로 처리'되는 이메일을 실제로 읽히는 이메일로 바꿔준다.

4. 명확하게

명확성은 최고의 우군이다. 지루한 이메일보다 더 나쁜 게 있다면 그것은 읽기 전보다 더 혼란스럽게 만드는 이메일이다. 모두가 당신의 머릿속을 들여다볼 수 있다고 가정하지 마라. 당신이 무엇을 원하는지, 왜 원하는지, 언제 원하는지 명확하게 밝혀라. 그리고 효율성을 높여주는 모든 것을 사랑한다면, 방점을 우군으로 삼아라. 방점은 명확성과 간결성으로 이어지는 지름길이니, 마음껏 활용하라.

누군가는 이렇게 말했다. "이해받기 위해 쓰는 것만으로는 충분치 않다. 오해가 생기지 않도록 써야 한다." 나는 이 말에 전적으로 동의한다. 상대, 특히 까다로운 사람이 당신의 메시지를 어떻게 받아들일지 고려하고, 명확성을 기하는 데 집중하라.

이메일을 쓰는 목적은 인간적 수준의 유대를 쌓고 소통하는 것이다. 디지털 공간에 당신의 메시지를 던져놓고 상대가 요지를 이해할 것이라 바라지 말아야 한다. 효율적이고 효과적인 '길이'에, 긍정적이고 존중심을 담은 '어조'로 당신의 메시지를 전하라. 그리고 약간의 '인간미'를 담고 '명확성'을 기하라.

대면: 대인 기술의 근육

코비드 19는 우리에게 줌을 더 잘 활용하는 법을 가르쳤다. 하지만 대면 소통 측면에서는 나쁜 영향을 미쳤다. 2023년에 1,500여 명의 비즈니스 리더를 대상으로 실시한 조사 결과를 보면, 기업 열 곳 중 여섯 곳 이상이 2024년까지 예절 교육을 실시할 예정이라고 한다. 거기에는 정중하게 대화하는 법, 적절한 복

장을 갖추는 법, 이메일 쓰는 법, 눈 맞추며 대화하는 법 등이 포함된다.[53]

스완예절학교 설립자인 일레인 스완은 이렇게 말한다. "재택 근무를 하다 보면 조화로운 직장 문화에 필요한 대인 기술을 쓸 일이 없습니다. 대인 기술은 근육과 비슷해서 쓰지 않으면 약해집니다."[54]

모든 직장에서, 팬데믹 이후 예절을 회복시켜야 한다. 물론 팬데믹 이전에도 이런 문제를 다루는 것은 쉽지 않았다. 사람마다 편차도 있었다. 나는 앞서 말한 대로 내향인이다. 어떤 사람들은 내가 하는 일에 비추어볼 때 내향인이라는 사실을 놀라워한다. 실제로 나는 때로 일주일에 몇 번씩 수천 명 앞에서 강연한다. 하지만 내게 청중 앞에서 강연하는 일은 잡담이라는 공포스러운 괴물과 씨름하는 일보다 훨씬 쉽고 기운을 덜 소모한다.

나는 대화를 잘하기 위해 노력해야 했다. 아마 당신도 그럴 것이다. 타고난 외향인이라 해도 말을 배울 때부터 대면 소통 기술을 연마해야 한다.

지금은 화상 회의와 이메일이 보편화되었다. 그래도 많은 사람들은 여전히 함께 일하는 사람들과 직접 부대끼며 매주 많은 시간을 보낸다.

구체적으로 다음과 같은 것들을 배워야 한다.

다른 사람들과
효과적으로 소통하고
일하기 위해서
대인 기술

'근육'을

키워야 한다

1. 잡담으로 신뢰를 쌓고

인간은 사회적 동물이다. 우리는 교류를 통해 차츰 신뢰를 쌓아나간다. 이는 모든 접촉이 관계를 강화할 수 있는 기회임을 뜻한다. 거기에는 지금까지 우리가 이야기한 까다로운 사람처럼 상대하기 약간 어려운 사람과의 관계도 포함된다.

반드시 회식 자리에서 분위기를 주도하는 사람이 될 필요는 없다. 하지만 완전히 사무적인 사람이 되어서도 안 된다. 가벼운 대화를 시간 낭비나 번거로운 일로 여기지 말고, 까다로운 사람과 신뢰를 쌓는 수단으로 활용하라. 날씨, 스포츠, 사내식당 음식 같은 사소한 주제를 통해 소통하라. 그러면 나중에 껄끄러운 문제가 생겨도 적어도 소통의 발판은 마련된다.

잡담이 너무 힘들다면 몇 가지 해결책을 제안한다.

- **대화를 시작할 화제를 미리 준비하라:** 당신이 거주하는 도시에서 최근에 일어난 일이나 연고 스포츠 팀의 성적처럼 무난한 화제에 기대라.
- **열린 질문을 하라:** "이번 주말에 뭐 하셨어요?"나 "취미가 뭐예요?" 같은 질문은 상대가 이야기하게 만들고 당신의 부담을 덜어준다.
- **당신의 인생담을 조금씩 들려줘라:** 너무 과하게는 말고, 공감대

를 형성할 수 있는 당신의 과거나 개인적 삶에 대한 이야기를 들려주는 것을 두려워하지 마라.

- **정적을 받아들여라:** 모든 순간이 말로 채워져야 하는 것은 아니다.
- **당신의 성격을 수용하라:** 당신의 내향적 성격도 사려 깊은 태도나 관찰력처럼 대화를 잘하는 데 도움이 될 수 있다. 대화를 장악하지 않아도 상대의 관심을 불러일으킬 수 있다.
- **너무 민감해지지 마라:** 사람들은 당신이 생각하는 것보다 당신에 대해 덜 생각한다. 또한 당신이 시도했다가 실패한 농담을 하루 종일 떠올리지도 않는다. 느긋하게, 다정한 태도로, 대화를 즐겨라.

2. 비언어적 메시지를 해독하고

신체 언어는 비언어적 의사소통 방식을 말한다. 거기에는 표정, 몸짓, 자세, 움직임, 눈맞춤, 개인적 공간, 접촉, 그리고 (적어도 일부 정의에 따르면) 어조와 목소리 크기가 포함된다.

전문가들은 이런 신호가 의사소통의 60~70퍼센트를 차지한다고 추정한다. 또한 연구 결과에 따르면 비언어적 메시지는 대개 언어적 메시지보다 신뢰도가 더 높다.[55] 이는 내가 입으로 하는 말이 몸으로 하는 말과 일치하지 않을 때, 상대는 대개 후자를 믿는 경향이 있음을 뜻한다.

당신은 다음의 비언어적 신호 중에서 얼마나 많은 신호를 바로 인식하고 해석하는가?

- 찡그리기
- 미소 짓기
- 어깨 으쓱하기
- 눈 찡긋하기
- 노려보기
- 팔짱 끼기
- 엄지 세우기
- 눈알 굴리기
- 허리에 팔 올리기

- 꼼지락거리기
- 고개 끄덕이기
- 하품하기
- 몸 앞으로 기울이기
- 몸 뒤로 기울이기
- 눈썹 치켜올리기
- 입술 꼭 다물기
- 주먹 꽉 쥐기
- 눈 크게 뜨기

당신은 아마 이 모든 신체 언어를 바로 머릿속에 떠올릴 수 있을 것이다. 우리는 본능적으로 '조용한 부분' 즉 말로 하지 않지만 신체 언어를 통해 알리는 부분을 읽어서 다른 사람들의 생각과 감정을 감지한다.

근본적으로 이는 마음을 읽는 것이며, 일종의 초능력이다. 그 방법을 잘 익힐 수 있다면 말이다.

스트레스를 많이 받는 순간에는 신체 언어를 잊어버리기 쉽다. 가령 중요한 프레젠테이션이나 홍보를 할 때 억지로라도 속도를 늦추고 분위기를 읽어라. 그다음 그에 맞춰서 대응하라. 듣는 사람들이 방어적이거나 두려워하거나 혼란스러워한다면, 미리 계획한 대로 무작정 밀고 나가지 마라. 방향을 전환하라. 질문을 던져라. 우려사항에 대응하라. 앞으로 나아가기 전에 그들의 이해를 이끌어내라. 안 그러면 거기서 그냥 멈추는 편이 낫다. 그들이 당신의 말을 듣지 않거나 머릿속으로 반박할 것이기 때문이다. 이는 둘 다 바람직한 의사소통이 아니다.

신체 언어를 당신에게 유리한 방향으로 활용할 수도 있다. 다시 말하지만 핵심은 인지력이다. 까다로운 사람과 어려운 이야기를 나눌 때 서 있는 자세와 표정 그리고 몸짓으로 당신이 알리는 것에 주의를 기울여라. 당신의 모습이 폐쇄적인가, 공격적인가, 회의적인가, 화난 것처럼 보이는가, 걱정하는 것처럼 보이는가, 낙담한 것처럼 보이는가?

신체 언어를 적어도 오랫동안 정말로 '꾸며낼' 수는 없다. 하지만 당신의 신체 언어를 당신이 취하려는 접근법에 맞출 수는 있다. 팔짱을 풀고, 미소 짓고, 얼굴 근육을 이완하고, 천천히 말하고, 눈을 크게 뜨고, 열린 자세를 취하고, 고개를 끄덕여라. 개방적인 태도와 협력의 의지를 알리는 다른 모든 신체 언어를 사용하라.

3. 매너 있게

아이들은 좋은 매너와 올바른 에티켓을 인위적 규칙이라 여긴다. 하지만 어른들은 그렇지 않다는 걸 안다(알아야 한다). 매너와 에티켓은 적절한 행동을 통해 상대에 대한 존중을 보이기 위한 것이다.

핵심은 '적절함'이다. 야구 경기를 볼 때는 고함치고 소리 질러도 된다. 하지만 레스토랑에서는 그러면 안 된다. 벽에 '고함 금지'라는 표지판이 걸려 있지 않아도 말이다. 왜 그럴까? 어린 시절에 그것이 부적절하고 무례한 행동임을 배웠기 때문이다.

마찬가지로 직장에서 대화할 때도 모두가 잘 지내도록 해주는 묵시적 행동 수칙이 있다. 그 내용은 문화, 기업, 팀마다 다르다. 따라서 주의를 기울일 필요가 있다. 당신이 답을 찾아야 할 문제는 "무례하다고 간주되는 것은 무엇인가?"와 "적절하다고 간주되는 것은 무엇인가?"이다.

좋은 매너는 모두에게 중요하다. 하지만 까다로운 사람을 상대할 때는 특히 더 중요하다. 거기에는 두 가지 이유가 있다. 첫째, 까다로운 사람은 당신의 신경을 건드리고 매너를 잊게 만들 가능성이 더 높다. 둘째, 까다로운 사람은 당신이 무례하게 대하면 불쾌해하거나 화낼 가능성이 더 높다.

다음은 대화할 때 좋은 매너를 유지하는 데 도움이 되는 몇 가지 팁이다.

- **이야기할 때 눈을 맞춰라:** 자꾸 휴대폰이나 시계를 확인하지 말고 허공을 바라보지 마라.
- **끼어들지 마라:** 이는 중요한 매너다. 상대가 말을 끝내지도 못하게 할 거라면 대화할 이유가 무엇인가? 이미 당신이 전부 다 알고 있거나, 적어도 상대에게는 당신이 그렇게 생각하는 것처럼 보이는데 말이다.
- **무시하거나 무례하지 말고 천박한 발언이나 농담을 삼가라:** 프로페셔널한 태도를 유지하라.
- **상대의 이름을 불러라:** (그리고 정확하게 발음하고 써라!) 모두가 자신의 이름이 불리는 걸 좋아한다.
- **상대의 위상을 고려하라:** 서로 가까운 사이라 해도 상대의 위치, 권위, 직책은 그들에게 중요하다. 굽실거릴 필요는 없지만 너무 허물없이 대하다가 선을 넘지는 마라.
- **말하기보다 들어라:** 대화의 균형과 초점을 인식하고, 의도적으로 상대에게 흐름을 돌려라.

먼 나라에 사는 누군가와 줌 통화를 하든, 까다로운 동료에게 이메일을 쓰든, 회사 복도에서 잡담을 나누든 간에 당신이 다른 사람들과 소통하는 방식은 중요하다. 올바른 도구를 고르고 올바른 방식으로 활용하라.

상대와의 관계가 중요하다는 사실을 명심하라. 상대가 윗사람인가? 아랫사람인가? 동료인가? 당신이 맺은 관계의 역학과 복잡성에 주의를 기울여라.

"모든 머리는 하나의 세계다$^{Cada\ cabeza\ es\ un\ mundo}$"라는 스페인 속담이 있다. 누군가가 이해할 수 없는 일을 했을 때 쓴다. 즉, "왜 저러는지 모르겠지만 나름대로 생각이 있겠지"라는 의미다.

하지만 왜 그냥 넘겨짚기만 하는가? 당신에게는 다른 사람의 머릿속을 들여다볼 수 있는 여러 수단이 있다. 소통에 초점을 맞추면 (거의) 모든 사람과 유대하고 협력할 효과적인 방법을 찾을 수 있다.

지금까지 윗사람(상사나 오너), 아랫사람(직속 부하), 동료(동급자) 중에서 까다로운 사람과 일하는 방법에 대해 이야기했다. 앞으로는 또 다른 까다로운 사람들을 살필 것이다.

바로 회사 바깥에 있는 사람들이다.

CHAPTER 9

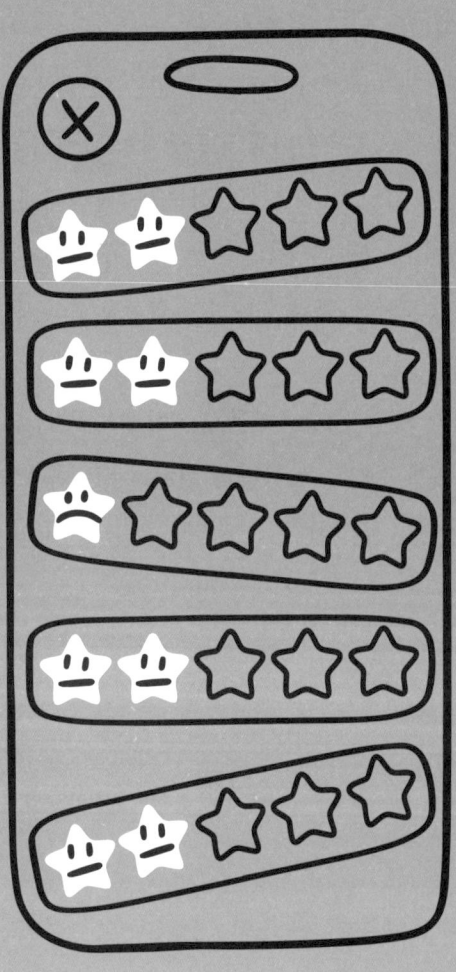

고객이
항상
옳은 것은
아니다

바로잡을 게 하나 있다. 고객이 항상 옳은 것은 아니다. 환자, 의뢰인, 구독자, 사용자, 팬, 승객, 후원자, 회원, 팔로워도 마찬가지다.

'브레드스틱 무제한 제공'이 무료 결혼식 케이터링을 뜻하는 거라고 우기는 고객은 옳지 않다. 구글 검색을 통해 스스로 진단을 내리는 환자는 옳지 않다. 반려 공작새를 데리고 비행기에 탈 수 있게 해달라는 승객은 옳지 않다.

그럼에도 이런 사람들이 당신의 제품을 사거나 당신의 서비스를 이용하거나 당신의 콘텐츠를 소비한다. 당신은 시간과 기운 그리고 때로는 이성까지 잃는 한이 있어도 그들을 존중하고 수용해야 한다고 배웠다.

당신이 수용해야 하는 사람들 중에는 온갖 유형의 까다로운 사람들이 있다. 그 목록은 끝이 없다. 아래에 그중 몇 가지를 제시한다. 당신이 지금까지 겪은 유형이 무엇인지 확인해보라.

- **완벽주의자:** 마더 테레사 수녀를 평가하면서 별 두 개를 줄 사람들
- **걱정꾼:** 저녁 8시에 문자메시지로 말한 나쁜 상황보다 더 나쁜 상황이 방금 생각났다며 밤 10시에 다급하게 문자메시지를 보내는 사람들
- **실종자:** 몇 번이고 자세한 견적서를 요구한 다음 영원히 종적을 감

추는 사람들

- **구두쇠:** 세발자전거를 살 예산으로 우주선을 구매하려는 사람들
- **만물박사:** 잘 알지도 못하면서 당신의 배움과 경험을 무시하고 자기가 맞는다고 우기는 사람들
- **고민꾼:** 어떤 커피를 마실지 정하는 데 위원회가 필요한 사람들
- **호들갑쟁이:** 사소한 문제를 셰익스피어식 비극으로 만드는 사람들
- **초짜:** SEO(검색 엔진 최적화)가 새로 유행하는 다이어트 방법인 줄 아는 사람들
- **미룸쟁이:** 몇 주 동안 아무 말이 없다가 '즉시 답변 요망' 표시가 붙은 긴급한 이메일을 보내는 사람들
- **싸움꾼:** 모든 협의를 논쟁으로 바꾸는 사람들
- **갑질꾼:** 상대할 때마다 당신의 자존심을 짓밟아서 자신의 자존심을 부풀리는 사람들
- **비관주의자:** 모든 문제를 비관적인 시각으로 바라보는 사람들
- **전통주의자:** 인류 문화는 1980년대에 정점을 찍었으며 그 이후로는 내리막길이라고 생각하는 사람들

고객 서비스라는 험한 세계

모든 까다로운 고객 또는 의뢰인에게 맞춰주기 위해 고개를 숙여야 한다는 생각을 언제 갖게 되었는가? 사실 이런 인식은 상당히 오랫동안 존재했다.

"고객은 항상 옳다"는 말은 20세기 초에 해리 고든 셀프리지, 존 워너메이커, 마셜 필드 같은 유통 재벌들이 대중화시켰다. 리츠 칼튼 호텔로 유명한 스위스의 호텔 사업가 세자르 리츠도 "고객은 절대 틀리지 않는다"라는 비슷한 구호를 내세웠다.[56] 이 초기 기업인들은 고객의 필요와 만족을 사업 모델의 전면에 내세움으로써 고객 서비스를 혁신했다. 이 철학은 고객의 선택지가 제한되어 있고 탁월한 서비스로 고객 충성도가 구축되던 시절에는 잘 통했다.

하지만 지금 고객들은 당분에 취한 아기들과 같다. 요구하는 것이 많고 예측하기 힘들며 툭하면 성질을 부린다. 정말로 모든 고객을 항상, 어떤 대가를 치르더라도 만족시켜야 하는 걸까? 옐프에 올라간 나쁜 리뷰 하나 때문에 사업이 망할 수도 있는 세상에서, 그것이 가능하기는 할까? 우리는 까다로운 사람들에게 제품과 서비스를 팔고 교육과 오락을 제공한다. 어쩌면 이제는 그들을 상대하는 방법을 재고해야 할 때인지도 모른다.

당신은 어떤 산업에서 어떤 역할을 하든 간에 꾸준히 까다로운 사람들을 상대해야 할 수도 있다. 그들을 상대하는 능력을 키워야 할 실로 중요한 두 가지 이유가 있다.

첫째는 까다로운 고객이 많기 때문이다. 우리가 조사한 바에 따르면 미국 노동자들이 접하는 까다로운 사람들 중에 고객과 의뢰인이 두 번째로 많은 비중을 차지한다. 55퍼센트의 응답자가 고객과 의뢰인이 까다롭다고 밝혔다. 가장 많은 비중을 차지한 것은 66퍼센트의 응답자가 지적한 동료였다. 다른 모든 범주(간부, 직속 상사, 임원)의 비중은 훨씬 적었다.

훨씬 더 중요한 두 번째 이유는 당신의 사업이 그들에게 의존한다는 것이다. 앞서 까다로운 사람을 상대할 때 무시하거나, 변화시키거나, 배척하거나, 이해하는 네 가지 전략이 있다고 말했다. 우리의 조사에서 까다로운 고객과 의뢰인을 상대하는 경우, 대다수 응답자들은 이해하려 애쓴다고 밝혔다. 흥미롭게도 그들은 동료를 포함하여 함께 일하는 다른 누구보다도 고객과 의뢰인을 상대로 이 전략을 더 자주 선택했다. 다시 말해서 사람들은 동료보다 고객을 이해하기 위해 더 열심히 노력한다.

이는 타당한 일이다. 그렇지 않은가? 고객과 의뢰인은 당신의 밥줄을 쥐고 있다. 또한 회사의 명운도 그들에게 좌우된다. 따라서 그들이 훨씬 우세한 위치에 있다. 그들을 화나게 만들거나 무시하거나 배제할 수는 없다. 당신의 사업은 그들을 위해 존재하기 때문이다.

문제는 그들이 정말 지독하게 까다로울 수 있다는 것이다. 그들을 상대하는 방법을 모르면 빠져나올 구멍이 없는 난관에 빠진 느낌이 들 수 있다. 즉 그들의 갑질을 견디든지 아니면 그들이 올려주는 매출을 포기해야 한다. 둘 다 좋은 선택지는 아닌 듯하다.

중요한 건 이것이다. 실제로 고객들을 상대해보면 안다. 그들도 때로 틀린다는 것을. 그들은 잘못된 팩트를 믿거나, 잘못된 태도를 취하거나, 잘못된 기대를 품거나, 잘못된 행동을 한다. 심지어 괴롭힘, 성차별, 인종차별, 악행을 저지를 수도 있다.

이 경우 어떻게 해야 할까?

먼저 고객 서비스에 대한 관점을 재고해야 한다.

나는 고객 서비스를 혁신한 기업들의 이야기에 이끌린다. 그중에서도 디즈니가 최고다. 해마다 수백만 명의 방문객에게 탁월한 서비스를 제공하려는 디즈니의 꾸준한 헌신은 전설적이다. 디즈니월드 운영 담당 수석 부사장을 지낸 리 코커렐은《완벽한 서비스는 어떻게 탄생되는가Customer Rules》에서 이렇게 썼다.

대단히 경쟁이 심한 오늘날의 시장에서 고객을 확보하려면 탁월한 제품, 뛰어난 기술 서비스, 효율적인 절차, 경쟁력 있는 가격 이상의 것이 필요하다. 실용적 필요뿐 아니라 감정적 욕구까지 충

족하는 진정한 인간적 상호작용을 통해 고객과 진정으로 소통해야 한다. [57]

나는 그의 전체론적 관점을 좋아한다. 고객은 사람이며, 사람은 '실용적 필요'뿐 아니라 '감정적 욕구'도 갖고 있다. 두 가지 요소가 모두 중요하다. 특히 우리가 까다롭다고 말하는 어려운 사람을 상대할 때는 더욱 그렇다.

고객 서비스 부문의 탁월한 능력으로 명성을 얻은 수많은 기업이 있다. 예를 들자면 리츠 칼튼, 노드스트롬, 자포스, 니먼 마커스, 칙필레 같은 이름들이 생각난다. 이 기업들은 정책과 절차는 다를지 몰라도 공통점이 하나 있다. 그들은 모든 고객, 특히 까다로운 고객에게 탁월한 서비스를 제공하고 싶어 한다.

이 기업들은 바로 이 점 때문에 두각을 드러내지 않았나? 이 점은 또한 당신도 두드러지게 만들 수 있다. 다정한 사람에게는 누구나 다정할 수 있다. 하지만 까다로운 사람을 어떻게 다루는지는 고객 서비스 기술을 시험하는 리트머스 시험지다. 당신은 사람들의 어두운 면을 접했을 때 침착함을 잃지 않고 해결책을 찾을 수 있는가? 또는 같은 맥락에서 인간적 측면을 보았을 때도 그렇게 할 수 있는가? 스트레스, 무지, 방어적 태도, 짜증, 이기심, 조바심 같은 것들은 인간성을 이루는 요소들이다.

사람들이 천사처럼 행동하지 않는다고 해서 **악마**라고 부르지 마라. 그들은 단지 **인간**일 뿐이다.

그렇다면 어떻게 해야 다른 사람들과
더 잘 교류하고 협력할 수 잇을까?

까다로운 고객을 상대하는 법

지금까지 우리가 살핀 모든 원칙을 고객과 의뢰인에게도 적용할 수 있다. 여기서는 고객 서비스에 특화된 몇 가지 원칙을 제시하도록 하겠다. 이 원칙은 고객이 까다로울 때 더욱 요긴하다.

1. 친절함으로 놀라게 하라

사람들이 성질을 부리거나 무례하게 나올 때 방어적인 태도를 취하지 마라. 다정한 응대로 공세를 취하라. 고객 서비스의 기준은 대개 아주 낮다. 당신은 그저 인간적 품위를 조금만 보여주면 된다. 그러면 단기적으로는 갈등이 완화되고 장기적으로는 충성 고객이 생길 것이다.

나는 아이들을 데리고 어린이 행사에 갔던 날을 결코 잊지 못할 것이다. 우리는 배가 고팠다. 그래서 행사장에 있던 푸드트럭으로 갔다. 우리의 주문을 받은 아주머니는 세상에서 가장 밝은 미소를 짓고 있었다. 반면 조리사는 잔뜩 짜증 난 상태였다. 그는 자신의 인생과 직업 그리고 나를 싫어하는 것 같았다. 나 때문에 3인분을 더 만들어야 했기 때문이었다. 솔직히 말하자면, 우리의 주문은 엄청나게 복잡했다. 그러니까 이 이야기에서는 내가 분명히 까다로운 손님이었다. 게다가 우리는 배가 많이 고팠던 터라 너무 많은 음식을 주문했다.

조리사는 계산원 아주머니에게 뭐라고 중얼거렸다. 우리가 무슨 말인지 알아듣지 못한 게 다행이다. 아주머니는 전염성 강한 미소를 유지하면서 "괜찮을 거예요"라고 말했다.

7분이면 만들 수 있는 음식을 우리는 무려 25분이나 기다렸다. 나는 약간 조바심이 일었다. 심지어 화도 났다. 하지만 내가 음식이 다 되었는지 확인하러 갔을 때, 계산원 아주머니는 아까처럼 환하고 진정성 있는 웃음을 지었다. 그녀의 웃음은 나를 완전히 무장해제시켰다. 나는 아이들에게 돌아가 어깨를 으쓱하며 "괜찮아. 기다릴 수 있어"라고 말했다.

그 아주머니가 한 일은 무엇이었을까? 그녀는 스트레스를 받는 상황에서도 이런 깨달음을 얻었다. '이 손님은 까다로워. 나의 동료도 그래. 하지만 거기에 어떻게 대응할지는 내가 선택할 수 있어. 그리고 나의 선택이 상황을 바꿀 수 있어.'

그녀는 내가 조급해할 때도 방어적인 태도를 취하지 않았다. 동료의 나쁜 태도에 휩쓸리지도 않았다. 그 대신 그녀는 웃음과 평정심을 유지했고 나도 같은 모습을 아이들에게 보였다. 그녀가 내게 미소를 짓는 게 아니라 으르렁거렸다고 생각해보라. 이 이야기는 우리 가족 모두가 인생을, 서로를, 모든 푸드 트럭을 싫어하게 되는 다른 결말을 맞았을 것이다.

나는 그녀가 동료의 기분까지 바꾸었는지는 모른다. 하지만 나의 기분을 바꾼 건 분명했다. 그것이 까다로운 상황에서 까다로운 사람을 상대하는 법을 아는 것의 힘이다. 이 이야기에서 나는 상대하기 쉬운 손님이 아니었다. 나의 태도도 그다지 좋지 않았다. 그럼에도 나는 여전히 인간이었고, 그녀는 그 점을 결코 잊지 않았다. 그녀는 나를 투덜대는 손님이 아니라 짜증 내는 아이 둘과 씨름하는 배고픈 아버지로 보았다.

어떤 산업에서 어떤 역할을 하든 간에, 사람들에게 먼저 다정하게 다가갈 수 있는 방법을 고민해보라. 그걸 일종의 놀이로 만들어라. 관대하고 도움이 되는 행동으로 사람들을 놀라게 할 창의적인 방법을 찾아라. 당신의 친절함으로 그들의 투덜거림을 다독여보라.

이 방식이 항상 통하지는 않을 것이다. 상대하기 까다로운 사람을 상대하기 편한 사람으로 바꾸기는 쉽지 않을 것이다. 하지만 그것이 우리의 목표는 아니다.

기억하는가? 우리의 초점은 협력이며, 협력은 언제나 진행형이다. 친절한 태도는 언제나 협력을 개선한다. 설령 당신이 상호작용을 경험하는 양상만 개선한다고 해도 말이다(어차피 당신이 통제할 수 있는 것은 그것뿐이다).

게다가, 다른 선택지가 있는가? 사나운 응대로 그들을 놀라

게 하는 것? 그들과 같은 정도로 투덜대는 것? 부정적인 감정을
더 부정적인 감정으로 이길 수는 없다. 친절함이 언제나 더 나은
선택지다.

2. 불평을 고마워하라

당신이 올바로 받아들이기만 하면 모든 비판은 건설적인
것이 될 수 있다. 당신이 무엇을 잘못했는지 파악하거나, 무엇
을 잘했는지 확인하는 데 도움을 준다. 둘 다 하나의 선물과도
같다.

하지만 처음부터 부정적 피드백을 받으면 당신은 대개 그
피드백이 틀렸으며 당신이 옳다고 가정한다. 그것이 인간의 본
성이다. 초기의 감정적 반응을 넘어서 겸손하고 객관적으로 피
드백을 분석하기 전에는 변화가 필요하다는 사실을 알 수 없다.
방어적 태도를 거부하고 호기심을 수용하는 의식적 선택을 해야
한다.

부정적 피드백은 매우 소중하다. 따라서 당신이 먼저 요청
해야 한다. 기꺼이 비용을 지불해야 한다. 그와 동시에 자신이
중요하다고 생각하는 것을 위해 기탄 없이 말하는 사람을 마음
속으로 소중히 여겨야 한다. 당신과 같은 방식으로 생각하는 사
람들만 주위에 두고 싶은가? 이는 장벽 속에서 사는 것과 같으

며, 본질적으로 위험하다. 그 장벽을 무너뜨릴 까칠한 사람이 필요하다.

제품이나 서비스를 바꿀 필요는 없다고 해도, 홍보 내용을 바꿔야 할지도 모른다. 어떻게 하면 올바른 기대치를 설정하고 그것을 넘어설 수 있을까?

물론 고객은 언제나 자신이 옳다고 생각한다. 하지만 그렇다고 해서 그들이 정말 옳은 것은 아니다. 그들이 말했다고 해서 사실이 되는 것도 아니다. 비판을 효과적으로 평가하려면 여러 사람의 의견에 얼마나 큰 비중을 둘지 알아야 한다.

가령 나는 아내가 내게 어떤 것을 바꿔야 한다고 말하면, 모르는 사람이 인스타그램 댓글에서 나를 비판할 때보다 훨씬 많은 주의를 기울인다. 소셜미디어에서 듣는 목소리들이 중요하지 않다는 건 아니다. 거기서도 배울 점이 있으며, 나는 그 목소리들을 중시한다. 하지만 아내의 말만큼 나의 감정이나 선택에 큰 영향을 미치는 것은 아니다.

브레네 브라운은 소위 '소수 자문단square squad'을 구성할 것을 권한다.[58] 1인치 크기의 정사각형 종이에 당신이 정말로 중요한 의견을 구할 사람들의 이름을 적어라. 종이의 크기를 아주 작게 정한 건 인원을 줄이기 위해서다. 그다음에는 거기에 적힌 사람들의 의견에 귀를 기울여라.

우리는 너무나 자주 '전원 자문단everyone squad'을 구성한다.

모든 친구, 고객, 직원, 소셜미디어 악플러의 이름을 거기에 올린다. 하지만 그들 중에는 크게 신경 쓸 필요가 없는 사람들이 있다.

당신을 진심으로 아끼고, 당신의 약점뿐 아니라 강점에 대해서도 진실을 말해주는 사람의 말에 귀 기울여라. 근거 없는 비판 때문에 꿈을 잃거나 핵심 원칙을 바꾸지 마라. 그 대신 가장 중요한 목소리에 가장 많은 주의를 기울여라.

앞으로는 불만 어린 피드백을 들어도 (적절한 것이라면) 솔직한 비판에 감사하라. 그다음 그 내용을 객관적으로 분석하여 나쁜 것은 버리고 좋은 것은 취하라.

3. 장소에 영향받지 마라

나는 언젠가 자동차 여행을 하면서 가족들을 버키스로 데려갔다. 아직 가본 적이 없다면 버킷 리스트에 꼭 넣어두어라.

버키스에 대해 당신이 알아야 할 것이 있다. 버키스는 주유소 겸 편의점이다. 주유소와 편의점이 오로지 필요할 때만 찾아가서 최대한 빨리 떠나는 곳이며 고객 서비스를 별로 기대할 것이 없는 곳이라는 사실을 이 회사의 경영진은 모르는 듯하다.

버키스는 정반대다. 방대하고, 상품이 잘 갖춰져 있으며, 체계적이고, 깨끗하다. 화장실 칸마다 손 소독제 디스펜서가 있어서 손을 씻지 않을 핑곗거리가 없다. 주유소 줄은 너무 길어서 끝이 보이지 않는다. 실제로 버키스는 가장 큰 편의점(약 7,000제곱미터)과 가장 긴 세차장(약 77미터) 부문에서 세계 기록을 보유하고 있다.[59] 우리 가족은 5성급 리조트에서 휴가를 즐기고 집으로 돌아오던 길이었다. 그런데 버키스에서 더 나은 대접을 받았다. 과장이 아니다. 값을 치르러 계산대로 갔을 때 적어도 10여 명의 직원이 우리를 맞아주었다.

버키스의 고객들이 누구인지 생각해보라. 자동차 여행자들이다. 스트레스에 시달린 운전자와 지친 가족들보다 더 까다로운 고객들이 있을까? 그런데도 그들은 주유소를 성가신 곳이 아니라 도로의 오아시스와 같은 곳으로 만드는 데 성공했다.

아이들은 우리가 갔던 놀이공원에서 산 것보다 더 많은 기념품을 버키스에서 샀다. 그때는 왜 그랬는지 몰랐지만 지금은 알 것 같다. 버키스가 우리의 기대를 뛰어넘었기 때문이다.

물론 수많은 주유소의 수준을 생각하면 그건 어려운 일이 아니었다. 그래도 버키스는 '그 정도까지' 열심히 할 필요가 없었다. 하지만 그들은 그렇게 하기로 선택했다. 업계 표준에 안주하지 않았다. 피곤한 몸으로 찾아오는 고객들을 피곤하게 맞지 않았다. 일하는 '장소'가 일하는 '방식'을 좌우하도록 놔두지 않았다.

어쩌면 당신이 일하는 회사는 그렇지 않을지도 모른다. 그래도 당신은 그렇게 할 수 있다. 매일 최선을 다하지 못할 이유가 무엇인가? 설령 당신이 리츠칼튼에서 일하지 않는다 해도 여전히 우아하고 품격 있고 탁월하게 일할 수 있다.

당신이 팀이나 회사를 이끈다면 사람들의 인식을 뒤집는 문화를 구축하라. 업계 표준에 안주하지 마라. 업계 표준을 만들어라.

4. 화내지 말고 창의적으로

나는 사실 "고객은 항상 옳다"는 말보다 "고객은 절대 틀리지 않는다"라는 세자르 리츠의 말을 더 좋아한다. 고객이 항상 옳은 것은 아니다. 하지만 반드시 틀린 것만도 아니다. 그들의 욕구, 분노, 우려는 진정한 것이다. 그들이 거기에 대응하는 방법이 옳지 않을 수는 있다. 하지만 그렇더라도 그런 감정을 느끼는 게 잘못된 것은 아니다. 다시 말해서 그들의 감정은 정당하지 않더라도 여전히 타당하다. 그들은 결국 인간이며, 인간은 자주 감정에 휘말리기 마련이다.

뛰어난 고객 서비스를 제공하려면 무비판적인 시각으로 고객의 입장을 헤아려야 한다. 그리고 그들의 필요와 우려에 대해 당신이 할 수 있는 일을 파악해야 한다. 결국 심하게 투덜대는 고객도 그저 해결책을 원할 뿐이다. 물론 항의할 거리를 찾는 고객도 일부 있다. 하지만 당신이 상대하는 까다로운 고객 중 다수는 그들의 즉각적인 욕구를 충족할 방법을 찾아주면 훨씬 덜 까다로워질 것이다.

문제는 그들이 요구하는 해결책이 대개 현실과 동떨어져 있다는 것이다. 아직은 누구도 평행 세계로 순간 이동하는 방법을 알아내지 못했다. 따라서 그들이 원하는 수준에 못 미치는 절충안에 만족하도록 만들어야 한다. 이는 고객의 실망을 초래할 수밖에 없다.

안타깝게도 때로는 그것이 당신이 할 수 있는 전부다. 어쩌면 날씨가 나빠서 비행기의 출발이 지연되었고 당신 앞에는 화난 승객들이 줄지어 서 있을 수도 있다. 또는 냉장고가 고장 나서 고기가 모두 상해버렸고 식당 안에는 음식을 받지 못한 배고픈 손님들이 가득할 수도 있다. 또는 배송 과정에서 부품을 잃어버리는 바람에 손님의 차를 제때 수리하지 못했을 수도 있다. 때로는 당신이 바라는 대로 문제를 해결할 방법이 없는 경우도 있다.

그러면 어떻게 해야 할까?

창의력을 발휘하라.

어쩌면 고객이 원하는 해결책을 제공하는 다른 방법이 있을지도 모른다. 또는 그들이 원하는 해결책과는 다르지만 그래도 욕구를 충족하는 해결책이 있을지도 모른다. 고객 서비스에 관한 한, 사과보다는 해결책이 대개 더 효과적이다.

그러려면 경청과 시간이 필요하다.

안타깝게도 고객 서비스에서 이 두 가지 요소가 부족한 경우가 많다. 우리가 너무나 많은 일을 해내려고 서두르기 때문이다. 창의적 해결책을 떠올리려면 고객이 무엇에 대해서, 왜 분노하는지 제대로 알아야 한다. 그들의 관점에서 상황을 봐야 한다. 그래야 당신이 가진 더 많은 지식과 경험을 활용하여 양쪽 모두가 이전에는 생각지 못한 아이디어를 제시할 수 있다.

나의 고객 중 한 명은 고급 피트니스 클럽에서 컨시어지 서비스를 운영한다. 그는 게스트 패스guest pass와 관련하여 극도로 짜증이 난 고객에 대한 이야기를 들려주었다. 그 고객은 프런트 데스크에서 소란을 피웠다. 그의 주장은 본인이 매달 300달러나 내고 있으니 게스트를 언제든 데리고 올 수 있어야 한다는 것이었다. 그는 매니저의 설명을 제대로 들으려 하지 않았으며, 급기야 목청을 높여서 창피를 주고 위협을 가하려 들었다.

매니저는 그를 사무실로 데려가 자리에 앉힌 후 "지금 어떤 상황인지 제가 이해할 수 있게 말씀해주세요"라고 말했다. 그는 외국에서 2개월 일정으로 놀러온 처형과 처조카가 헬스장을 이용할 수 있도록 해주고 싶다고 말했다.

매니저는 이제 상황을 이해했다고 말했다. 게스트 패스를 그렇게 장기간 제공할 수는 없었다. 하지만 처형에게 따로 회원권을 만들어줄 수는 있었다. 그녀는 고객과 이야기를 나누는 동안 그가 애초에 돈 이야기를 꺼낸 이유를 알게 되었다. 그와 함께 회원권을 산 아내는 유방암으로 투병 중이어서 헬스장을 이용하지 못했다. 게스트 패스로 인한 갈등은 단순히 정책 문제에 대한 것이 아니었다. 풀어야 할 감정적 요소가 섞여 있었다.

매니저는 회원비 중 아내 몫을 환불해주었다. 덕분에 고객은 일부 회원비를 돌려받았을 뿐 아니라 처형에게 회원권도 만들어줄 수 있었다. 그리고 가장 중요하게는, 누군가가 자신의 말을 들어주고 이해해주었다는 만족감을 얻었다.

그 고객이 반드시 옳은 것은 아니었다. 하지만 완전히 틀린 것도 아니었다. 그의 태도를 바꾸는 데 필요한 것은 기꺼이 귀기울이고 창의적으로 생각할 줄 아는 매니저였다.

이처럼 가장 필요한 것은 사람들이 당신에게 내세우는 피상적인 것이 아닌 경우가 많다. 특히 양쪽 다 그것이 해결할 수 없는 문제라는 사실을 알 때 더욱 그렇다.

어쩌면 그들은 이야기를 들어줄 사람이 필요한 것인지도 모른다. 어쩌면 그들은 자신의 생각을 표현하고 싶은 것인지도 모른다. 어쩌면 그들은 누군가가 자신의 분노를 이해하고 다독여주기를 원하는 것인지도 모른다. 당신은 그들을 화나게 만든 회사에서 일하고 있다. 따라서 그들은 회사에 하고 싶은 말을 당신에게 하는 것이다.

그게 잘못된 것은 아니다. 어쩌면 당신은 문제를 해결할 수 없을지도 모른다. 하지만 그럴 필요가 없을지도 모른다. 그들은 그저 누군가가 이야기를 들어주고 신경 써주기를 바랐는데, 당신이 마침 그들 앞에 서 있는 것인지도 모른다. 운 좋게도 말이다.

그렇다고 해서 그들의 분노를 받아주는 쓰레기통 노릇을 하라는 말은 아니다. 다만 상대하는 동안 높은 수준의 감정 지능을 발휘해야 한다. 당신은 단지 그들의 불평을 듣기만 하는 것이 아니다. 누군가 자신의 이야기를 들어주기 바라는 욕구를 충족해주는 것이다. 이는 대단히 가치 있는 일이다.

승객들은 당신이 날씨를 바꿀 수 없다는 사실을 안다. 그저 그들이 가족의 장례식에 참석하지 못하게 되었다는 사실을 매우 심각하게 받아들이는 태도가 그들에게 필요한 모든 것일지도 모른다. 또한 손님들은 채식을 하지 않는 이상 한 시간 동안 당신이 마술처럼 음식을 낼 수 없다는 사실을 안다. 그래도 당신이 진심으로 사과하고 다른 좋은 레스토랑을 추천해주면 큰 도움이 될 수 있다. 그리고 차주들은 부품이 어딘가에서 실종되었으며 그것은 당신의 잘못이 아님을 안다. 그래도 당신이 솔직하게 사실을 말하고 공감해주면 (그리고 렌터카를 내주면) 그들의 기분을 바꿀 수 있을지도 모른다.

이처럼 (단지 심리적인 것이라 해도) 사람들의 욕구를 창의적으로 충족하면 사람들은 흔히 달라진 태도로 떠난다. 푸드 트럭에서 웃음을 잃지 않던 아주머니를 기억하는가? 그녀의 고객 서비스는 그녀가 속한 환경을 초월하는 전염력을 지니고 있었다. 나는 그때 먹었던 음식이 기억나지 않는다. 그리고 25분 동안 음식을 기다린 것도 다 지나간 일이다. 하지만 그녀의 우아하고 탁월한 대처는 쉽게 잊히지 않을 것이다.

당신은 어떤가? 까다로운 고객이나 의뢰인, 손님, 방문객, 환자, 팔로워, 시청자, 사용자, 소비자, 또는 다른 누군가가 있는가? 분명 있을 것이다. 내게도 분명 그런 사람이 있다. 또한 앞으로도 더 많이 만날 것이다.

그런 까다로운 사람을 어떻게 상대해야 할까? 같이 화를 내야 할까? 아니면 친절함, 겸손함, 우아함, 창의성으로 대처해야 할까?

누구도 당신 대신 선택해줄 수 없다. 투덜대는 손님도, 회사도, 상사도, 동료도, 또는 다른 누구도. 고객이 항상 옳은 것은 아니다. 그래도 여전히 당신은 그들을 올바로 대할 수 있다. 그 선택은 언제나 당신에게 달려 있다.

고객이 항상 옳은 것은 아니다. 당신이 같이 일하는 모든 까다로운 사람도 마찬가지다. 그들의 관점, 태도, 어조, 요구, 반응, 습관은 잘못된 경우가 많다. 바로 그래서 그들이 까다로운 것이다. 하지만 우리는 중요하지만 불편한 단서 조항에 유념해야 한다. 때로 까다로운 사람이 실제로 옳을 수도, 또는 적어도 완전히 틀리지는 않을 수도 있다. 그들과 효과적으로 협력하려면 그들의 복잡한 메시지에 담긴 복잡성과 뉘앙스에 귀 기울여야 한다. 그냥 까다로운 메신저를 공격해서는 안 된다. 다시 말해서 의견 차이와 갈등을 다루는 일을 더 능숙하게 해야 한다. 지금부터 이 문제를 살펴보자.

CHAPTER 10

나쁜 소식
전달자를
공격하지
마라

사람들은 거짓말을 한다. 이는 내가 지난 10년 동안 수백 개 조직을 상대하면서 알게 된 사실이다. 사람들은 항상 거짓말을 한다.

그들에게는 저마다 나름의 이유가 있다. 그들은 직장 건강 보험 혜택을 좋아하며, 진실을 말하면 그 혜택을 잃을지도 모른다고 생각한다. 또한 그들은 월급이 자동으로 입금되는 것을 좋아하며, 진실은 매달 말일에 그들을 불안하게 만들 수 있다.

하지만 사람들이 거짓말을 하는 가장 큰 이유 중 하나는 상대가 실제로 진실을 감당할 수 있다고 믿지 않기 때문이다. 그들은 잘못된 말이나 원치 않는 진실이 분란을 일으킬까 두려워한다. 또한 그걸 듣는 입장이 되는 것도 그다지 달가워하지 않는다.

그래서 사람들은 하고 싶은 말이나 해야 하는 말을 하지 않고 진실을 얼버무린다. 상황을 왜곡하고 사실을 숨긴다. 갈등을 회피하고, 이견을 직시하는 것이 아니라 외면한다.

하지만 '상사가 화내지 않도록' 또는 '누구누구가 그만두지 않도록' 진실을 희생하면 모두가 피해를 입는다.

나는 모든 주위 사람이 자신의 일을 사랑한다고 태연한 얼굴로 말하던 한 최고위직 임원을 기억한다. 그녀의 주위 사람들은 항상 그렇게 말했고, 그녀는 그걸 항상 믿었다.

내가 그 말이 전적으로 사실은 아닐 거라고 말하자 그녀는 깜짝 놀라며 "근데 왜 거짓말을 할까요?"라고 물었다.

나는 이렇게 대답했다. "안 그럴 이유가 있나요? 월급을 받아야 하잖아요."

많은 리더는 밑에서 일하는 사람들이 자신에게 거짓말을 하는 이유를 이해하지 못한다. 하지만 사람들은 영리하며, 생존해야 한다는 사실을 명심하라. 그들이 당신에게 진실을 말했는데, 그것이 당신의 리더십을 깎아내린다면 어떻게 될까? 그들은 결말이 좋지 않을 것임을 안다. 그래서 그들은 혀를 깨물며 당신이 듣고 싶어 하는 말을 한다. 그리고 당신이 등을 돌렸을 때 다시 웹 서핑을 시작한다.

당신은 진실을 감당할 수 있는가? 이는 당신이 자신에게 던져야 하는 물음이다. 특히 진실을 전하는 사람이 약간 까다롭다면 더욱 그래야 한다. 또한 (그들에 따르면) 진실이 당신의 가정과 상충하거나 어려운 선택을 강요한다면 더욱 그래야 한다. 그리고 (역시 그들에 따르면) 진실이 당신이 생각하는 진실과 어긋날 때 더욱 그래야 한다. 서로의 진실이 충돌하면 어떻게 해야 할까?

이런 순간에는 달갑지 않은 논쟁과 불편한 의견으로부터 자신을 보호하고 싶은 유혹을 느낀다. 또한 나쁜 사실을 알린 사람에게 '까다롭다'는 딱지를 붙이고 메신저를 공격하기 쉽다.

블랙베리의 비극적인 이야기를 생각해보라. 블랙베리 휴대폰을 기억하는가? 나는 2000년대 초반에 쇼핑몰 휴대폰 매장에서 일할 때 블랙베리를 사용했다. 아이폰과 안드로이드폰이 세상을 휩쓸기 전에는 블랙베리가 스마트폰 시장을 지배했다.

사실 블랙베리가 스마트폰 시장을 거의 만든 것이나 다름없다.

블랙베리 이야기는 2002년에 RIM이라는 캐나다의 무선호출기 회사가 세계 최초로 스마트폰을 만들면서 시작되었다. 그들은 그것을 블랙베리라 불렀다. 블랙베리는 이메일 기능을 갖추고 있었다. 기업계는 블랙베리와 사랑에 빠졌다. 임원과 영업 직원들은 더 이상 책상에 묶여 있을 필요가 없었다. 그들은 회의실이나 침실, 화장실, 또는 다른 어디서나 이메일을 보낼 수 있었다. RIM은 4년 만에 100억 달러의 연 매출을 달성했다.

그러다가 2007년에 아이폰이 시장에 폭발적으로 등장했고, 곧 구글의 안드로이드 기반 휴대폰이 뒤를 이었다.

하지만 블랙베리는 아무것도 하지 않았다. 적어도 때를 한참 놓치기 전까지는.

어쨌든 그들의 매출은 여전히 늘어나고 있었다. 그들은 블랙베리가 기업용 휴대폰 시장을 장악했으며, '재미있는' 휴대폰과 서드파티 앱(운영체제나 플랫폼이 아닌 외부 개발자가 만든 앱)을 들고 나온 신생 기업들은 일반 소비자를 대상으로 한다고 확신했다. 그러다가 마침내 자신들이 만든 게임에서 지고 있다는 걸 깨달은 후에도 느리고 비효율적으로 대응했다. 아이폰의 '대항마'로 내세운 불운의 블랙베리 스톰이 크게 망하면서 명성은 추락했다. 5년 후, 블랙베리의 시가총액은 700억 달러나 감소했고 시장 점유율은 미미한 수준으로 쪼그라들었다. 스마트폰이라는 판도라의 상자를 연 기업치고는 처참한 몰락이었다.

그들은 왜 더 빨리 대응하지 않았을까? 문제 중 하나는 사고의 다양성이 부족했다는 것이다. 2012년에 두 명의 공동 CEO가 투자자들의 압박으로 물러난 직후, CBS 〈머니와치〉에 실린 기사는 이렇게 지적했다. "의장과 수석 이사를 포함한 RIM의 외부 이사 여덟 명 모두가 회계사, 경제학자, 금융계 인사였다." 기자는 "생각이 비슷한 사람들은 비슷하게 사고하며 집단사고에 빠지기 쉽다"고 덧붙였다.[60]

'집단사고'는 심리학 용어로서 집단이 의도치 않게 사고의 동일성을 '강제'하는 것을 말한다. 화합을 지나치게 중시한 나머지 이견을 억누르기 때문이다. 이는 근본적으로 집단적 자기 기만이며, 다양성 결여로 인한 죽음을 부른다.

집단사고에 빠진 적이 있는가? 회의실이나 줌 대화방에서 이견이 억눌리는 것을 본 적이 있는가? 현실적으로 우리에게는 사고의 다양성이 필요하다. 의견 차이가 필요하다. 이는 까다로운 소수가 까다로운 의견을 피력할 수 있도록 허용해야 한다는 것을 뜻한다. 설령 그것이 우리를 불편하게 만든다고 해도 말이다.

　근본적으로 RIM의 의사결정자들은 자신들이 옳다고 생각했고, 자신들을 믿었다. 솔직히 말하자면 이는 상당히 흔한 행동 양상이다. 훗날 한 블랙베리 내부자는 이렇게 말했다. "문제는 우리가 고객의 말을 더 이상 듣지 않았다는 게 아닙니다. 우리는 장기적으로 고객에게 필요한 것이 무엇인지를 그들보다 더 잘 안다고 믿었습니다."[61]

　RIM이 시장 추세 변화에 대응한 방식은 리글리 껌으로 유명한 윌리엄 리글리의 방식과 상반된다. 리글리는 자신과 의견이 다른 직원들의 말에 귀 기울였다. 또한 그는 고객의 피드백을 참고하여 제품과 전략을 재고했다. 이 두 가지 특징은 동전의 양면과 같았다. 그는 듣기 좋은 말만이 아니라 진실을 담은 말도 중시했다. 덕분에 손실을 줄이고 방향을 전환하여 새로운 기회를 잡을 수 있었다.

　그의 성공은 절대 실수하지 않거나 시장을 오판하지 않는 데서 나오지 않았다. 사실 그는 이 두 가지 잘못을 모두 저질렀다. 그가 성공한 부분적인 이유는 자신의 의견과 다르고 자신의 계획을 뒤흔드는 고객과 직원의 의견에 귀 기울였기 때문이다.

이처럼 드문 겸손한 태도는 우리에게 가르침을 준다.

의견이 대립할 때

　까다로운 사람과 잘 협력하고 싶다면 갈등을 받아들여라. 이는 모순처럼 들리지만 맞는 말이다. 의견 대립은 생기기 마련이며, 거기에 대응할 준비를 해야 한다.

　MBTI를 보급한 기업 CPP는 전 세계에 걸쳐 대규모 조사를 실시했다. 그 결과 일반적인 직장인이 직장 내 갈등에 대처하는 데 매주 두 시간 이상을 쓴다는 사실이 밝혀졌다. 이는 미국에서 해마다 3억 8,500만 시간을 갈등에 소요한다는 것을 뜻한다.[62]

　'낭비'가 아니라 '소요'된다고 표현한 것에 주목하라. 갈등은 그 자체로 나쁜 것은 아니다. 물론 좋은 것도 아니다. 갈등은 그냥 갈등일 뿐이며, 다른 사람들과 일하다 보면 겪을 수밖에 없는 현실이다. 갈등을 좋거나 나쁜 것으로 만드는 주된 요인은 두 가지로 정리된다.

- 갈등에 대처하는 방식
- 갈등을 통해 얻는 것

　'갈등에 대처하는 방식'은 주로 앞서 살핀 감정 지능과 관련이 있다. 점잖게, 우아하게, 성숙하게 이견을 제시할 수 있는가?

모든 논쟁이 목청 높이기 시합이나 자존심 대결로 변질되는가? 아니면 마찬가지로 나쁜 대응 방식으로서 그냥 입을 닫고 아예 상대하지 않는가?

> 대다수 사람들은 자신이 비판을 잘 받아들인다고 생각한다. 우리 조사에서 미국 노동자 중 73퍼센트는 직장에서 자신이 개선해야 할 부분에 대한 건설적 피드백에 대체로 잘 대응한다고 응답했다. 임원들은 더욱 강한 자신감을 보여서, 자신의 대응 능력을 높이 평가한 비율이 81퍼센트나 되었다. 하지만 당신이 아는 사람 네 명 중 세 명이 정말로 비판에 잘 대응하는가?

이는 우리가 자신을 과대평가하고 다른 모든 사람을 과소평가하는 데 따르는 문제로 보인다. 우리가 자신에게 솔직하다면, 잘 대응할 때도 있지만 그다지 잘 대응하지 못할 때도 있음을 인정할 것이다. 언제나 개선의 여지는 있는 법이다.

'갈등을 통해 얻는 것'은 결과에 대한 부분이다. 당신은 의견 대립을 발전의 계기로 삼는가? 답을 찾을 때까지 논쟁하고 토론하고 이견을 제시하는가? 아니면 미진한 결과나 실패를 감수하더라도 '평화를 유지하기 위해' 조기에 논쟁을 끝내는가?

건강한 의견 대립은 발전에 필요한 요소다. 어느 정도의 갈등 없이 앞으로 나아갈 수는 없다. 갈등을 적절하게 관리하면 자연히 앞으로 나아가게 된다. 의견 차이는 피해야 할 문제가 아니라 활용해야 할 도구다.

의식적으로 이런 마음가짐을 취해야 한다. 많은 사람이 평화나 생산성에 대한 욕구에 이끌리는데 이것이 동료 간 갈등으로 지체되기 때문이다.

하지만 지체는 일시적이다. 이 점을 명심하면 갈등이 불거지고 생각이 충돌할 때 도움이 된다. 결국 중요한 사안에 대해 논쟁을 벌일 용기나 시간이 없다면, 평화와 생산성을 모두 망치게 된다. 압력이 계속 쌓이다가 터질 것이며, 당신은 그 뒤처리를 해야 할 것이다.

다양한 사고는 명백한 가치를 지닌다. 이 점을 생각하면 모두가 침묵할 때 기꺼이 목소리를 내는 사람에게 자주 '까다로운 사람'이라는 딱지가 붙는다는 사실은 약간 쏠쏠하다. 어려운 질문을 던지고 인기 없는 의견을 가졌다고 해서 그들이 틀렸거나 까다로운 것은 아니다.

그런 점은 오히려 그들을 가치 있게 만든다.

내 친구 마크는 포춘 100대 기업을 이끈다. 그는 자신과 회사의 많은 리더들이 인성 검사를 받은 이야기를 들려주었다. 검사를 진행한 컨설턴트는 그와 다른 두 명의 최고위직 리더가 적극적이고, 결과를 중시하며, 효율성을 추구하는 같은 성향을 지녔다고 알려주었다. 반면 리처드는 달랐다. 그는 공감 능력이 뛰어나고 감정을 중시했다.

컨설턴트는 각자의 성향을 토대로 회의가 어떻게 진행될지 추측할 수 있다고 말했다. 적극적 성향을 지닌 세 명의 리더만 회의에 참석한다면, 15분 만에 일을 진행할 준비를 마칠 것이었다. 하지만 리처드가 회의에 참석하면 속도가 늦춰질 것이었다. 그는 아주 많은 질문을 던질 것이었다. 컨설턴트는, 솔직히 평가해보면, 리처드가 회의에 참석할 때 결과가 더 낫다는 사실을 알게 될 것이라고 덧붙였다.

마크는 컨설턴트의 근거 있는 추측이 정확했다고 내게 말했다. 리처드는 모든 문제에 대해 이견을 제시했다. 하지만 마크의 표현에 따르면 '그냥 성가시게 구는 것'이 아니었다. 리처드는 누구도 더할 수 없는 가치를 더하고 있었다.

마크는 내게 이렇게 말했다. "그다음부터는 리처드의 전문 분야와 관련 없는 회의에도 리처드를 초대했어. 그가 없으면 회의실에는 그냥 밀어붙이는 사람들뿐이었어. 우리에게는 우리를 붙잡고 '감정과 사람 그리고 다른 모든 문제에 대해 이야기해보자'고 말해준 사람이 필요했어."

그들은 회의를 열 때 성격적 측면을 의도적으로 살피기 시작했다. 가령 '회의에서 균형을 잡아줄 사람이 있는지' 검토했다. 그런 사람이 없으면 속도를 늦추고, 실수를 지적하며, 문제를 알릴 수 있는 사람을 초대했다.

당신이 참석하는 회의에서 균형을 잡아줄 사람이 있는가? 당신의 삶, 당신의 사고 절차에서는 어떤가? 충분한 겸손함과 감정 지능을 갖춘 사람만이 균형을 잡아줄 사람을 대화에 끌어들일 수 있다.

이는 쉽지 않은 일이다. 일전에 내가 소셜미디어에서 본 영상은 우리의 삶에 다섯 가지 유형의 사람들이 필요하다고 말했다. 위로하는 사람, 반박하는 사람, 도전하는 사람, 조언하는 사람, 축하하는 사람이다.[63] 우리 모두는 위로해주고 축하해주는 사람들과 어울리는 걸 좋아한다. 또한 대개 좋은 조언을 해주는 사람(우리가 듣고 싶어 하지 않는 말을 하는 사람은 예외지만, 이건 다른 이야기다)에게 고마워한다. 반면, 반박하고 도전하는 사람은 어떤가? 그들은 완전히 피곤한 사람들이다. 그래서 우리는 풍요롭고 건설적인 대화를 중단해버리는 경우가 많다. 그런 대화는 불편하고 아프기도 하기 때문이다.

하지만 이런 요소들을 분리하기는 어렵다. 중요하고 민감하며 시급한 문제를 놓고 논쟁을 벌이다 보면 약간은 격렬해지고 심지어 감정적으로 흐를 수밖에 없다.

그래도 괜찮다. 이는 사람들이 신경을 쓴다는 신호다.

오히려 열정 없는 회의를 더 두려워해야 한다. 모두가 당신의 훌륭한 아이디어에 도장을 찍어주고 점심을 먹으러 나가는 회의 말이다. 이는 무관심 또는 다양성 결여의 신호다. 그것을 건강한 협력과 혼동해서는 안 된다.

함께 어울리는 데 약간의 노력이 필요한 몇몇 사람을 거명할 수 있을 것이다. 당신은 그런 유형의 사람들을 안다. 그중 일부는 당신의 까다로운 사람 명단에 올라 있을 것이다. 예를 들면 다음과 같은 사람들이 있다.

- 모든 문제에 대해 의견을 제시할 자격을 타고났다고 생각하는 오만한 허세꾼
- 사실상 모든 것에 반대하는 고질적 반대자
- 상대를 화나게 만드는 데서 쾌감을 얻기 때문에 악마의 대변인 역할을 하는 싸움꾼
- 감정 지능이 낮고 필터가 없어서 더 성숙해져야 하는 미숙아
- 과거 아픔을 극복하지 못하고 다른 사람에게 화풀이하는 못난이

세상에는 이런 사람들이 있다. 그들은 갈등을 나쁜 것으로 만든다. 하지만 내 생각에 그들은 소수에 불과하다. 대다수 사람에게는 직장이 필요하다. 그래서 함부로 입을 놀리다가 직장을 잃을 위험을 자초하지 않는다. 대다수 사람은 양식이 있으며, 분란을 일으켜서 출세하지 않는다. 또한 기회가 주어지면 대화에 기여할 거리를 갖고 있다.

적당한 양식과 지성을 갖춘 사람이 기꺼이 목소리를 낸다면 경청

하고 존중해야 마땅하다.

우리 모두에게는 리처드 같은 사람이 필요하다. 우리가 듣고 싶어 하는 말만 하지 않고 기꺼이 이견을 제시하는 사람이 필요하다. 어떻게 하면 건강한 의견 대립을 촉진할 수 있을까? 이를 위해 다섯 가지 사항을 제안하고자 한다.

1. 공정하게 싸워라

논쟁이나 토론의 핵심은 '누가' 옳고 그른지 가리는 것이 아니라 '해법'을 찾는 것이어야 한다. 건강한 의견 대립이 탄탄하고 사려 깊은 해결책으로 이어져야 성공한 것이다. 답하기 어려운 질문으로 정제되고 단련된 해결책만이 엄정한 현실에 직면했을 때 무너지지 않는다.

그러려면 당신과 당신의 상대인 까다로운 사람이 지저분하게 싸워서는 안 된다. 누군가가 자기 마음대로 하거나 자존심을 세우거나 이력서를 채우려고 비열한 행동을 저지르면 집단의 힘을 살린 복잡한 해법이 나올 수 없다.

지저분한 술책으로는 다음과 같은 것들이 있다.

- 강압이나 암시
- 조종
- 인격 모독
- 피해자 코스프레

- 위협이나 협박
- 죄책감 유발
- 가스라이팅이나 다른 감정적 괴롭힘
- 대화 거부 또는 '침묵 시위'
- 정보 은폐

상대가 당신에게 맞서면서 이런 술책을 부리는 것 같다면 따로 이야기를 나누는 것이 좋다. 이때, 내가 쓴《수준 향상Leveling Up》에서 지적 겸손이라 말한 태도를 취하라. 이 태도는 토론에 크게 도움이 된다. '내가 틀릴 수도 있어'라는 자세에서 대화를 시작하도록 해주기 때문이다.

가령 이렇게 말할 수 있다. "내가 틀린 것일 수도 있지만 당신이 하는 말과 거기서 느껴지는 분위기로는, 나의 동의를 이끌어내려고 암시하거나 조종을 시도하는 것 같아요. 내가 아는 당신은 그런 일을 할 만한 사람이 아니에요. 당신의 의도를 제대로 이해할 수 있도록 도와주세요. 당신이 전반적으로 추구하는 목표가 무엇이죠?"

당신 스스로 또는 상대가 이런 술책을 부리게 놔두지 마라. 위압적인 사람에게 힘을 주고 다른 모두를 침묵하게 만들 뿐이다. 이는 누구에게도 도움이 되지 않는다.

2. 미루지 말고 싸워라

갈등을 '회피'하는 것은 미덕이 아니다. 갈등을 '관리'하는 것이 미덕이다.

"미루지 말고 싸우라"는 것은 갈등이나 이견을 오래 묵히지 말라는 뜻이다. 며칠 동안 숙고하면서 다른 관점을 살펴야 할 때도 있다. 하지만 몇 달 동안 기다리는 것은 바람직하지 않다. 몇 달, 몇 년, 몇 십 년 동안 문제를 묻어두면 울분만 쌓일 뿐이다. 숨은 울분은 모든 사소한 일을 크게 키우고, 자신에 대한 공격으로 받아들이게 된다. 그렇다면 어떻게 해야 할까?

첫째, 바로 말하라. 위험하거나 멍청한 일이라면 최대한 빨리 이견을 제시하라. 문제나 잘못이 있다면 목소리를 내라.

물론 생각과 자료를 정리할 시간은 필요하다. 하지만 그걸 핑계로 영원히 입을 다물지는 마라. 오래 기다릴수록 해결하기 더 어려워질 뿐이다.

사람들은 당신의 말을 들을 필요가 있다. 어려운 문제를 지혜롭게 표현하되, 반드시 말해야 한다. 반대 의견을 말하는 것을 최후의 수단으로 여기지 마라. 당신이 목소리를 내는 것은 이기심이 아니라 용기에서 비롯된 것이다. 당신은 당신의 이익을 위해 싸우는 것이 아니다. 최선의 길을 찾는 데 기여하는 것이다.

둘째, 빨리 끝내라. 의견 차이를 두고 질질 끌지 마라. 때가 되면 솔직하게, 열성적으로 당신의 생각을 말하라. 그다음 다른 사람의 말을 듣고 해결 방안을 찾아라.

나는 스포츠 팀들이 코트나 필드에서 치열하게 싸우다가도 경기가 끝나면 악수를 나누며 같이 웃는 게 좋다. 그런 모습을 보면 많은 선수가 서로를 존중하고, 심지어 좋아한다는 걸 알 수 있다. 설령 경기 중에는 상대를 이기려고 노력했지만 말이다. 훌륭한 선수는 경기장 바깥의 우정이 경기에 지장을 초래하도록 놔두지 않는다. 경기가 우정을 파괴하도록 놔두지도 않는다.

마찬가지로 직장에서의 의견 대립도 시작 지점과 종결 지점이 있어야 한다. 당신이 바라던 결과가 아니더라도 합의에 이르거나 결정이 내려지면 싸움을 끝내야 한다. 경기는 종료되었다. 악수하고 마무리지어라.

3. 팩트로 싸워라

한 CEO는 내게 "신은 그냥 믿지만, 사람은 데이터를 가져와야 믿는다"라는 신조를 따른다고 말했다. 그는 상충하는 의견, 감정, 생각 사이에 갇히는 것이 얼마나 쉬운지 수없이 경험했다.

의견 대립을 최대한 객관적으로 만들고 싶다면 팩트를 고수하라. 당신이 제시하는 팩트와 그 팩트에 대한 당신의 해석뿐 아니라 모든 팩트를 고수해야 한다. 어떤 사람도 모든 것을 알지는 못한다. 따라서 대화나 통화의 상대가 하는 말을 듣고 거기서 배울 줄 알아야 한다. 상대를 이기려고 팩트를 숨기는 방법으로는 추가 점수를 딸 수 없다.

나의 경험에 따르면 우리는 너무 쉽게 편을 가른다. 너무 빨리 입장을 정하고 너무 많은 일에 목숨을 건다. 이는 불필요한 고뇌다. '우리의' 아이디어를 밀어붙이는 것이 아니라 '최선의' 아이디어를 가리는 데 초점을 맞춰야 한다. 장기적으로 보면 이런 태도가 우리를 더 멀리 나아가게 만들고 비용을 줄여준다.

논쟁에서 정말로 상대를 놀라게 만들고 싶은가? 상대가 당신이 동의하는 말을 할 때 진심을 담아 이렇게 말하라. "맞아요. 좋은 지적입니다. 더 이야기해주세요."

상대는 예상치 못한 반응에 당황할 것이다. 심지어 방어적 태도를 아예 버리고 자신의 주장이 지닌 약점을 인정하거나 당신의 생각을 묻기까지 할 것이다. 열린 자세에서 나온 한 마디 말이 분위기를 완전히 바꿀 수 있다. 상대가 마음을 열지 않을 수도 있다. 그래도 당신은 최소한 진실을 찾는 데 집중했고 상대가 모든 카드를 꺼내도록 만들었다. 이는 당신에게 유리하다.

또 다른 혜택도 있다. 사람들은 당신이 자존심보다 진실을 중시한다는 것을 알게 된다. 당신의 평판이 좋아질 것이다. 사람들은 당신을 더 신뢰할 것이다. 자기 말만 하려는 까다로운 사람과의 관계까지 개선되지는 않을지 모른다. 그래도 당신은 품격 있는 모습을 보임으로써 다른 모든 사람에게 점수를 땄다.

팩트로 싸우는 일에서 당신의 목표는 가장 뛰어나고 폭넓은 관점을 취하는 것이다. 그러려면 세 가지 유형의 사람들을 특별히 주목해야 한다.

1. 베테랑: 당면한 사안과 관련하여 회사에서 가장 경험이 많은 사람. 그들은 산전수전을 다 겪었다. 그러니 "과거에 머문다"거나 "감을 잃었다"고 무시하지 마라. 회사, 제품, 시스템, 절차, 역사, 시장과 관련하여 그들이 몸으로 부딪히며 힘들게 쌓은 경험을 대체할 수 없다.

2. 전문가: 훈련을 거쳐 기술적 이해를 얻은 사람. 그들은 가장 많이 발언하지 않을 수도 있지만, 가장 많은 지식을 가진 경우가 많다. "세부 측면에 너무 사로잡혀 있다"고 비판하지 마라. 세부 측면을 살피는 게 그들의 장기다. 그들은 육감이나 경험이 아니라 객관적 데이터와 실제 조사 결과를 토대로 관점을 제시한다.

3. 신참: 팀이나 이사회 또는 프로젝트에 참여한 지 몇 주 또는 몇 달밖에 되지 않은 사람은 다른 모두가 잃어버렸거나 되찾을 수 없는 것을 갖고 있다. 신선한 관점이다. 그들은 새로운 시선으로 모든 것을 본다. 그래서 다른 사람들이 간과한 문제들을 인식하고, 다른 사람들이 호기심을 갖지 않는

문제에 대해 질문한다. 또한 맹점, 숨은 기회, 놓친 시장, 새로운 용도를 알아낸다. 그들을 이상주의에 빠진 풋내기라고 무시하지 마라. 너무 어리거나 미숙하거나 꿈에 부풀어서 좋은 아이디어를 낼 수 없을 거라고 단정하지 마라.

이런 사람들의 다양한 관점은 필요하다. 모두가 함께 일해야 한다. 각자가 소중하지만, 그 누구도 오류로부터 자유롭지 않다. 현명한 리더나 직원은 모두의 가치를 모아서 더 깊게 이해하고 더 현명한 결정을 내릴 방법을 찾는다.

4. 초점을 맞춰 싸워라

최대한 일과 관련된 사안에 초점을 맞춰야 한다. 개인적 감정이나 성격 차이가 대화를 망치도록 놔둬서는 안 된다. 하버드 로스쿨의 협상 프로그램은 갈등을 세 가지 범주로 나눈다.[64]

- **관계 갈등:** 사람 사이의 갈등으로서 긴장, 마찰, 짜증, 좌절감, 불쾌감 같은 것을 초래한다. '갈등'이라고 하면 대개 관계 갈등을 떠올린다.
- **가치관 갈등:** 가치관 및 정체성의 근본적인 차이에서 기인하며 정치, 종교, 인종, 세계관과 관련된다. 이 문제가 얼마나 까다로운지는

쉽게 알 수 있을 것이다.

- **직무 갈등:** 프로젝트, 절차, 목표와 관련되며 무엇을 어떻게 해야 할지를 두고 벌어진다. 세 가지 갈등 중에서 직무 갈등이 일을 진전시킬 가능성이 가장 높다.

일반적으로 관계 갈등과 가치관 갈등은 최소화해야 한다. 반면 직무 갈등은 제대로 풀어내기만 하면 유용하다.[65]

여기서 '최소화한다'는 부분이 중요하다. 당신은 인간이기 때문에 출근하는 순간 감정을 차단할 수 없다. 그래서 직무 갈등이 격화되면 최소한 약간은 관계 갈등처럼 느껴질 것이다. 또한 근무시간에 도덕적 기준을 해제할 수는 없기 때문에 하루 종일 가치관도 강한 영향을 미칠 것이다.

중요한 것은 인식과 초점이다. 누군가와 대립할 때 '이 갈등은 관계에 대한 것인가, 가치관의 차이에 대한 것인가, 직무에 대한 것인가?'라고 자문하라. 이처럼 간단한 질문을 던지는 것도 충돌 강도를 낮출지 높일지 판단하는 데 도움을 준다.

5. 진취적으로 싸워라

건강한 의견 대립을 위한 마지막 제안은 갈등을 활용하여 앞으로 나아가라는 것이다. 능력을 갖춘 사람들끼리 생각이 다르다고 해서 화내지 마라. 오히려 흥미를 느껴라. 둘 다 착하고 똑똑한 사람들이다. 왜 한 명이 틀렸다고 가정하는가?

어쩌면 둘 다 맞고, 갈등은 완전히 새로운 해법으로 나아가는 길을 가리킬지도 모른다. 의견 차이는 선물이자 단서다. 혁신의 기회다. 의견 차이를 해결해야 할 문제가 아니라 탐구를 위한 출발점으로 삼아라.

철학과 논리학 분야에는 '허위 이분법false dichotomy'이라는 개념이 있다. 이 개념은 다른 대안들이 있는데도 두 가지 선택지 중에서 하나만 골라야 하는 것을 말한다. 이는 이분법적 사고, 양자택일의 태도에서 기인한다. 가족과 경력 중에서 하나를 선택해야 한다는 생각도 허위 이분법이다. 나는 둘 다 원한다! 진보 아니면 보수여야 한다거나(나는 중간쯤에 있다), 커피 아니면 차를 마셔야 한다거나(나는 물파다), 개 아니면 고양이를 좋아해야 한다는(나는 둘 다 싫다) 가정도 마찬가지다.

언제나 다른 선택지들이 있다. 그냥 찾아보기만 하면 된다.

그리고 찾는 행위 자체가 당신을 앞으로 나아가게 만든다.

우리는 승패의 관점에서 논쟁에 접근하는 데 너무 익숙해졌다. 당신이 이기면 내가 지고, 내가 이기면 당신이 진다는 식이다. 하지만 대립을 올바로 풀어나가면 모두가 이길 수 있다. 다만 모두가 자신이 원하는 것을 얻는다는 의미는 아니다. 그보다는 개인적·집단적 차원에서 모두의 필요를 고려한다는 의미다.

대개 두 가지 선택지 사이에서 논쟁 끝에 얻는 해법은 세 번째 선택지다. 그것은 두 선택지를 혼합한 것일 수도 있고, 완전히 새로운 선택지일 수도 있다. 후자의 경우, 누구도 혼자서는 떠올릴 수 없지만 모두가 충분히 만족하는 선택지다. 이는 서로의 우려와 필요를 진지하게 받아들인 다음, 창의력이 발휘될 때까지 아이디어를 구상하고 검토한 결과다.

의견 대립은 창의성을 촉발한다. 왜 그럴까? 모든 사람 또는 부서의 필요를 진지하게 받아들이면 제약이 생기기 때문이다. 즉 협상의 대상이 될 수 없는 영역이 정해진다. 창의성은 이런 제약으로부터 나온다.

갈등의 해법이 명백하다면 상대가 이미 찾아냈을 것이다. 까다로운 갈등을 진입장벽으로 보라. 가장 용감하고 현명하며 의지 있는 사람만이 그 벽을 넘어설 수 있다.

이 원칙은 까다로운 요구에 대처할 때도 적용된다. 급여 인상이나 휴가 신청, 시한 연장, 정책 변경, 또는 다른 어떤 요구라도 짜증 내거나 절망하지 마라. 특히 똑똑한 사람들이 어려운 요구를 할 때 더욱 그래야 한다. 아마 불가능한 일을 하도록 요구받는 기분이 들 것이다. 하지만 어쩌면 타당한 이유가 있을지 모른다. 당신이 필요한 것을 잃지 않고도 그들이 필요한 것을 얻는 방법이 있을지 모른다. 항상 세 번째 선택지를 찾아라.

의견 대립이 생겼을 때 허위 이분법의 오류에 빠지지 마라.

더 많이 질문하고 조사하라. 일주일 동안 시간을 두고 모두가 더 많이 생각할 수 있도록 하라. 모두를 앞으로 나아가게 만드는 절충형 선택지를 찾을 때까지 계속 탐색하라. 갈등과 의견 대립에 대처하는 일은 하나의 기술이다. 성격과 무관하게 누구나 시간을 들이면 그 기술을 익힐 수 있다.

다음은 갈등과 의견 대립을 다루는 다섯 가지 방식을 정리한 것이다. 진짜로 싸우라는 것이 아니다.

1. 공정하게 싸워라: 이기려고 조작하지 마라
2. 미루지 말고 싸워라: 바로 말하고 빨리 끝내라
3. 팩트로 싸워라: 객관적이고 정직한 자세를 유지하라
4. 초점을 맞춰 싸워라: 당면 과제에 집중하라
5. 진취적으로 싸워라: 논쟁으로 더 강하고 똑똑한 사람이 되어라

당신은 할 수 있다. 다양성, 차이, 이견은 인간이라는 특이하고 복잡한 종의 일원으로서 불가피하게 대응해야 하는 요소다.

부정하지 말고, 억누르지도 마라.

더 잘 대응하는 법을 익혀라.

물론 그 일은 까다롭다. 그들도, 당신도, 나도, 우리 모두가 까다롭다. 하지만 그 까다로움 속에는 우리를 위대하게 만드는 강점이 숨어 있다.

지금까지 우리가 살핀 원칙과 관행이 아무리 이상하고 꼬인 관계라도 협력적으로 바꿔줄 거라고 장담할 수 있었으면 좋겠다. 강경한 태도를 풀고, 협소한 시각을 열고, 껄끄러운 관계를 매끄럽게 바꾸는 기법들이 있다면 너무나 좋을 것이다.

잠깐이라도 직장에 다녀본 적이 있다면, 협력하려 애쓰는 선의를 꺾기로 작정한 듯한 사람들을 만나봤을 것이다.

그들은 '까다롭게 굴기'를 예술의 경지로 끌어올렸으며, 그 점을 자랑스러워한다.

이런 사람들이 있다는 게 이 책에 "(거의) 모든 사람과 효과적으로 협력하기 위한 전략들"이라는 부제가 붙은 이유다. 또한 일터에서 효과적으로 경계를 설정하는 법을 알아야 하는 이유이기도 하다. 지금부터는 이 문제를 살펴보자.

CHAPTER 11

선 넘는
사람들

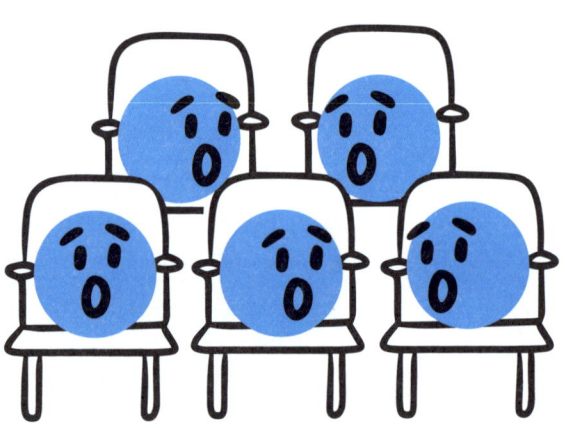

나는 때로 행사에서 강연할 때 농담조로 이렇게 말한다. "제가 지금까지 도왔던 모든 조직에는 오래전에 해고되었어야 하는 사람이 적어도 한 명은 있었습니다. 그들이 해고되지 않은 이유는 대표의 친척이거나 주요 이해관계자의 친구이거나 이사와 골프를 치는 사이이기 때문입니다. 이 자리에도 그런 사람이 있습니다!"

나는 잠시 말을 끊은 후 "사실 그 사람이 여러분 옆자리에 앉아 있을지도 모릅니다"라고 말한다.

그러면 사람들은 항상 짐짓 끔찍한 표정으로 서로에게 손가락질을 한다.

뒤이어 나는 더 진지하게 묻는다. "그런데 그 사람이 왜 아직도 이 자리에 있는 걸까요?"

그 순간, 내가 아는 똑똑한 사람들조차 멍한 표정을 짓는다. 그들은 그 사람이 회사에 있어야 할 이유를 억지로 꾸며내던 때를 떠올린다. 다른 모두가 생각만 하던 말, "저 사람은 여기 있으면 안 돼"라는 말을 입밖에 내기 싫었기 때문이다.

지금부터 모든 사람 앞에 '거의'를 넣어야 하는 이유를 알아보자.

이 장은 모든 사람에 포함하지 말아야 할 부류에 대해 이야기할 것이다. 어떤 사람은 애초에 협력을 잘할 수 있는 능력이 없다. 그들의 존재가 이 책에 부제가 붙은 이유, 모든 사람 앞에

'거의'를 넣게 된 이유다.

지금까지 까다로운 사람과 협력하는 방법들을 탐구했다. 구체적으로는 적절한 기대치, 자기 인식, 공감, 협력적 마음가짐, 대인 기술, 다양한 세대 구성, 여러 직책에 속한 사람들과의 소통, 갈등 및 대립에 대해 다루었다. 이 모든 것을 살폈다고 해도 알아두어야 할 사실이 있다. '모든' 사람과 효과적으로 협력하는 일은 불가능하다는 사실 말이다.

그렇지 않다면 좋겠지만 그게 현실이다. 어떤 사람은 당신이 아무리 이해하고 소통하려 노력해도 자신의 몫을 다하지 않을 것이다.

하지만 그건 당신 잘못이 아니다. 그들 잘못이다.

그들은 그들 자신과 그들의 심리상담사만 아는 이유 때문에 그냥 함께 일하기 까다롭기만 한 것이 아니라, 아예 불가능하다.

나는 이처럼 함께 일할 수 없을 정도로 까다로운 사람은 소수라고 믿는다. 또한 그들 중 일부는 시간이 지나면 변할 것이라고 믿는다. 하지만 분명한 사실은 그런 사람들이 존재한다는 것이다. 그것도 꽤 많이. 어쩌면 당신 주위에도 있을지 모른다. 같은 사무실, 같은 건물, 같은 대화방에 말이다.

그들은 줄기차게 (그리고 아마도 의도적으로) 인내심의 한계와 단합의 경계를 시험한다. 가령 끊임없이 부정적인 말만 늘어놓거나 근거 없는 소문을 퍼뜨리거나 큰소리만 치고 제대로 실행하지 않는다. 그들은 자신의 부실한 아이디어를 지지하도록 모두를 압박하는 나르시스트이자 자신이 틀렸을지도 모른다는 사실을 받아들이지 않는 융통성 없는 만물박사다.

이상적인 협력 관계를 구축하려면 양쪽이 다 자신에게 개선의 여지가 있다는 태도로 임해야 한다. 절반은커녕 10퍼센트도 절충하지 않으려는 사람과 어떻게 협력할 수 있을까? 자신의 해로운 행동은 평범하고 정당하며, 바꿀 필요가 없다고 믿는 사람과 어떻게 손잡을 수 있을까?

이런 사람을 생각하면 정말 가망 없다는 느낌이 든다. 당신은 나름대로 노력했다. 조언을 해주기도 하고 심리상담을 받기도 했다. 당신이 잘못한 부분을 인정하기도 하고 실수를 사과하기도 했다. 심지어 생일 축하 카드까지 사주었다.

하지만 하나도 통하지 않았고 개선되지 않았다. 자를 수도 조언할 수도 바꿀 수도 접근할 수도 없다. 그들은 다정하지 않고 사과할 줄도 모른다.

이 사실은 바뀌지 않을 것이다.

그렇다면 그들과 함께 일해야 하는 헌신에 적응하는 수밖에 없다. 그들을 자를 수 없다면 경계를 설정해야 한다.

경계는 직장에서 허용되는 것과 허용되지 않는 것을 정하는 선이다. 당신이 설정한 한계이자 당신이 따를 규칙이다. 예를 들면 다음과 같다.

- 휴가 중에는 이메일에 답하지도 전화를 받지도 않는다.

- 월요일과 화요일에만 미팅 약속을 한다.

- 이성 동료와는 포옹하지 않는다.

- 하루 안에 이메일에 답한다.

- 동료나 경영진에 대한 뒷담화를 거부한다.

- 다른 사람의 부실한 계획 때문에 내가 서둘러야 하는 상황을 허용하지 않는다.

- 적절한 절차를 거친 요청만 처리한다.

이 항목들을 읽다가 "이렇게만 되면 정말 좋겠네!"라는 말이 절로 나왔는가? 경계를 세우기 힘든 이유가 거기에 있다. 그저 희망 회로를 돌리는 것처럼 보이기 때문이다.

하지만 정말로 그럴까? 단지 경계를 설정하는 데 따른 대가가 두려운 것이 아닐까?

사실 그 대가는 실질적이다. "내 방식대로 하든지 말든지" 카드를 너무 자주 쓰면 아마 회사를 떠나는 쪽은 당신일 것이다. 반면 당신에게 필요한 것을 밀어붙이는 리스크를 감수하지 않으면 유해하고 위험한 환경에서 하루 여덟 시간을 보내야 할지도 모른다.

경계를 정하는 일은, 짐작했겠지만, 까다롭다.

하지만 까다로운 사람과 협력하려면 반드시 필요한 일이기도 하다. 특히 자기 몫을 다하지 않으려는 매우 까다로운 사람을 상대할 때는 더욱 그렇다.

적절한 경계를 정하는 일은 말로는 쉽지만 실행하려면 정말 어렵다. 매일 한 시간씩 추가 근무를 하지 않겠다고 스스로 다짐할 수는 있다. 하지만 그걸 상사에게 어떻게 말할 것인가? 당신의 자리를 노리는 사람이 일곱 명이나 되고 상사가 이기적 목적으로 당신을 그들과 경쟁시키려 한다면 말이다.

실질적으로 더 나은 경계를 정하려면 경계가 무엇인지 '그리고' 무엇을 달성하기 위한 것인지 알아야 한다. 그렇지 않으면 그저 희망 회로를 돌리다가 왜 아무것도 변하지 않는지 의아해할 것이다.

그러니 경계가 달성할 수 없는 일부터 살펴보자.

경계를 세워도 어쩔 수 없는 일

경계를 정하면 모든 문제가 해결되고 모든 까다로운 사람이 상대하기 편해질 거라 기대하는가? 그렇게 생각하다가는 머지 않아 크게 실망할 것이다.

경계는 다음과 같은 일을 하기 위한 것이 아니다.

- 다른 사람의 결정을 좌우한다.
- 다른 사람의 문제를 해결한다.
- 모든 접촉을 쉽게 만든다.
- 직장에서 겪는 경험에 대한 완전한 통제권을 얻는다.
- 모든 멍청이들과 떨어져서 고고함을 유지한다.
- 회사를 디즈니랜드처럼 만든다.

이는 중요한 부분이다. 우리는 경계를 까다로운 사람들을 '상대하는' 수단으로 여기는 경향이 있기 때문이다. 이 경우 경계를 정하는 일의 기준은 그들이 된다. 하지만 우리가 실질적인 기준이다.

경계는 통제할 수 있는 것을 통제하는 수단이다. 우리의 기대에 까다로운 사람을 마법처럼 맞추는 수단이 아니다.

경계를 정해도 까다로운 사람은 여전히 까다로울 것이다. 한동안 더 까다롭게 굴지도 모른다. 더 이상 당신을 조종하거나 죄책감을 자극하거나 짜증 나게 만들지 못한다면 말이다.

이는 그들의 문제, 그들의 선택이다.

당신은 그들이 어떤 일을 하게 만들 수는 없다. 하지만 그들도 당신이 어떤 일을 하게 만들지 못한다. 당신이 그것을 허용하지만 않으면 된다.

경계는 그들이 당신을 괴롭히게 놔두지 않는 수단이다.

다만 경계를 다른 사람들이 따라야 하는 규칙으로 삼으면 문제가 생긴다. 이 경우 당신은 끝없는 좌절에 시달릴 것이다. 그들 중 일부는 어떤 것도 신경 쓰지 않고 전혀 통제할 수 없기 때문이다. 가령 까다로운 동료가 퇴근 후에도 업무 관련 문자메시지를 계속 보낸다고 가정하자. 그 사람에게 문자메시지를 보내지 말라고 하는 것은 당신의 경계를 지켜야 할 부담을 지우는 것이다. 정상적인 사람이라면 당신의 타당한 요구를 받아줄 것이다. 하지만 정말 까다로운 사람은 아마 들은 척도 하지 않을 것이다.

경계를 정하는 건 당신이다. 그러니 당신이 통제할 수 있는 것을 통제하라. 동료가 에티켓이 없다고 화내지 마라. 그 대신 휴대폰을 방해 금지 모드로 설정하라. 누군가는 짜증을 낼 것이다. 그러면 정중하게 "7시 이후에는 가족에게 온전히 집중하려고 방해 금지 모드로 설정합니다"라고 말하라. 이 경계의 목적은 당신의 휴식을 위해서이지 다른 사람의 (짜증스러운) 행동을 통제하기 위해서가 아니다.

어느 피트니스 업체의 지점장은 내게 사라라는 부지점장에 대한 이야기를 들려주었다. 사라의 팀원 중 한 명은 그녀에게 자신은 여성 상사는 존중하지 않는다고 대놓고 말했다. 그 팀원은 단지 사라가 여성이라는 이유로 지시를 따르지 않았고 말도 전혀 듣지 않았다.

이는 까다로운 업무 관계의 문제만이 아니라 명백히 사라의 마음에 상처를 주고 있었다. 지점장은 사라에게 인사과에 사실을 알리라고 말했다. 다른 한편으로는 사라가 그 팀원의 성과를 명백히 잘못된 태도와 분리해서 평가하도록 조언했다. 지점장은 사라에게 이렇게 말했다.

"당신이 할 일은 팀원의 생각을 평가하거나 팀원의 시각에 분노하는 게 아니에요. 우리는 단지 직원을 관리하고 그들이 일을 잘하도록 만들 뿐이에요."

나는 이것이 까다로운 사람을 상대할 때 갖추어야 할 뛰어난 자세라고 생각한다. 사라는 아무리 불쾌해도 그 팀원의 여성관을 바꿀 수 없었다. 그래도 그녀는 일에 초점을 맞춰서 그 팀원이 제대로 일하게 만들 수는 있었다.

경계를 정하는 일은 다른 사람을 바꾸지 못한다. 그래도 당신을 바꿀 수는 있다. 즉 어떻게 대응할지, 무엇을 허용할지, 어떻게 받아들일지, 어떻게 소통할지, 어떤 대가를 강제할지 등을 바꿀 수는 있다. 이를 통해 궁극적으로 당신의 희망과 자율성을 회복할 수 있다.

사람을 바꾸거나 통제하는 것 말고 경계가 할 수 없는 일이 하나 더 있다. 그것은 끝나야 하는 일을 되살리는 것이다.

도저히 가망이 없는 특정한 관계, 프로젝트, 목표, 일자리가 있다. 때가 되면 손실을 감당하고 그저 앞으로 나아가야 한다. 이 책은 협력을 위한 것이지 순교를 위한 것이 아니다.

헨리 클라우드 박사는 《끝맺음이 서툰 당신에게Necessary Endings》에서 이렇게 쓴다. "끝맺음은 삶의 일부일 뿐 아니라 직업적으로든 개인적으로든 살아가고 성장하기 위한 필수 요소다. 살아가려면 때로는 과거에 중시하던 것을 버려야 하고, 가꾸었던 것을 뽑아내야 하며, 세웠던 것을 무너뜨려야 한다."[66]

중요한 일을 끝맺는 것은 힘들며, 또 힘들어야 한다. 관계나 목표, 일을 포기하는 게 쉽다면 애초에 그다지 의욕이 없었던 것일지도 모른다.

중요한 관계나 일을 끝맺는 과정을 가볍게 여겨서는 안 된다. 당신도 그 사실을 안다. 하지만 때가 되었음을 알았다면 과감하게 나아가라.

어차피 무너질 경계를 정하고, 어길 규칙을 만들고, 통하지

않을 전략을 시도하고, 정말 까다로운 사람에게 간청하는 일에
매달리지 마라.

더 나은 미래로 나아갈 수 있도록 끝맺음을 잘하라.

경계를 세우면 할 수 있는 일

경계를 정하는 이유는 다른 사람을 바꾸거나 통제하는 것이 아니다. 그렇다면 무엇을 달성하려는 것일까? 경계 설정으로 세 가지 일을 할 수 있다.

1. 안전해진다

정말 까다로운 사람, 거의 모든 사람에 포함되지 않는 사람은 위협적인 존재다. 그들은 당신의 성과와 감정적·정신적·신체적 건강뿐 아니라 팀의 단합, 근무 환경, 회사의 성공을 위협한다.

경계 설정의 목표 중 하나는 그 위협을 최소화하는 것이다. 가령 어떤 사람은 굳이 포옹하거나 등을 쓰다듬는 식의 행동으로 당신을 불편하게 만든다. 본인은 그걸 애정이나 친근함의 표현이라고 말한다. 하지만 당신이 보기에 그것은 선을 넘는 행동이다. 이런 경우 "회사에서 허용하는 유일한 신체 접촉은 악수다"라고 경계를 정할 수 있다. 그와 함께 "경계를 넘어서면 인사과에 보고할 것이다"라고 대가도 정할 수 있다.

이것이 과도한 것일까? "너무 예민하거나 함께 일하기 힘든"

태도일까? 아니다. 충분히 합리적이고 옳으며 필요한 일이다. 또한 불편을 감수하거나 함께 있지 않으려고 피해 다니거나 같은 엘리베이터를 타거나 같이 야근을 할 때 실질적인 위협을 느끼는 것보다 훨씬 나은 일이기도 하다.

경계를 정하는 것은 당신의 선택이다. 안전하고 효과적으로 일하기 위해 필요한 것이 무엇인지 스스로 판단해야 한다. 다른 사람은 다른 선을 그을 수 있다. 그래도 서로의 경계를 존중하기만 한다면 괜찮다.

'안전'의 조건이 무엇인지를 평가할 때 신중을 기해야 한다. '모든 불편과 고통으로부터 벗어나는 것'은 안전의 정의가 될 수 없다. 삶은 불편과 고통으로 가득하며 당신이 가장 원하는 것은 흔히 그 험한 길의 끝에 숨어 있기 때문이다. 데이비드 고긴스는 전직 해병대원이자 해군특전단원으로서 울트라 마라톤을 60회 넘게 뛰었다. 그는 자서전인 《누구도 나를 파괴할 수 없다Can't Hurt Me》에서 성공에 이르는 과정에서 자신이 견딘 모든 고난을 회고한다. 그리고 이렇게 말한다. "나는 지금까지 내가 극복한 모든 난관의 총합이다."[67]

나는 이 말을 좋아한다. 어느 정도의 고통과 어려움을 이겨내는 일은 당신을 최선의 모습으로 단련시킨다.

하지만 고통을 이겨내고 극복해야 하는 상황이 있는 반면, 거기에 귀 기울여야 하는 상황도 있다. 이때 고통은 당신에게 중요한 것을 말해주려 한다. 나는 겉으로는 엄청나게 강인하지만 결국 공황장애에 빠진 리더와 친구를 여럿 보았다. 그 이유는 그들이 너무 오랫동안 너무 가혹하게 자신을 몰아붙였기 때문이다. 그들은 더 많이 이루고 더 높은 자리에 오른다는 명목하에 속도를 늦추거나 경계를 바꾸라는 몸의 신호를 무시했다.

실질적인 피해를 피하면서도 여전히 당신 몸의 폭풍우를 견뎌내는 절호점을 찾으려고 노력하라.

2. 생산성이 높아진다

경계는 당신의 개인적 안전뿐 아니라 직업적 생산성까지 지켜준다. 직장에서 경계를 정하는 일은 궁극적으로 업무 성과와 업무 환경을 개선한다. 어떻게 그런 일이 일어날까?

- 경계는 좀 더 나은 일과 삶의 균형을 제공하여 충분히 쉬고 재충전한 후 출근할 수 있도록 해준다. 그러면 덜 투덜거리고 더 활기차게 일할 수 있다.
- 기분을 상하게 하는 소통이나 말도 안 되는 요구 때문에 감정적 에너지를 많이 소비할 필요가 없다.
- 당신 소관이 아닌 업무에 주의를 빼앗기지 않고 당신의 일에만 집중할 수 있다.

- 방어적 자세에서 벗어나 창의적 자세를 취할 수 있다.
- 당신이 보인 모범은 다른 사람들도 건강한 경계를 정하도록 자극할 수 있다. 그러면 모든 사람의 업무 환경이 개선된다.

경계는 당신을 위해 정하는 것이지만 팀에도 도움이 된다. 경계를 이기적 요구가 아니라 매일 최선의 모습으로 일하게 해주는 수단이라고 생각하라. 이런 태도는 경계에 대한 타당한 수준의 관점뿐 아니라 꼭 필요한 경계를 고수할 지렛대도 제공한다.

모두가 힘을 합쳐야 하는 비상사태가 발생하면 잠시 경계를 해제해야 할 수 있다. 가끔은 '팀을 위한 희생'이 필요한 때도 있다. 팀이 성공해야 월급을 받는다. 그러니 때로 약간의 노력을 더 기울여야 한다고 해서 화내지 마라. 그것이 팀워크의 핵심이다. 다만 '비상사태'가 매주 몇 번씩 발생한다면 이야기가 달라진다. 당신이 정한 경계가 거듭 무너진다는 것은 대개 말도 안되게 까다로운 사람을 상대하고 있다는 신호다. 계속 예외를 두도록 조종당하지 마라.

물론 여기에는 시간적 요소도 개입한다. 적어도 당장은 당신이 원하는 모든 것을 얻을 수 없을지 모른다. 그러니 현실적인 기대치를 정하고 장기적으로 진전하는 데 집중하라. 또한 어떤 경계가 '확고한' 것인지(절대 양보할 수 없는 협상 불가 대상) 또는 '유연한' 것인지(조정 가능한 대상) 선택해야 한다.[68] 어떤 의미에서 이는 더 넓은 범위의 사무실 문화 또는 사내 문화 안에서 개인적 문화를 창출하는 것이다. 당신이 얼마나 시간을 내줄 수 있는지, 어떤 회의에 참석하는지, 얼마나 빨리 이메일에 답하는지, 누구의 문제를 해결하는지, 어떤 업무를 실행할 의지나 능력이 있는지 등에 대해서 사람들이 기대치를 재설정할 시간이 필요하다. 상대와 자신에 대해 인내심을 갖되, 계속 앞으로 나아가라.

경계 설정은 언제나 약간의 혼란을 수반한다는 사실을 명심하라. 그래도 괜찮다. 당신을 둘러싼 세상은 항상 변한다. 당신도 거기에 기대와 습관을 맞춰가야 한다. 마치 현대의 모세처럼 열 개의 경계를 석판에 새겨두고 다시는 생각조차 하지 않으려 해서는 안 된다.

회사에 까다로운 사람들이 새로 들어왔을 때 특히 그렇다. 이 경우 경계를 다시 정하고 알리는 데 시간을 들여야 한다. 그렇게 되더라도 놀라지 마라. 그것은 삶의 일부이고, 반드시 일어날 일이다.

3. 소통이 가능하다

이 마지막 기능은 대단히 중요하지만 충분히 알려지지 않았다. 우리는 경계와 관련한 이야기를 할 때 주로 안전과 생산성에만 초점을 맞춘다. 문제는 그것이 매우 방어적이고 고립적이며 폐쇄적인 태도로 이어질 수 있다는 것이다.

그렇게 살아서는 안 된다.

그렇게 일해서도 안 된다.

결국 마법은 교류에서 일어난다. 상호작용, 차이, 복잡성에서 일어난다.

정말로 까다로운 사람과 일한다 해도 여전히 '함께' 일해야 한다. 경계를 정한다고 해서 현실이 바뀌지는 않는다. 경계는 단지 피해를 최소화하고 효과를 극대화하면서 그 사람과 함께 일하기 위한 규칙일 뿐이다.

경계를 정한다는 것은 "당신과 함께 일하기 위해서는 (　)가 필요하다"에서 괄호를 채우는 일이다. 즉, 협력의 의사와 더불어 협력을 가능하게 만드는 조건을 알리는 일이다. 경계는 단지 목적을 이루기 위한 수단일 뿐이다. 그 목적은 최대한 안전하고 효과적으로 함께 일하는 것이다.

물론 상대가 올바른 행동을 할 때와 같은 수준의 효과적인 협력은 불가능할 것이다. 또한 접촉을 최소화해야 할 수도 있고, 철저히 형식적이고 업무적인 관계를 유지해야 할 수도 있다. 경계 설정은 우군 사이의 합의라기보다 적군 (또는 우군이자 적군) 사이의 휴전에 가깝다. 그래도 최소한 지속적 교류를 가능하게 만드는 규칙을 정할 수 있다. 이상적이지는 않지만 수용할 만하다.

이 지점에서 경계가 실로 힘을 발휘한다. 양측이 서로를 좋아하지 않고 거의 모든 문제에 대해 생각이 다를 수 있다. 이 경우에도 경계를 활용하여 소통 방식을 정할 수 있으며, 소통은 협력으로 이어진다. 경계는 곧 소통 경로로서 양측을 분리하는 것이 아니라 이어준다.

경계는 굶주린 악어들이 가득한 해자로 둘러싸고 삼엄한 경비를 세운 성벽이 되어서는 안 된다. 그보다는 울타리 같아야 한다. 이 두 가지 유형의 차이점은 다음과 같다.

- **성벽은 방어를 위한 것으로 악의를 품은 사람들을 막는 데 초점이 맞춰져 있다.**
- **울타리는 표시를 위한 것으로 집의 경계를 가르는 한편, 여전히 교류와 대화를 허용한다.**

양측은 울타리를 사이에 두고 대화를 나눌 수 있다. 서로의 집을 보면서 위험에 대비하도록 도울 수 있다. 서로에게 연장을 빌려주고 쿠키를 나눠 줄 수 있다. 서로가 각자의 뒷마당에서 쉴 수 있다. 하지만 앞마당은 인접해 있기 때문에 항상 연결되어 있다.

말도 안 되게 까다로운 사람의 문제점은 자신의 뒷마당이 어디서 끝나고 당신의 뒷마당이 어디서 시작되는지 모른다는 것이다. 그래서 당신의 영역을 침범하고 당신의 자율권을 침해한다. 부당한 요구를 하고 터무니없는 기대를 한다. 자신의 욕구를 충족하려고 당신의 시간, 기운, 기술을 빼앗는다. 그들에게는 오직 자신의 욕구만 중요하기 때문이다.

그들은 스스로 선을 그을 줄 모른다. 경계는 그들을 대신하여 선을 그어준다. 경계 설정은 실질적이고 가시적인 방식으로 그들에게 "여기서 당신의 영향력은 끝나고 나의 자율성이 시작됩니다"라고 알리는 것이다.

다만 지나치게 방어적인 경계 설정은 곤란하다. 우리에게 필요한 협력을 방해할 수 있기 때문이다. 나는 유통업계의 한 최고위직 임원과 인터뷰를 한 적이 있다. 그때 그녀에게 개인적 측면을 전혀 개입하지 않고 효과적인 협력이 가능하다고 생각하는지 물었다. 그녀는 자신이 보기에는 불가능하다고 대답했다. 서로를 이어주고 서로가 느낄 수 있는 유대가 있어야 한다는 것이었다. 그녀는 최소한 조금은 상대에게 마음을 열어야 한다고 말했다.

건강한 경계는 상대를 당신의 세계로 들여보내준다. 동시에 상대가 당신의 세계를 함부로 뛰어다니지 않게 만든다. 더 나은 경계는 곧 더 나은 소통으로 이어진다. 그리고 더 나은 소통은 더 나은 협력으로 이어진다.

그 일이 쉬울까? 당연히 그렇지 않다. 가능하기는 할까? 나는 그렇다고 생각한다, 적어도 대부분의 경우는. 함께 일하는 사람이 정말로 당신에게 피해를 주고 이미 가능한 모든 방법을 동원했다면 당신은 회사를 떠나야 할지도 모른다. 앞서 말한 대로 유해한 업무 환경에 당신의 영혼을 팔기에는 인생은 너무나 짧고 당신은 너무나 소중하다.

하지만 말도 안 되게 까다로운 사람이 곧 구제불능의 업무 환경을 뜻한다는 가정에서 출발하지 마라. 정반대로, 올바른 경계를 설정하고 소통하면 제대로 된 업무 관계를 만들 수 있다고 가정하라.

어떤 선을 언제 그을 것인가

경계 설정의 중요성과 그 혜택에 대해 이야기했다. 이는 당신과 당신이 함께 일하는 사람들 모두에게 적용된다. 하지만 궁극적으로는 당신이 어떤 경계를 언제 정할지 결정해야 한다.

당신에게 가장 중요한 것은 무엇인가? 무엇이 가장 시급한가? 협상 불가능한 것은 무엇인가? 타당한 요구는 무엇인가? 언제, 어떻게 실행할 것인가? 이 모든 일이 가능해지려면 무엇이 바뀌어야 하는가?

이는 당신만이 답할 수 있는 질문들이다. 당신은 한동안 이 질문들과 씨름해야 한다. 하지만 그 씨름은 진전으로 이어진다. 거기에 정신적·감정적 에너지를 쓰는 것이 까다로운 사람 때문에 속을 썩이고 스트레스를 받는 것보다 훨씬 낫다.

다음은 효과적인 경계 설정을 위한 실질적인 방법이다.

1. 작은 시도와 빠른 성공

너무 바빠서 신발에 들어간 돌멩이를 꺼내지도 않고 두 시간 동안 걸어다닌 적이 있는가? 아주 작은 돌멩이도 놀라울 정도로 큰 짜증을 초래한다. 또한 약간의 시간만 들이면 놀라울 정도로 쉽게 풀리는 문제들이 있다.

당신의 삶을 망치려고 작정한 듯한 사람 때문에 버겁거나 힘들거나 절망스러운가? 그렇다면 쉽게 실행할 수 있는 작은 일을 생각하라. 빠르게 성공시키거나 쉽게 고칠 수 있어서 적어도 조금은 마찰을 줄일 수 있는 일이 바람직하다.

어떤 의미에서 이런 일은 일종의 비법이다. 즉 당신의 자율성과 이성을 적어도 어느 정도는 회복할 수 있도록 해주는 치트키다. 몇 가지 예를 들어보자.

- 헤드폰을 쓰거나 문을 닫아서 방해받는 일을 피한다.
- 집중해야 할 때는 휴대폰 알림 기능을 끈다.
- 연락을 피하고 싶을 때는 '자리 비움' 자동 회신 기능을 설정한다.
- 달력이 잡다한 일정으로 넘치기 전에 휴식 시간 또는 집중 근무 시간을 정해둔다.
- 자주 쓰는 물건에는 '대여 금지' 정책을 적용한다.
- 회의를 열기 전에 명확한 기대치(주제와 시간 제한)를 설정한다.
- 통화 시 확실한 종료 시간을 정한다.
- 신체적 경계가 필요하다면 포옹 대신 악수를 한다.
- 노트북이나 업무용 휴대폰을 집으로 가져오지 않고 일은 회사에 남겨둔다.
- 상대의 시간표가 아니라 당신의 시간표에 따라(물론 타당한 수준에서)

이메일에 답한다.

- 다른 사람의 요청을 들어주느라 만사를 제쳐두지 않고 "과제 목록에 추가하겠다"고 말한다.

쉽게 빼낼 수 있는데도 가장 많이 거슬리는 돌멩이는 무엇인가? 까다로운 사람의 어떤 행동이 당신을 미치게 만드는가? 비교적 '까다롭지 않은 사람'의 어떤 행동이 당신의 삶을 더 복잡하게 만드는가? 고통을 안기는 지점과 압박감을 안기는 지점은 어디인가?

이런 것들을 파악하고 난 후 당신 자신에게 물어라. '어떻게 하면 내가 느끼는 스트레스, 압박감, 짜증을 완화할 수 있을까?' 할 수 없는 일에 절망하기보다 할 수 있는 일을 실행하라. 그러면 너무나 명백한 해법이 있었다는 사실에 놀랄 것이다.

2. 거절도 기술이다

경계를 정한다고 해서 감정이 상하거나 냉전이 일어날 필요는 없다. 노력하고 주의하면 대개 친근하고 현명한 방식으로 경계를 정할 수 있다. 그러면 성과를 극대화하고 부정적 여파를 최소화할 수 있다.

거절은 내가 가장 꺼리는 일 중 하나다. 안타깝게도 일의 성격상 강연 요청을 수락하기보다 거절해야 하는 경우가 더 많다. 나는 그것이 싫다. 누군가를 실망시키는 일은 결코 쉽지 않다. 그래서 관계를 해치거나 불필요한 어색함을 초래하지 않고 거절하는 방법을 찾는 데 놀라울 정도로 많은 시간을 들인다.

당신도 어떤 일을 하든 간에 비슷한 압박감을 느낀 적이 있을 것이다. 가령 일주일에 20시간이나 회의에 참석하면서도 여전히 40시간 분량의 업무를 마치라는 요구를 받을 것이다. 또 이미 월급에 비해 과로한 상태에서 다른 프로젝트를 맡으라는 압박을 받을 것이다. 그리고 주말이라도 이메일을 모두 처리하지 못하면 은근한 수치심을 느낄 것이다.

일을 주는 대로 전부 받아들이지 마라. 다만 일자리를 잃을지도 모르는 방식으로 거절하지도 마라. 어떻게 응답할지 시간을 들여서 생각하라. 최대한 점잖으면서도 확고한 느낌을 주도록 노력하라.

까다로운 상사가 어젯밤 8시에 보낸 이메일에 답하지 않았다는 이유로 화를 낸다고 가정하자. 이럴 때 상사에게 "죄송하지만 그렇게 열심히 일할 만큼 월급을 많이 받지 않습니다"라고 답하지 마라. 그 대신 "아이들이 아직 어리다 보니 일찍 재우는 게 중요합니다. 그래서 퇴근 후에는 대개 이메일을 확인하지 않습니다. 하지만 아침에 항상 가장 먼저 답신을 보내드리겠습니다"라고 말하라.

일을 미루는 동료가 기한을 앞두고 프로젝트를 끝내도록 도와달라고 부탁할 때 "당신 일이잖아요. 당신의 무책임함 때문에 내가 고생하고 싶지 않아요"라고 쏘아붙이지 마라. "미룰 수 없는 업무가 있어서 오늘은 도와주지 못할 것 같아요. 혹시 이번 주 후반에 도와줄 일이 있나요?"라고 말하라.

이 사례들에서 거절은 분명하면서도 부드럽게 이루어진다. 또한 상대가 해야 하거나 하지 말아야 할 일이 아니라 당신이 할 수 있는 일에 초점을 맞춘다. 상대에게 공감하려는 노력은 하되, 당신이 상대의 문제를 해결해줄 필요는 없다. 다만 궁극적으로 보면, 경계를 설정하는 것은 당신의 책임이다. 또한 그 경계를 침범하지 않고 자신의 일을 해내는 방법을 찾는 것은 상대의 책임이다.

3. 알리지 않으면 경계가 아니다

당신 혼자 무엇을 참고 참지 않을지 결심하는 것으로는 부족하다. 다른 사람들에게 알려야 한다. 그들이 모르는 상태에서 경계를 넘었다고 해서 화를 낼 수는 없다. 어쩌면 그들은 휴가 때 일하는 것에 전혀 불만이 없을지도 모른다. 또한 당신이 항상 휴가 때 이메일에 답했기 때문에 개의치 않는 모양이라고 짐작했을지도 모른다. 그건 상대가 아니라 당신의 잘못이다. 당신이 선을 긋지 않으면 상대가 대신 그을 것이다.

이때 말보다 행동이 중요하다는 것을 명심하라. 당신이 행동으로써 자신의 경계를 지키지 않으면 다른 사람들도 그럴 것이다. 어떤 일을 하지 않겠다고 말해놓고 그냥 해버리면 상반된 메시지를 내보내게 된다. 그러면 다른 사람들은 자신에게 가장 이득이 되는 메시지만 받아들일 것이다.

경계 설정은 한 번으로 끝나는 게 아니다. 많은 경우, 우리는 이른바 '경계 침하boundary creep'의 피해자가 된다. 우리가 그은 선은 예외를 둘 때마다 닳거나 옮겨진다. 심리학자 레베카 레이 박사는 이렇게 말한다. "경계 침하는 누군가가 그 한계를 시험할 때 발생한다. 그들은 당신과 맺은 관계를 이용하여 언뜻 보면 완벽하게 수용 가능한 방식으로 선을 넘는다."[69]

가령 그들은 이렇게 말한다.

- **"이번 한 번만 해줄 수 있어요?"**
- **"날 봐서라도 해주면 안 돼요?"**
- **"이게 얼마나 중요한 일인지 알잖아요."**
- **"당신을 믿을 수 있다는 걸 알아요."**
- **"당신은 한 번도 날 실망시킨 적이 없어요."**

이 중에 익히 들었던 말이 있는가?

앞서 말한 대로 당신이 정한 경계에 예외를 둘 수는 있다. 다만 그때마다 경계가 약해진다는 사실을 명심하라. 까다로운 사람의 경우, 한 번의 예외만으로 당신의 규칙을 완전히 무시할 수도 있다. 그들은 아마 상대를 조종하여 원하는 것을 얻는 데 익숙할 것이다.

당신이 정한 경계가 적절하고 합리적이며 그 경계를 잘 알렸다면 대개는 상대의 요구를 받아주어야 한다는 의무감을 느낄 일이 없다. 그 경계는 상대의 것이 아니라 당신의 것이다. 또한 당신의 업무 관계를 개선하기 위한 것이므로 경계를 존중하는 것이 상대에게도 도움이 된다.

4. 품격을 유지하라

나쁜 태도에 나쁜 태도로 맞서지 말고 까다로운 태도에 더 까다로운 태도로 맞서지 마라. 상대가 특정한 방식으로 행동한다고 해서 당신도 그래야 하는 것은 아니다. 앞서 말한 대로 당신의 가치관과 인성에 맞게 행동하라.

까다로운 사람을 상대로 경계를 정할 때 주의해야 하는 것 중 하나는 당신의 말이다. 선을 긋고 규칙을 정할 때는 감정이 불쑥 개입하기 쉽다. 평정심을 유지하려고 최선을 다해야 한다. 그래도 온갖 감정이 생기는 것은 어쩔 수 없다. 그렇다고 해서 말을 함부로 해서는 안 된다. 그 대신 아래의 방식을 권한다.

- 분노에 찬 이메일을 보내기 전에 하루를 기다려라. 그다음 다시 읽어보고 심한 말을 걸러내라. 또는 AI 문서 작성 도구를 활용하라. 그러면 발끈하는 마음에 쓴 초고를 확고하면서도 여전히 프로페셔널한 내용으로 바꿀 수 있다. 시간이 지나면 감정은 잦아들지만 이메일은 영원히 남는다.
- 호전적인 동료에게 바로 대꾸하지 말고 "잠깐 생각해볼게요"라고 말하라. 당신은 안드로이드가 아니라 인간이다. 바로 대꾸하면 당신이 의도치 않은 많은 메시지가 당신의 말투와 몸짓으로 전달된다.
- 상대는 전혀 그렇지 않더라도 프로페셔널하고 정중한 표현을 써라. 당신은 여전히 프로페셔널한 사람이다. 그들의 전술에 넘어가거나 그들의 행동에 휩쓸릴 필요가 없다.

경계 설정과 관련된 문제점 중 하나는 너무 오래 기다리는 경우가 많다는 것이다. 그래서 마침내 경계를 정할 때는 오랫동안 쌓인 분노와 상처가 개입된다. 이는 방어적이고 보복적인 행동으로 비칠 수 있다. 품격을 유지하라. 상대가 신경에 거슬려도 프로페셔널한 태도로 당신 자신을 방어하고 보호할 수 있다.

5. 문서화의 힘을 믿어라

기록을 남겨라. 프로페셔널하지 않고 방해가 되는 행위를 기록하는 일은 매우 유용하다. 특히 경영진이나 인사팀과 논의해야 할 필요가 있을 때 더욱 그렇다. 이를 누군가에 대한 계략이라 여기지 마라. 문서화는 그들의 행동이 팀의 성과와 효과적인 협력에 어떤 악영향을 미치는지 명확하고 객관적으로 설명하는 수단이다.

직장 내 갈등을 해결하기 어려운 부분적인 이유는 감정이 개입하는 경우가 많기 때문이다. 또한 양측이 문제를 바라보는 관점과 갈등에 대한 기억도 다르다. 이때 당신이 경계를 정한 이유를 뒷받침하는 문서를 제시하면 아주 좋다. 경계가 필요한 이유를 까다로운 사람이(그리고 그들의 상사나 다른 고위직이) 이해하는 데 도움을 주기 때문이다. 그들이 거기에 동의하지 않더라도, 적어도 행동 방식을 바꿔야 할 이유를 말해주는 구체적인 사례를 알게 될 것이다.

어떤 것이든 경계를 정한 적이 있다면(그렇게 지칭하지는 않아도 분명 있을 것이다) 당신이 생각하는 요건도 여기에 추가할 수 있다. 앞서 말한 대로 경계를 정하는 일은 하나의 기술이다. 따라서 연습하고 개선하고 학습할 수 있다.

굳이 말하고 싶지는 않지만 경계 설정 기술은 다른 사람과 함께 일하는 한 계속 필요할 것이다. 구글에서 '경계에 관한 책'이나 '대립에 관한 책'을 검색해보라. 이 문제가 새로운 것이 아니며 쉽게 사라지지 않으리라는 것을 알 수 있다. 검색 결과에 나오는 일부 책들은 제목이 아주 좋다. '적과의 협력' '고슴도치를 껴안는 법' '멍청이들에게 둘러싸이다' 같은 제목은 내 마음을 알아주는 것 같다.

경계를 정한다고 해서 직장에서 접하는 모든 문제가 해결되지는 않는다. 그래도 분명 도움이 될 것이다. 당신을 조금은 앞으로 나아가게 해줄 것이다. 어느 정도는 당신의 자율권을 되돌려주고 당신의 희망을 되살려줄 것이다. 효과적인 협력에 도움이 되는 규칙을 세워주고 멈춰야 할 행동이 무엇인지 분명하게 알려줄 것이다.

거의 모든 사람에게 해당하지 않는 극히 예외적인 동료 때문에 악몽을 꾸거나 회사를 그만두는 일이 없도록 하라. 건강한 경계를 정하고 존중을 요구하고 계속 협력하라. 당신의 삶을 책임지는 사람은 언제나 당신이다.

CHAPTER 12

	A	B	C
1.			
2.			
3.			
4.			

바뀌지 않는
사람들과
당신을
변화시키는
선택들

나는 강연 요청이 들어오면 의뢰처에 가장 알맞는 콘텐츠를 파악하기 위해 사전 협의를 한다. 대개는 그들의 통점 그리고 직원과 리더가 직면한 난관에 대해 질문한다.

한 번은 대형 항공사에서 일하는 900명의 리더들을 대상으로 강연한 적이 있다. 그 강연을 준비하던 과정은 결코 잊지 못할 것이다. 나는 강연 몇 주 전에 경영팀을 만나서 어떤 강연을 하면 가장 도움이 될지 논의했다. 그 자리에서 한 임원이 어떤 최고위직 리더도 요청한 적 없는 주제를 언급했다.

바로 용서였다.

용서에 대해 이야기하는 것은 별로 어렵지 않았다. 실제로 나는 교회에서 전문 강연가 경력을 시작했다. 교인들은 매일 직장에서 신앙을 실천했다. 그래서 나는 일과 관련된 사례를 자주 활용했다. 시간이 지나자 기업에서 임원으로 일하는 교인들이 내게 이렇게 말했다. "우리 회사에 와서 강연해주시겠습니까? 우리 회사 사람들이 모두 방금 당신이 말한 대로 행동한다면 모든 게 바뀔 겁니다. 사기, 고객 서비스, 매출이 모두 개선될 거예요." 그렇게 강연 요청이 이어졌다. 지금은 기업과 교회라는 두 세계에서 강연하는 데 많은 시간을 들이고 있다.

교회라는 공간이 흥미로운 점은, 주말마다 용서에 대해 이야기한다는 것이다. 왜 그럴까? 자신이 먼저 용서받았다는 믿음이 있으면 남을 용서하기가 훨씬 쉽기 때문이다. 나는 신앙인으로서 하나님이 인간을 대신하여 죽도록 성자^{聖子}를 보냈다고 믿는다. 그 믿음 속에서 용서와 평화, 수용을 경험했다. 주말 예배는 자연스럽게 우리에 대한 하나님의 용서를 성찰하는 시간이다. 그 성찰은 남에 대한 용서로 확장된다.

하지만 이건 교회에 국한된 얘기다. 교회는 신앙의 공간이다. 용서라는 주제를 제안한 임원과 다른 임원들은 기업계에서 일했다. 어떻게 하면 종교적인 색채를 과하게 드러내지 않고 포춘 100대 기업의 리더들에게 용서에 대해 이야기할 수 있을까? 그 의미는 무엇일까?

우리는 이야기를 계속했다. 그 임원은 용서가 그들에게 가장 필요한 것 중 하나라며 이렇게 말했다. "우리 회사에는 원망을 품고 있는 사람이 너무 많아요. 마치 20년 묵은 딱지를 계속 뜯으면서 상처가 낫기를 바라는 꼴이죠." 이 비유는 징그럽기는 하지만 나의 뇌리에 남았다. 그의 말은 옳았다. 때로는 동료가 상사에게 당신의 험담을 하거나, 당신의 공로를 가로채거나, 당신의 잘못이 아닌데도 당신을 탓하거나, 당신의 고객을 빼앗거나, 당신의 프로젝트를 방해하거나, 당신을 괴롭히고 모욕하거나, 심지어 당신을 회사에서 잘리게 만드는 일이 생긴다.

당신은 얼마나 자주 과거의 모욕감과 앙심에 매달리는가? 지난 일을 얼마나 자주 머릿속에서 되살리고 대화를 재현하고 배신을 곱씹는가? 그렇게 하면 상처를 치유하는 데 도움이 될 거라고 생각하면서 말이다.

회사 생활을 조금이라도 해본 사람이라면 누구나 이런 끔찍한 일들을 겪었을 것이다. 회사에 출근하는 순간, 어느 정도의 공격과 고통에 노출될 수밖에 없다.

우리 조사에서 59퍼센트의 응답자는 지난해에 까다로운 사람과 일하다가 분노나 원망을 느꼈다고 답변했다. 이는 고통스러울 정도로 높은 수치다. 앞서 정신 건강과 관련한 일부 조사 결과를 제시했다. 자살을 생각한 경우를 포함한 정신 건강 문제는 매우 우려스럽다. 까다로운 사람은 업무 효율만 낮추는 것이 아니다. 그들은 우리의 가슴속, 머릿속 깊이 고통을 주고 상처를 남긴다.

당신은 그 고통에 어떻게 대처하는가?

숨기는가? 부정하는가? 묻어두는가? 키우는가? 원망하는가? 둔감해지는가? 매몰되는가? 아니면 그 존재를 인정하고, 다스린 다음, 앞으로 나아갈 길을 찾는가?

앞서 우리는 경계에 대해 이야기했다. 이미 알겠지만 자신을 지속적인 고통 속에 내버려두는 건 용서가 아니다. 앞으로 나서서 경계를 정하라. 지금까지 우리가 논의한 다른 모든 방법을 동원하라. 하지만 끝내 용서하지 못한다면, 평화와 치유에 이르기 어려울 것이다.

이는 불공정해 보인다. '왜 내가 그들을 용서해야 하지? 그들은 용서받을 자격이 없어. 그들은 바뀌지 않을 거야. 내가 아니라 그들이 바뀌어야 해'라는 생각이 들 것이다.

하지만 명심하라. 용서는 그들이 아니라 당신을 위한 것이다.

그들의 자유가 아니라 당신의 자유를 위한 것이다.

설령 부당한 처사를 당했더라도 당신의 내면에서 문제를 바로잡기 위한 것이다.

용서는 책상을 정리하는 일과 약간 비슷하다. 책상을 정리하면 생각하고 창의력을 발휘하고 협력할 공간이 더 많이 생긴다. 많은 사람들이 앙심에 대해 깨닫지 못하는 사실이 하나 있다. 앙심을 품으려면 거기에 계속 기운을 쏟아야 한다. 성과를 내는 데 쓸 수도 있는 기운을 말이다.

나도 안다. 사람들은 때로 용서할 수 없는 짓을 한다. 하지만 원한을 품어서 어떻게 끝맺음을 할 것인가? 평생 그들을 피해 다닐 것인가? 영원히 그들을 미워할 것인가? 지난 아픔을 새로운 관계와 일자리로 끌어들일 것인가? 앞서 항공사 임원이 말한 치유되지 않은 20년 묵은 상처라는 것이 바로 그런 것이다.

이 문제와 관련하여 내가 좋아하는 제임스 클리어의 말이 있다.

분노와 원망을 품는 것은 닻을 달고 스쿠버 다이빙을 하는 것과 같다. 거기에 매달리는 한 해저에 발이 묶여서 제대로 움직일 수 없다. 산호초와 눈앞을 오가는 열대어를 감상할 수 없다.

용서는 그 닻을 끊어내는 것이다. 당신이 당한 고통을 별일 아닌 것으로 치부하는 것이 아니라, 자유롭게 헤엄칠 수 있도록 짐을 덜어내는 것이다. 용서는 당신이 자신에게 주는 선물이다. 당신이 달고 있는 닻을 끊어내는 일이다.[70]

용서가 가능하다면(나는 가능하다고 생각한다), 당신과 회사에 유익한 방향으로 상황이 바뀔 것이다.

그러면 도대체 어떻게 해야 할까? 어떻게 당신을 붙드는 닻을 끊어내고 자유롭게 헤엄칠 수 있을까?

몇 가지 선택을 하면 된다.

1. 어떤 동료가 되고 싶은지 선택하라

"불쾌하게 만들 생각은 없지만…"이라고 말한 다음 당신을 불쾌하게 만드는 동료가 있는가? 그들은 단서 조항을 달기만 하면 인간적 품격과 사회적 예의를 내던져도 되는 줄 안다.

이런 식의 표현이 몇 가지 더 있다. 어쩌면 당신도 들어본 적이 있을지 모른다.

- "내가 끼어들 일은 아니지만…"(그러고는 당신의 일에 바로 끼어든다)
- "어쩌면 말하지 않는 게 좋을지 모르지만…"(그러고는 그냥 말한다)
- "비판하려는 건 아니지만…"(그러고는 폭탄을 투하한다)
- "무례하게 들릴지 모르겠지만…"(그러고는 무례하기 짝이 없는 말을 한다)
- "오해하지 말았으면 좋겠는데…"(그러고는 오해할 수밖에 없는 말을 한다)
- "말하고 싶지 않지만…"(그러고는 아주 신나게 말한다)
- "기분 상하게 만들고 싶지 않지만…"(그러고는 기분을 마구 상하게 만든다)

상대는 이런 말을 툭 던지고는 일상을 이어간다. 반면 원치 않는(사실이 아닐 수도 있는) 말을 들은 당신의 기분은 엉망이 되어버린다. 때로 부주의하고 냉담한 말이 며칠, 몇 달, 몇 년 동안 당신의 머릿속을 무단 점거하기도 한다.

이런 부류는 무례하고 공격적이고 못돼먹었다는 평판을 얻는다. 그들은 그런 동료가 되기로 선택했다. 의식적으로 그쪽을 선택한 것은 아닐지도 모른다. 하지만 다른 쪽을 선택하지 않은 것은 확실하다. 따라서 근본적으로 그들은 다른 모두가 조심해야 하는 까다로운 사람이 되었다.

다행인 점이 있다. 당신은 직장에서 어떤 모습을 보일지 선택할 수 있다. 비판적이거나 냉소적인 사무실 분위기에 물들 필요는 없다. 소문이나 파벌에 휘둘릴 필요는 없다. 당신의 성격, 성장 과정, 신념 체계, 근무 환경과 무관하게 다른 사람들에게 어떤 동료가 되고 싶은지 선택할 수 있다. 어제를 바꿀 수는 없다. 하지만 오늘의 선택이 내일을 바꿀 수 있다.

직장에서 당신이 어떤 사람인지 가장 확실하게 말해주는 선택들이 있다. 그중에서 많은 사람들이 간과하는 것은 용서하는 사람이 되겠다는 선택이다. 앙심은 우연히 털어내지지 않는다. 털어내겠다고 선택해야 한다. 그 과정에서 당신은 앞으로 어떤 사람이 될지도 선택하게 된다.

용서에서 가장 어려운 부분은 그것을 받아들이기로 결정하는 일이다. 대다수 사람은 분노를 끌어안는 쪽을 선호한다. 하지만 "용서하는 사람이 되고 싶어"라고 말할 때 너무나 놀라운 일이 일어난다.

직장 내 갈등을 연구한 연구자들은 장기적으로 보면 용서가 더 나은 결과로 직결된다는 강력한 증거를 확인했다. 거기에는 더 높은 직업 만족도, 더 높은 업무 참여도, 더 낮은 탈진율이 포함된다.[71] 용서는 상대를 위한 것이 아님을 명심하라. 용서는 당신을 위한 것이다. 당신 자신을 치유하고 보호하며 건강하게 만들기 위한 것이다.

반드시 용서하는 사람이 되어야 한다는 법은 없다. 누구도 그쪽을 선택하라고 강요하지 않는다. 하지만 그것이 가능하다는 사실, 거기에 도달할 수 없는 것은 아니라는 사실을 알아야 한다. 그렇다고 해서 만만한 호구가 되라는 말은 아니다. 그보다 다른 길을 갈 수 있는 문을 열어보자는 것이다.

기분 상하게 만들고 싶지 않지만, 내가 끼어들 일은 아니지만, 어쩌면 말하지 않는 게 좋을지 모르지만, 비판하려는 건 아니지만, 오해하지 말았으면 좋겠는데, 무례하게 들릴지 모르지만 그래도 말할 것이 있다. 부당한 일을 당할 때마다 원망하는 쪽을 택한다면 미래의 당신에게 별로 도움이 되지 않을 것이다.

단 한 번의 결단이 모든 것을 바꿀 수 있다.

당신은 어떤 동료가 되고 싶은가?

2. 사소한 일은 털어버려라

현실을 직시하자. 사무실은 사소한 양심의 각축장이다. 온도 조절기를 둘러싼 전투부터 마지막 도넛을 차지하기 위한 전쟁까지, 짜증이 폭발할 일은 무한정 많다. 이메일 예절 상실도 빼놓을 수 없다. 전체 부서를 참조란에 넣어서 은근히 공격하는 이메일보다 더 빨리 양심을 키우는 것은 없다.

동료의 어떤 행동들이 당신을 불쾌하게 만들고 화를 돋우는 지 생각해보라. 그러면 그중 일부는 실제보다 더 심하게 느껴진다는 사실을 깨닫게 될 것이다. 나는 심지어 대부분이 그럴 거라 말할 수 있다.

나의 경우, 강연을 맡을 때는 많은 사람과 이야기를 나눠야 한다. 반면 코칭은 소수의 말에 귀 기울이는 것이 핵심이다. 지금까지 여러 사람들이 내게 그들의 머릿속을 가득 채운 시급하고 절박한 사람 관련 문제들에 대해 이야기했다. 그 과정에서 그들이 실시간으로 깨달음을 얻는 모습을 수없이 목격했다. 그들은 외부자인 내게 자신이 느끼기에는 너무나 중대한 실패, 배반, 갈등, 공격에 대해 털어놓았다. 그러다가 문득 말을 멈추고 "이모든 게 사소한 일로 시작해서 다소 부풀려졌어요. 제가 일을 너무 키운 것 같습니다"라고 말하는 경우가 많았다.

우리 모두가 이런 일을 겪었다. 사소한 불만은 제때 처리하지 않으면 저절로 커지는 경향이 있다. 때로는 심지어 사무실 전체의 분쟁으로 번지기도 한다. 나는 한 동료가 항상 큰 소리로 통화하는 것에 진력 난 사람의 이야기를 읽은 적이 있다. 그는 어느 날 일찍 출근해서 동료 자리에 있는 전화기 송화기 부분을 연 다음, 겨자를 바른 살라미 조각을 숨겼다. 며칠이 지나자 악취가 풍기기 시작했다. 하지만 동료는 어디서 그런 악취가 나는지 알지 못했다.

또 다른 사람은 너무나 돈이 궁해서 어느 날 점심으로 사과 소스 한 병만 갖고 출근했다. 그런데 누군가가 냉장고에서 그걸

홈쳐 먹고는 빈 병만 남겨놓았다. 사과소스 주인은 화가 난 나머지 냉장고에 있던 다른 사람들의 음식을 집어던지며 "다 같이 한 번 굶어봐!"라고 소리쳤다. (다행히 인사과가 개입하여 모두에게 피자를 사주었다.)

이 이야기들은 웃기면서도 비극적이다. 사소한 복수는 지속 가능한 해결책이 아니며 건강한 해결책도 아니다. 또한 당신의 시간과 기운을 빼앗아 갈 가치가 없는 일에 계속 매달리게 만든다. 그래서 고통을 완화하는 것이 아니라 오히려 악화할 뿐이다. 복수 관련 연구 결과, "복수하는 사람들은 자신도 모르게 불쾌한 경험을 연장시킨다. 복수할 기회를 얻지 못한 사람들은 어떤 의미에서 어쩔 수 없이 지난 일을 털어버리고 다른 것에 집중하게 된다. 그리고 그 덕분에 더 행복한 기분을 느낀다."[72]

그러면 사소한 모욕감과 앙심을 어떻게 처리해야 할까? 첫째, 있는 그대로 사소한 문제임을 인정하라. 넓은 시각으로 볼 때, 누가 당신의 커피 머그컵을 훔쳐간 게 밤잠을 설칠 가치가 있는 일일까? 아마 아닐 것이다. 그 사람의 마우스를 숨기는 복수를 꾸미지 말고(유혹적이기는 하지만) 그냥 웃어 넘겨라. 설령 그것이 "비명을 지르지 않으려고 차라리 웃어버리는" 것이라 해도 말이다.

둘째, 털어버리는 쪽을 선택하라. 사소한 앙심을 털어내는 일에는 미덕이 있다. 일을 즐긴다거나 승진하기에 더 좋은 입지에 서는 것처럼 더 중요한 일을 할 만한 여지가 생긴다. 게다가 사소한 일에 연연하지 않으면 사무실에서 벌어지는 드라마에 휘말리지 않는다. 모욕이나 오해 같은 것들은 바로 잊힌다. 그러면 당신은 그냥 회사를 견디는 것이 아니라 거기서 커나갈 수 있다. 이 모두는 사소한 문제에 얽매이지 않는 쪽을 선택했기 때문에 가능하다.

사소한 문제를 털어버린다고 해서 까다로운 사람이 올바로 행동하는 것은 아니다.

그 대신 자유가 생긴다.

때로 우리는 사소한 일에 너무 오래 매달린다. 사소한 일을 너무 감정적으로 받아들인다. 털어버려야 할 모욕을 기억한다. 떨쳐내야 할 일들을 내면화한다. 우리를 알지도 못하고 별로 중요하지도 않은 사람의 비판을 믿어버린다.

우리는 더 커지는 것이 아니라 더 작아지고, 더 유연해지는 것이 아니라 더 완고해지며, 더 나아지는 것이 아니라 더 나빠진다.

사소한 일을 쉽고 빠르게 털어버리는 것은 자유 외에 또 다른 혜택을 안긴다. 그것은 까다로움 속에 숨은 긍정적 요소를 발견하는 경우가 많다는 것이다. 가령 우리가 들어야 할 진실을 알수도 있고, 상대를 더 잘 이해할 수도 있으며, 성격이나 경력 측면에서 성장할 수도 있다. 반면 전달자인 까다로운 사람에게 지나치게 초점을 맞추면 그들과의 접촉에서 얻는 선물을 놓치게 된다.

다만 그 선물을 알아보는 일은 쉽지 않다. 누군가가 우리를 비판하거나 우리에게 반박할 때는 "저 사람은 자기가 무슨 말을 하는지 몰라" "저 사람은 나한테 반감을 품고 있을 거야" "저 사람은 큰 그림을 볼 줄 몰라" "저 사람은 원래 저래. 멍청하고 못돼먹었어"라고 말하는 게 기분이 더 좋다.

안타깝게도 못돼먹은 사람들조차 좋은 지적을 할 수 있다. 멍청한 사람들조차 당신이 들어야 할 말을 할 수 있다.

그 말을 하는 사람이 싫다고 해서 진실을 거부하는 것은, 배달원이 무례하다고 해서 택배를 거부하는 것과 같다. 중요한 것은 누가 배달하느냐가 아니라 그 안에 무엇이 들어 있느냐다. 까다로운 사람을 상대하다가 화나거나 상처받았을 때는 잠시 시간을 두고 "지금 이 대화 속에 들어 있는 선물은 무엇일까?"라고 생각해보라.

상대를 좋아하거나 존중하지 않아도 그 선물을 받을 수 있다. 어쩌면 80퍼센트의 접촉은 헛될 수도 있다. 그런 부분은 무시하고 유용한 20퍼센트만 받아들여라. 그것은 선물이니까.

사소한 아픔을 잊는 법을 배워라. 그러면 커다란 아픔을 대비하는 데도 도움이 된다. 커다란 아픔을 안긴 사람을 용서하는 일은 쉽지 않다. 하지만 용서는 그런 때에 강한 힘을 발휘하기

우리는
과거에 연연하며
스트레스를 받느라
시간과 기운을 낭비한다.
그럴 것이 아니라
희망을 안고
앞으로 나아가야 한다.

도 한다. 어쩌면 동업자가 당신을 배신하거나 동료가 부당하게 해고당하거나 다른 영업사원이 큰 계약 건을 훔치거나 당신이 20년 동안 성실하게 일한 자리에서 쫓겨나는 일이 생길 수도 있다. 이런 일은 엄청난 아픔을 안긴다. 그렇다고 해서 인생이 끝나는 것은 아니다.

내가 지금까지 이룬 성장들은 많은 경우 아픔을 이겨낸 결과였다. 원래 우리 인간은 그렇게 성장하는 법이다. 때로 우리는 인생에게 엉덩이를 걷어차이면서 앞으로 나아간다. 안타깝게도 인생은 까다로운 사람에게 우리의 엉덩이를 걷어차도록 시킨다.

그들이 한 일은 일어나지 말았어야 했으나 일어났다. 그것이 당신을 아프게 했지만 동시에 당신을 성장시키기도 했다. 당신은 더 강한 사람이 되었다.

사소한 일, 아니 어쩌면 그리 사소하지 않은 일까지도 털어버리는 쪽을 선택하라. 그런 일에 당신의 시간, 기운, 힘을 낭비할 가치가 없다. 세상에는 당신을 기다리는 좋은 일들이 너무나 많다.

3. 원망에 유통기한을 정하라

살다 보면 아픔을 겪고 공격을 받기 마련이다. 사람들은 까다롭다. 그들은 멍청한 말을 하고 멍청한 행동을 한다. 그들은 약속을 저버리고 당신에 대해 거짓말을 한다. 불쾌한 시선으로 당신을 바라보고 문화적으로 둔감한 발언을 일삼는다.

이런 일은 우발적으로 일어나기도 하고 의도적으로 일어나기도 한다. 거기에 대해 당신이 할 수 있는 일은 없다. 하지만 그런 상황에 대비한 계획은 세울 수 있다.

그것은 아픔을 느끼더라도 묵히지 않는 것이다.

나쁜 일이 생기면 먼저 그것이 초래한 피해와 그에 따른 아픔을 인정하라. 전혀 아프지 않은 것처럼 또는 아무런 일도 생기지 않은 것처럼 자신을 속이지 마라. 그런다고 해서 도움이 될 것은 하나도 없다. 누군가의 말이나 행동 때문에 화가 났다면, 그래도 괜찮다. 잠시 화를 내고, 미워하라.

이는 그들과 맞서거나 대화할 기회가 없다면 특히 더 중요하다. 아픔을 다독이기 위해 시간을 들여야 한다. 그것은 전혀 부끄러운 일이 아니다.

다른 사람으로부터 깊은 상처를 받은 이야기를 친구에게 들려준 적이 있는가? 그때 친구가 중간에 말을 끊고 "그냥 털어버려"라고 말한 적이 있는가? 그러면 '그냥 털어버리라고? 말이야 쉽지. 네가 뭔데 그런 말을 해? 넌 피해자도 아니잖아'라는 생각이 든다. 이처럼 때로 사람들이 털어버리고 용서하라는 말을 하는 이유는 당신의 아픔이 자신을 불편하게 만들기 때문이다.

용서는 그것과 달라야 하며, 그보다 더 깊어야 한다. 강요 때문에 아니라 스스로, 자신을 위해 선택하는 것이어야 한다.

당신이 당한 일을 잊거나, 그것이 끔찍하지 않은 척할 필요는 없다. 죽을 때까지 원한을 품지 않고도 누군가의 잘못된 행동을 객관적으로 비판할 수 있다. 그들에게 앙갚음하고 싶은 감정적 욕구를 차단할 수 있다. 결국 그렇게 사람을 미워하는 일은 피곤하다. 누군가를 평생 원망하는 것은 그 사람이 아니라 당신 자신에게 종신형을 내리는 일이다.

매사에 잘잘못을 따지는가? 그게 당신에게 도움이 되는가? 내면의 기록지에 상처받은 일을 더 많이 적을수록 더 무거운 미움에 발목이 잡힌다. 죽음의 순간에 더 많은 앙심을 품거나, 더 많은 적을 만들거나, 더 많은 사람을 미워했기를 바랄 사람은 없다. 내면의 분노는 당신을 갉아먹어서 아무것도 남기지 않는다.

그러니 모든 감정을 느끼되, 거기에 오래 얽매이지 마라. 고질적인 분노나 아픔 또는 원망에 사로잡히지 마라. 나는 동료에 대한 분노에 사로잡혀서 빠져나오지 못하는 사람을 많이 봤다.

용서를 위해 당신이 활용할 수 있는 방법이 있다. 사소한 것부터 심각한 것까지 상대가 한 행동을 떠올려보라. 그때 그 자리로 돌아가 상대의 잘못을 객관적으로 살펴보라. 그리고 '이 일 때문에 오래 시달리는 게 옳을까?'라고 자문하라.

이는 단순하면서도 중대한 질문이다. 당신의 계획은 무엇인가? 어떻게 끝맺음할 것인가? 얼마나 많은 시간이 흘러야 속을 끓이면서 상대를 미워하는 일을 멈출 것인가?

불쾌한 일을 당하면서 "앞으로 20년 동안 이걸로 속상해해야지"라고 말하는 사람은 아마 이 세상에 없을 것이다. 하지만 실제로 그렇게 하는 사람들이 있다.

물론 해로운 행동 때문에 깊고 오랜 트라우마에 시달리는 경우가 있을 수 있다. 대부분의 사람 어쩌면 모든 사람은 평생 지울 수 없고, 우리의 정체성을 만든 고통스러운 일들을 경험했을 것이다. 아픔을 느끼지 않겠다고 결정할 수는 없다. 하지만 원망을 품지 않겠다고 결정할 수는 있다.

그러니 마음속에 자리 잡은 앙심을 몰아내라. 지난 일을 털어버릴 날짜를 정하라. 가령 분노를 떨쳐내기까지 6개월의 시간을 자신에게 주어라. 그때가 되면 과거는 바뀌지 않겠지만 미래는 바뀔 것이다. 당신 자신에게 앞으로 나아갈 자유를 주어라.

노력이 필요하다면 노력을 기울여라. 상담이 필요하다면 상담을 받아라. 어려운 대화가 필요하다면 날짜를 잡아라. 최선을 다해서 해묵은 감정을 털어내기 위해 적극적으로 나서라. 그래야 미래의 자신을 자유롭게 만들 수 있다.

4. 상처받기 전에 미리 용서하라

나는 근래에 토크쇼 진행자이자 저술가인 닥터 필과 같이 행사를 했다. 그는 우리가 두 가지 종류의 결정을 한다고 말했다. 무엇을 먹거나 입을지에 대한 결정처럼 사소한 결정이 있는가 하면, 가치관이나 행동과 관련된 '일생일대의 결정'도 있다. 이 결정은 한 번 내린 후에는 재고하지 않는 선택이다. 가령 닥터 필은 오래전에 비즈니스 거래에서 항상 상대보다 더 공정한 태도를 취하기로 결정했다. 다시 말해서, 협상을 할 때 항상 상대가 더 나은 조건을 얻도록 하겠다고 결정했다. 그러면 거리에서 사람을 피해 다닐 일이 없었다. 자신이 그들을 관대하게 대했다는 사실을 알기 때문이다. 또한 일생일대의 결정이 이끌어주기 때문에 협상할 때마다 어떻게 임할지 고민할 필요가 없다.

이 이야기를 들었을 때 내가 오래전에 내린 일생일대의 결정이 바로 머릿속에 떠올랐다. 그때 나는 상처받기 전에 미리 용서하는 쪽을 선택했다. 그러면 누군가가 나를 모욕하거나, 배신하거나, 뒷담화하거나, 상처주는 짓을 하면 매번 그 사람을 용서할지 안 할지 결정할 필요가 없다. 물론 그들의 못된 짓은 괘씸하다. 하지만 나는 한순간의 아픔이 몇 달, 심지어 몇 년 동안의 원망으로 변질되도록 놔두지 않을 것이다. 그냥 그들을 용서할 것이다.

나는 이를 '사전 용서pre-forgiveness'라 부른다. 사전 용서는 아직 내게 상처를 주지 않은 사람을 용서하는 것을 말한다. 오늘, 한 팀원이 알 수 없는 이유로 나쁜 태도를 보일 수 있다. 또는 누군가가 공항 대기줄에서 새치기를 하거나 강연 요청을 취소할 수도 있다.

그래서 나는 미리 그런 일들을 털어버리는 쪽을 선택했다. 그냥 용서하기로 사전에 결정했다. 이번에 그들의 인간적인 실수를 봐주면 그들도 내게 인간적인 여지를 줄 것이라 기대했다.

당신이 함께 일하는 사람은(로봇과 같이 일할 수도 있지만 그들 역시 까다롭다) 결함이 있을 수밖에 없다. 나는 그렇지 않다면 좋겠다고 생각한다. 우리가 개미나 벌 또는 새와 같다면 완벽한 조화를 이루어갈 것이다. 아름다운 집을 만들고 절대 서로의 마음에 상처를 입히지 않을 것이다. 문제는 이 경우 먹이사슬에서 한참 아래로 내려간다는 것이다. 이는 상당한 불이익이다. 나는 인간이 되는 쪽을 선호한다. 넓은 시각으로 보면 최고 포식자 지위는 항공사 플래티넘 회원 지위보다 낫다.

당신은 몰랐을지 모르지만 사전 용서도 하나의 선택지가 될 수 있다. 다만 당신의 선택이 필요하다. 당신이 앞으로 어떤 사람이 될지, 긴장이 고조될 때 어떤 모습을 보일지, 어떤 일을 할 수 있을지 미리 결정하는 것이 핵심이다.

까다로운 사람을 피해가는 계획을 세울 수 없으니, 용서로 향하는 계획을 세워라. 그 차이를 알겠는가? 어떤 사람은 이요르 〔《곰돌이 푸》에 나오는 매사에 부정적이고 우울한 당나귀〕 같은 태도로 출근한다. 그들은 최악만을 예상하고 모든 것에서 최악만을 본다. 그리고 예측한 대로 최악의 상황에 빠진다. 어떤 일이 잘 못될 것을 예상하는 동시에 그것을 털어버리는 당신의 능력을 굳게 믿어보면 어떨까?

긴장이 고조되고 분노가 치솟을 때 용서하기보다 미리 용서하는 편이 더 쉽다. 상사나 고객 또는 동료에게 불쾌한 일을 당하는 순간까지 기다리지 마라. 그러면 당신이 원하는 방식으로 대응하기에는 너무 늦은 경우가 많다.

용서하겠다고 미리 결정하라. 그래야 그 순간이 되었을 때 당신이 정말로 원하는 선택을 하게 된다.

5. 앞으로 나아가는 쪽을 선택하라

용서는 잊는 것이 아니다. 앞으로 나아가는 쪽을 선택하는 것이다. 예전 직장에서 품은 원망을 새 직장까지 안고 오는 사람들이 있다. 그들은 5년 전에 입은 마음의 상처 때문에 여전히 애꿎은 사람에게 화풀이를 한다.

그러지 않아도 된다. 아픔, 고통, 배신, 모욕 이후에도 삶은 계속된다.

최고인사책임자로 일하는 내 친구는 오래전에 자신이 배신당한 일을 내게 들려주었다. 관리자로 일하는 그를 다른 회사에서 임원으로 영입하려 했다. 그에게는 꿈의 일자리였다. 그는 최종 후보 두 명 중 한 명이었다. 면접 과정이 막바지에 이르렀을 때, 새 회사 측에서 현재 회사 오너에게 전화를 걸어 내 친구가 경영팀의 일원이 되기에 적합한지 물었다.

오너는 아니라고 대답했다.

이 대답 때문에 새 회사는 다른 후보를 선택했다.

내 친구는 무슨 일이 있었는지 알게 되었다. 믿기 힘든 사실이었다. 그는 오너를 찾아가 왜 그렇게 말했는지 따졌다. 오너의 대답은 단순하면서도 냉정했다.

"그들이 자네를 고용하면 내가 새 관리자를 뽑아야 하잖아."

오너가 한 짓은 용서하기 힘들다. 그렇지 않은가? 그는 순전히 이기심 때문에 내 친구의 경력을 망치려 들었다. 내 친구는 용케 이 일을 이겨냈고, 이후 아주 좋은 회사에 들어갔다. 이제 그는 지난 아픔을 털어냈다. 하지만 너무나 냉혹하게 자신의 등을 찌른 사람 밑에서 계속 일하는 것이 얼마나 고통스럽고 원망스러웠을까? 나로서는 상상할 수도 없다.

나는 이와 비슷한 다른 이야기들도 들었다. 강연을 하다 보면 기업인을 많이 만난다. 기업계에서 일어나는 어떤 일들은 인간에 대해 고개를 젓게 만든다. 어떤 사람은 내게 동업자에게 배신당한 이야기를 들려주었다. 그의 동업자는 돈을 몽땅 챙겨서 외국으로 달아난 후 소식이 끊겼다. 또한 다른 사람의 행동 때문에 수백만 달러를 잃거나, 평생 모은 돈을 날리거나, 부당하게 회사에서 쫓겨난 후 다시는 비슷한 일자리를 얻지 못한 사람들도 만났다. 어떤 사람은 최고위직 임원이었는데 누군가가 대표를 조종하여 그를 해고하게 만들었다. 현재 그는 초급 간부로 일하면서 이전 연봉의 절반밖에 받지 못한다. 그는 월급을 받을 때마다 자신이 당한 일을 곱씹는다.

사람들과 대화하다 보면 어떤 사람들은 앞으로 나아가지 못한다는 사실을 알게 된다. 그들은 아물지 않은 상처를 안고 제자리걸음을 하며, 그게 겉으로 드러난다. 사소한 일조차 그런 성향을 촉발하는 것처럼 보인다. 그들은 해결할 수도 바꿀 수도 없는 지난 일을 두고 "왜 그랬을까, 만약에 이랬다면 어땠을까?" 고민하느라 많은 기운을 낭비한다. 이런 고민은 유령처럼 그들을 괴롭힌다. 그들은 다시는 누구도 믿지 않고 가까워지지 않고 받아들이지 않겠다고 다짐한다. 그렇게 그들의 세계는 갈수록 좁아진다.

그들은 대개 갈등도 잘 다루지 못한다. 그래서 위협을 느끼면 일단 먼저 공격하거나, 다시 이용당한다고 여기며 굴복해버린다. 이런 반사적인 투쟁 – 도피 반응은 건강하지 않다. 하지만 과거가 현재보다 더 생생하게 느껴지고 미래는 더 나빠질 것처럼 보일 때 달리 무슨 일을 할 수 있을까?

나는 과거의 아픔을 털어낸 내 친구 같은 사람들과 이야기를 나누었다. 그들은 결코 이전의 모습을 되찾지 못할 것이다.

또 지난 일을 떠올릴 때마다 아픔을 느낄 것이다. 하지만 중요한 점은 그들이 지난 일을 자주 떠올리지 않는다는 것이다. 그들은 과거 누군가가 자신에게 한 일에서 지금 자신이 할 수 있는 일로 초점과 기운을 옮기는 데 성공했다. 자신이 통제할 수 있는 것, 바로 과거에 당한 일에 대한 반응을 주도함으로써 자율성을 지켜냈다.

다만 나는 누구도 아픔을 바로 털어낼 수 있다고 생각하지 않는다. 어떤 사람은 그런 것처럼 보인다. 감정을 묻어두고 아무 일도 없는 것처럼 행동하기 때문이다. 하지만 이는 장기적으로 좋은 전략이 아니다. 가슴속 깊이 묻어둔 감정은 좀비처럼 계속 되살아나는 경향이 있다.

아픔을 딛고 다시 일어나 적응하고 앞으로 나아가는 것은 '회복 탄력성'이라고 부르는 힘의 한 측면이다. 회복 탄력성은 스트레스와 부정적 경험에 건강한 방식으로 대응하는 능력을 말한다. 즉 불쾌한 감정을 절대 느끼지 않는다는 것이 아니라 그 감정을 어떻게 소화해야 할지 아는 것이다. 대체로 회복 탄력성이 부족한 사람은 힘든 시기를 지날 때 자신을 탓하고, 삶의 어려움을 과장하며, 상황을 영원히 바꾸지 못할 거라고 여긴다.[73]

나는 이런 결과를 원치 않는다. 그렇게 사는 건 끔찍하다.

이럴 때 용서가 해결책의 일부다. 용서는 고통을 이겨내고 온전한 모습을 되찾을 수 있게 해준다. 나는 이른바 '양심으로부터의 회복 탄력성'을 키우고 싶다. 까다로운 사람이나 마음에 상처를 입히는 행동 때문에 길을 잃는 것이 아니라, 앞으로 나아가는 일을 더 잘하고 싶다. 물론 모든 감정을 정리하려면 약간의 시간이 필요할지도 모른다. 그래도 나는 계속 나아가고 싶다.

당신은 상처받거나 모욕당했을 때 얼마나 잘 회복하는가? 아픔에 적응할 수 있는가? 다시 일어설 수 있는가? 격한 감정을 건강한 방식으로 다스릴 수 있는가? 여전히 약간 피를 흘리고 절룩거리고 상실감에 시달려도 앞으로 나아갈 수 있는가? 아니면 모욕감에 중심을 잃고 부정적인 생각에 휩쓸려버리는가?

용서가 어렵다는 것을 안다. 부당하게 느껴진다는 것도 안다. 하지만 당신은 어려운 일을 해낼 수 있다. 삶이 당신을 부당하게 대하더라도 삶의 승자가 될 수 있다.

앞으로 나아가는 길을 택하는 것은 당신을 위한 선택이다.

또한 당신에게 필요한 결정을 내리는 것이기도 하다. 아픔과 미움을 오래 묵히는 것은 도움이 되지 않는다. 원망과 복수심은 당신의 기쁨과 평화를 앗아갈 뿐이다. 이제는 그 모든 것을 털어버리고 용서 속에서 찾은 자유를 누릴 때다.

이 길을 선택하라

다른 사람들이 어떤 모습을 보이든 간에 당신이 되고 싶은 동료가 되어라.

사소한 문제는 털어버리고 대부분의 문제는 사소하다는 사실을 명심하라.

원망을 평생의 동반자로 삼지 말고 마음속에서 몰아내라.

까다로운 사람이 까다로운 행동을 하더라도 대비할 수 있도록 미리 용서하라.

그리고 가장 중요하게는

계속 앞으로 나아가면서 매일 충만하고 자유로운 삶을 살아라.

이 책의 내용을 한 단어로 정리해달라고 요청하면 어떤 단어를 말할 것인가?

까다롭다?

그것도 말이 된다. 어쨌든 지금까지 12개 장에 걸쳐 '까다롭다'는 단어를 수없이 썼으니까. 게다가 당신은 아마도 까다로운 회사에서 까다로운 리더와 함께 일하고 있을지도 모른다. 또한 그 리더는 까다로운 팀원에게 영향을 미치는 까다로운 결정을 내릴지도 모른다. 그리고 그 팀원은 까다로운 문제로 가득한 까다로운 세상에서 까다로운 개인적 삶을 살고 있을지도 모른다. 그러니 머릿속에 '까다롭다'는 단어가 각인될 수밖에 없다.

하지만 '까다롭다'는 이 책의 마지막을 장식할 단어가 아니다. 그것만 가져가지는 않기를 바란다. 이 책에 들어간 모든 조사, 경험, 생각, 노력을 한 단어로 정리해야 한다면 그것은 바로,

희망이다.

괴팍한 동업자, 문제 많은 상사, 짜증 나는 직원에게도 희망은 있다. 그들과의 복잡하고 때로는 고통스러운 관계에도 희망은 있다. 그리고 당신에게도 희망은 있다. 당신이 이 책을 읽었다는 것은 앞으로 나아갈 길을 진지하게 찾는다는 뜻이기 때문이다.

지금 당신은 분노와 절망에 사로잡혀 있을지 모른다. 하지만 아직 이야기가 끝난 것은 아니다. 나는 진심으로 믿는다. 이

해, 지식, 희망의 관점에서 까다로운 사람을 상대하면 관계가 변화하기 시작할 것이다. 마찰은 줄고 자유는 늘어날 것이다. 효과적인 협력이라는 멋지고 드넓은 세상에 이를 때까지 다리를 놓을 방법을 찾을 것이다.

이 일에 시간표를 정할 수는 없다. 인간은 예측할 수 없고 통제할 수도 없기 때문이다. 그래도 희망하고 계획하고 노력할 수는 있다. 설령 그들이 변하지 않더라도 당신은 변했으며, 지금도 변해가고 있다. 그것만으로도 세상을 바꿀 수 있다.

까다로운 사람과 함께 일한 여러분의 이야기를 듣고 싶다. 향후 우리 조사에 지침이 되어줄 것이다. info@ryanleak.com으로 내게 이메일을 보내라. 이야기를 전할 때 무고한 사람을 보호할 수 있도록 꼭 이름을 바꿔주기 바란다! 좋고, 나쁘고, 추하고, 웃기고, 비극적이고, 믿을 수 없는 것은 모두 인간성의 한 측면이며, 다른 사람들과 함께 일해야 하는 현실의 한 측면이다.

앞으로 까다로운 당신의 자아를 안고 까다로운 일터로 들어설 때 희망과 자신감을 가져라. 당신은 모든 교류, 모든 사람을 통해 조금씩 변화할 수 있다.

감사의 말

나의 아름다운 아내, 아만다에게. 우리의 일정과 삶이 약간은 까다로워질 때도 변함없이 지지해주고 사랑해줘서 고마워. 당신은 내 삶의 닻이야.

나의 멋진 아이들, 잭슨과 로만에게. 한없는 기운과 끝없는 영감을 전해줘서 고마워. 너희는 매일 호기심, 기쁨, 조건 없는 사랑의 중요성을 일깨워준단다.

제러드 케이글에게. 무에서 유를 창조할 수 있도록 도와줘서 고맙습니다. 당신의 유연성과 창의성은 이 프로젝트를 띄우는 데 반드시 필요한 것이었습니다.

맥켄지 데커에게. 우리가 스포츠 얘기를 하고 싶어 할 때도 팀의 어른으로서 이 책의 진짜 목표를 향해 나아가도록 이끌어줘서 고맙습니다. 당신의 리더십은 우리가 이 책에서 상상했던 것보다 훨씬 많은 것을 이루도록 해주었습니다.

크리스 로빈슨에게. 이 여정에서 당신이 제공한 긍정적인 영향에 감사드립니다. 당신은 너무나 관대하게 통찰과 인맥을 나누어주었습니다. 당신의 지원은 지금 제가 지나는 삶의 절기에 너무나 중요했습니다.

채드 존슨에게. 저를 위해 본인의 이름을 걸고 나서주어서 고맙습니다. 굳이 그 모든 사람과 연락하지 않아도 되었는데, 저를 위해 여러 번 모험을 해주었죠. 절대 잊지 않겠습니다.

저스틴 재퀴스에게. 당신은 하나님이 제 삶에 주신 선물입니다. 당신의 명민함이 없었다면 이 책은 존재하지 않았을 겁니다. 당신은 제가 모든 아이디어를 한 단계 더 발전시키도록 도와주었습니다. 이 책이 탄생할 수 있도록 저의 집에서 저를 만나주셔서 감사합니다.

휘트니 고세트에게. 모든 관계를 활용하여 다른 사람들에게 보탬이 되는 사람이 되어주셔서 감사합니다. 당신의 이타심과 인맥은 이 책의 여정에 커다란 영향을 미쳤습니다.

제이슨 도시에게. 까다로운 사람과 일하는 방법을 저의 팀과 함께 연구해주셔서 감사합니다. 이 책과 저의 경력을 위해 당신이 보여준 통찰은 너무나 귀중했습니다.

로리 베이든에게. 조금의 차이도 중요하다는 사실을 가르쳐주고, 익숙한 틀을 벗어나 생각하도록 도와줘서 감사합니다. 당신의 지혜는 혁신적이었습니다.

로드리고 코랄과 당신의 팀에게. 당신은 제 삶을 바꾸어주었습니다. 제가 단지 한 권의 책을 쓰는 것을 넘어 더 많은 것을 얻게 도와주어서 고맙습니다. 당신은 우리가 독자들에게 하나의 경험을 제공할 수 있음을 알려주었습니다. 당신 덕분에 저는 제가 하는 모든 일에서 세계 최고가 되려고 노력합니다.

젠 진저릭과 포어프런트북스 직원 여러분에게. 이 프로젝트를 함께 진행해주어서 감사합니다. 여러분의 편집, 지침, 통찰은 이 책에 너무나 많은 가치를 더해주었습니다.

숀 행크스와 프리미어 스피커스 뷰로에게. 저를 믿고 전 세계의 무대에서 이 메시지를 나눌 수 있게 해주셔서 감사합니다.

위원회 여러분에게. 여러분이 아니었다면 지금의 저는 없었을 것입니다. 타시 델레Tashi deley("당신 안의 신성함을 존중합니다"라는 뜻을 지닌 티베트 인사말).

주

1. "The Employee Expectations Report 2022," Oyster, https://email.oysterhr.com/hubfs/The-Employee-Expectations-Report-2022.pdf.

2. Available at ryanleak.com. The research study was conducted online from February 6, 2024 to February 19, 2024. The margin of error is +/-3.1 percentage points.

3. Mel Robbins, Threads post, February 5, 2024, https://www.threads.net/@melrobbins/post/C2-7RgcRzxH.

4. Alain de Botton, "Why You Will Marry the Wrong Person," *New York Times*, May 28, 2016, https://www.nytimes.com/2016/05/29/opinion/sunday/why-you-will-marry-the-wrong-person.html.

5. Stephen M. R. Covey, *The Speed of Trust: The One Thing That Changes Everything* (Free Press, 2006), 13.

6. For example, see Arkadiusz M Jasiński and Romuald Derbis, "Work Stressors and Intention to Leave the Current Workplace and Profession: The Mediating Role of Negative Affect at Work," *International Journal of Environmental Research and Public Health* 19, no. 21 (October 27, 2022), 13992, https://doi.org/10.3390/ijerph192113992. They conclude, "Interpersonal conflicts at work are the strongest predictor of negative affect at work."

7. Nicholas A. Christakis, and James H. Fowler, *Connected: The Surprising Power of Our Social Networks and How They Shape Our Lives* (Hachette UK, 2009), 28.

8. Donald Miller, *A Million Miles in a Thousand Years: What I Learned While Editing My Life* (Thomas Nelson, 2009), 206.

9. Chantel Prat, *The Neuroscience of You: How Every Brain Is Different and*

How to Understand Yours, Kindle Edition (Penguin Publishing Group, 2022), 71.

10. Part, The Neuroscience of You, 3.

11. R. Nicholas Carleton, "Into the Unknown: A Review and Synthesis of Contemporary Models Involving Uncertainty," *Journal of Anxiety Disorders,* 39 (2016), 39, 10.1016/j.janxdis.2016.02.007.

12. Scott Gornto, *The Stories We Tell Ourselves* (Auxano Publishing, 2014), 15.

13. Brené Brown, *Rising Strong: How the Ability to Reset Transforms the Way We Live, Love, Parent, and Lead* (Random House, 2017), 122.

14. "Junior Achievement National Business Hall of Fame Recognizes Eight Outstanding Business Leaders," press release, February 25, 2000, Halstead Communications, https://www.newswise.com/articles/junior-achievement-national-business-hall-of-fame.

15. Mitchell Mannering, "The Sign of the Spear: The Story of William Wrigley, Who Made Spearmint Gum Famous," *National Magazine* (1912), https://todayinsci.com/W/Wrigley_William/WrigleyWilliam-NationalMagazineBio(1912).htm.

16. Quoted in "When Two Men in Business Always Agree, One of Them Is Unnecessary," quoteinvestigator.com, April 4, 2015, https://quoteinvestigator.com/2015/04/04/agree/.

17. Prat, *The Neuroscience of You*, 298.

18. "Mindset," merriam-webster.com/dictionary/mindset.

19. Gary Klein, "Mindsets: What They Are and Why They Matter," *Psychology Today*, blog post, May 1, 2016, https://www.psychologytoday.com/us/blog/seeing-what-others-dont/201605/mindsets.

20. In case you're curious how the other benefits we tested ranked, the results were: better communication (34%), better employee retention (30%), improved mental health (29%), increased engagement (27%), more focus

(21%), greater trust in the company (18%), and increased innovation (12%).

21. M. R. Leary and N. R. Buttermore, "The Evolution of the Human Self: Tracing the Natural History of Self-Awareness," *Journal for the Theory of Social Behaviour* 33 (2003), 366.

22. See the discussion of Woolley et al., "Evidence for a Collective Intelligence Factor in the Performance of Human Groups," later in this chapter.

23. Steven Furtick, *Do the New You: 6 Mindsets to Become Who You Were Created to Be* (FaithWords, 2024), 25.

24. Michael Caire, Vamsy Reddy, and Matthew Varacallo, "Physiology, Synapse," updated March 27, 2023 (StatPearls Publishing, 2023), https://www.ncbi.nlm. nih.gov/books/NBK526047/#.

25. Human Brain Project, "Energy Efficiency of Neuromorphic Hardware Practically Proven," press release, May 24, 2022, https://www.humanbrain project.eu/en/follow-hbp/news/2022/05/24/energy-efficiency-neuromor-phic-hardware-practically-proven/.

26. Anita Williams Woolley, Christopher F. Chabris, Alex Pentland, Nada Hashmi, and Thomas W. Malone, "Evidence for a Collective Intelligence Factor in the Performance of Human Groups," *Science* 330 (October 29, 2010): 686–688.

27. Derek and Laura Cabrera, *Flock Not Clock: Design, Align, and Lead to Achieve Your Vision*, Kindle Edition (obb Plectica Publications, 2018), 21–22.

28. Howard Gardner, "There are 8 classes of intelligence. Which are you?," Big Think, https://bigthink.com/the-well/classes-of-intelligence/

29. Patrick Heck et al., "65% of Americans Believe They Are Above average in Intelligence: Resuts of Two Nationally Representative Surveys," *PloS One* 13, no. 7 (July 3 2018): e0200103, https://www.ncbi.nlm.nih.gov/pmc/

articles/PMC6029792/.

30. Cary Cherniss, Melissa Extein, Daniel Goleman, and Roger P. Weissberg, "Emotional Intelligence: What Does the Research Really Indicate?" *Educational Psychologist*, 41, no. 4 (2006): 240, https://doi.org/10.1207/s15326985ep4104_4.

31. Robert Cerone, "How (and Why) to Boost Your Adaptability Quotient," Forbes.com, December 20, 2019, https://www.forbes.com/sites/robertcerone/2019/12/20/how- and-why-to-boost-your-adaptability-quotient/?sh=4070758f6918.

32. Martin Reeves and Mike Deimler, "Adaptability: The New Competitive Advantage," *Harvard Business Review*, July –August 2011, 135 –137.

33 Meryl Kornfield, Kim Bellware, and Hannah Knowles, "At First, Cat Lawyer Was Embarrassed. Then He Realized We All Could Use a Laugh," *The Washington Post*, February 9, 2021, https://www.washingtonpost.com/technology/2021/02/09/cat-lawyer-zoom-filter/.

34. Bill Boulding, "For Leaders, Decency Is Just as Important as Intelligence," *Harvard Business Review*, July 16, 2019, https://hbr.org/2019/07/for-leaders-decency-is-just-as-important-as-intelligence.

35. Stephen Trzeciak, Anthony Mazzarelli, and Emma Seppälä, "Leading with Compassion Has Research-Backed Benefits," *Harvard Business Review*, February 27, 2023, https://hbr.org/2023/02/leading-with-compassion-has-research-backed-benefits.

36. Cameron Anderson, Daron L. Sharps, Christopher J. Soto, and Oliver P. John, "People with Disagreeable Personalities (Selfish, Combative, and Manipulative) Do Not Have an Advantage in Pursuing Power at Work," *Proceedings of the National Academy of Sciences*, 117 no. 37 (August 202) 22780-22786, https:// doi.org/10.1073/pnas.2005088117.

37. Peter, Laurence Jr., *Peter's Quotation Ideas for Our Times* (New York:

William Morrow, 1977), 521.

38. Anita Lettink, "No, Millennials Will NOT Be 75% of the Workforce in 2025 (or Ever)!", blog post, September 16, 2019, https://www.linkedin.com/pulse/millennials-75-workforce-2025-ever-anita-lettink.

39. Emma Parry, Peter Urwin, "Generational Differences in Work Values: A Review of Theory and Evidence," *International Journal of Management Reviews* 13, no. 1 (2011): 79–96.

40. Michael Dimock, "Defining Generations: Where Millennials End and Generation Z Begins," Pew Research Center, January 17, 2019, https://www.pewresearch.org/short-reads/2019/01/17/where-millennials-end-and-generation-z-begins/.

41. Another respected research firm, the Center for Generational Kinetics, categorizes Gen X as 1965–1976, the Millennial generation as 1977–1995, and Gen Z as 1996–2015 (https://genhq.com/generational-birth-years/). For the sake of this chapter, I'll use the Pew Research Center's numbers, since the research that is available aligns more closely to those dates.

42. "An Intro to Generations," The Center for Generational Kinetics, 2023, https://genhq.com/the-generations-hub/generational-faqs/.

43. Frequently attributed, but the quote may be anonymous. See https://quoteinvestigator.com/2010/10/10/twain-father/for further information.

44. Amy Cuddy, Michael Norton, and Susan Fiske, "This Old Stereotype: The Pervasiveness and Persistence of the Elderly Stereotype," *Journal of Social Issues*, 61, no. 2 (2005): 270.

45. Abraham Maslow, "A Theory of Human Motivation," *Psychological Review*, 50 (1943): 370–396.

46. Jennifer Robison, "Communicate Better with Employees, Regardless of Where They Work," Gallup, blog post, June 28, 2021, https://www.gallup.com/.workplace/351644/communicate-better-employees-regardless-

work.aspx

47. "The Biggest Problem in Communication Is the Illusion That It Has Taken Place," August 31, 2014, https://quoteinvestigator.com/2014/08/31/illusion/.

48. Ben McConnell, "Worst to First: How Mark Cuban Engineered a Team's Monumental Comeback," MarketingProfs, blog post, June 24, 2003, https:// www.marketingprofs.com/3/huba6.asp.

49. "Clients or customers" clinched second place with 40%, followed by "managers or supervisors" (33%), "employees or direct reports" (22%), "executive or business owners" (16%), and "other" (3%).

50. K. Huang, M. Yeomans, A. W. Brooks, J. Minson, and F. Gino, "It Doesn't Hurt to Ask: Question-Asking Increases Liking," *Journal of Personality and Social Psychology*, 113, no. 3 (2017): 430-452, https://doi.org/10.1037/pspi0000097.

51. Inti Pacheco, "Nike to Lay Off More Than 1600 Workers," *The Wall Street Journal*, February 16, 2024, https://www.wsj.com/business/retail/nike-to-cut-over-1-600-jobs-14a97fd7.

52. Katherine Haan, "Remote Work Statistics and Trends in 2024," *Forbes*, June 12, 2023, https://www.forbes.com/advisor/business/remote-work-statistics/.

53. "Half of Companies Give Office Etiquette Classes as Workers Struggle with Appropriate Conversation, Dress," July 11, 2023, Resume Builder, https:// www.resumebuilder.com/half-of-companies-give-office-etiquette-classes-as-workers-struggle-with-appropriate-conversation-dress/.

54. Samantha Masunaga, "We Don't Know How to Behave in the Office Anymore, Bosses Say. The solution? Charm School," *Los Angeles Times*, January 16, 2024, https://www.latimes.com/business/story/2024-01-16/back-to-the-office-bosses-are-sending-workers-to-etiquette-class

55. Karen Anding Fontenot, "Nonverbal Communication and Social Cognition," *Salem Press Encyclopedia of Health*, *Research Starters* (Salem Press, 2023).

56. Kathy Dalpes, "5 Reasons Why the Customer Is Always Right," Zendesk Blog, March 4, 2024, https://www.zendesk.com.mx/blog/the-customer-is-always-right/#.

57. Lee Cockerell, *The Customer Rules: The 39 Essential Rules for Delivering Sensational Service* (The Crown Publishing Group, 2013), xiii.

58. Brené Brown, *Dare to Lead* (Random House, 2019), 25.

59. Buc-ee's, "World Records" accessed July 15, 2025, https://buc-ees.com/about/world-record-holder/.

60. Steve Tobak, "Leadership Lessons from BlackBerry's Demise," MoneyWatch, CBS News, April 12, 2012, https://www.cbsnews.com/news/leadership-lessons-from-blackberrys-demise/.

61. Raoul Davis, "How Ego Tanks Branding and Marketing Professionals' Progress And Jeopardizes Companies," Forbes.com, blog post, Oct. 23, 2017, https://www.forbes.com/sites/forbesagencycouncil/2017/10/23/how-ego-tanks-branding-and-marketing-professionals-progress-and-jeopardizes-companies/?sh=7df1f1764088.

62. "Workplace Conflict and How Businesses Can Harness It to Thrive," *CPP Global Human Capital Report*, July 2008, https://www.themyersbriggs.com/-/media/f39a8b7fb4fe4daface552d9f485c825.ashx.

63. Emmanuel Acho, Instagram post, September 27, 2023, https://www.instagram.com/emmanuelacho/reel/CxtbL15SCMZ/.

64. Katie Shonk, "3 Types of Conflict and How to Address Them: Program on Negotiation," Harvard Law School, blog post, December 14, 2023, https://www.pon.harvard.edu/daily/conflict-resolution/types-conflict/.

65. Karen A. Jehn and Elizabeth A. Mannix, "The Dynamic Nature of Conflict: A Longitudinal Study of Intragroup Conflict and Group Performance,"

Academy of Management Journal 44, no. 2 (2001): 238, https://doi. org/10.5465/3069453. Jehn and Mannix include values as part of relational conflict and separate task conflict into two categories: task and process.

66. Henry Cloud, *Necessary Endings: The Employees, Businesses, and Relationships That All of Us Have to Give Up in Order to Move Forward* (HarperCollins, 2011), 8.

67. David Goggins, *Can't Hurt Me: Master Your Mind and Defy the Odds* (Lioncrest Publishing, 2018), 342.

68. Joe Sanok, "A Guide to Setting Better Boundaries," *Harvard Business Review*, blog post, April 14, 2022, https://hbr.org/2022/04/a-guide-to-setting-better-boundaries.

69. Rebecca Ray, "Episode 34, Boundary Creep, Boundary Errors, and Boundary Violations in Business," podcast show notes, https://rebeccaray.com.au/episode-34/.

70. James Clear, "3-2-1: On Muddy Puddles and Leaky Ceilings, the Secret to Productivity, and How to Spoil a Great Relationship," blog post, March 28, 2024, https://jamesclear.com/3-2-1/march-28-2024.

71. Wenrui Cao, Reine C. van der Wal, Toon W. Taris, "The Benefits of Forgiveness at Work: A Longitudinal Investigation of the Time-Lagged Relations Between Forgiveness and Work Outcomes," *Front. Psychol.* 12 (2021): https://doi. org/10.3389/fpsyg.2021.710984.

72. Eric Jaffe, "The Complicated Psychology of Revenge," *Association for Psychological Science*, October 4, 2011, https://www.psychologicalscience.org/observer/the-complicated-psychology-of-revenge.

73. Bill Kte'pi, "Resilience (Psychology)," *Salem Press Encyclopedia*, *Research Starters* (Salem Press, 2023.

HOW TO WORK WITH
COMPLICATED PEOPLE